RAMSÈS

★ ★

Le Temple des millions d'années

DU MÊME AUTEUR

Romans

Le Moine et le Vénérable, Robert Laffont.
Champollion l'Égyptien, Éditions du Rocher et Pocket.
La Reine Soleil, Julliard (prix Jeand'heurs 1989) et Pocket.
Maître Hiram et le Roi Salomon, Éditions du Rocher et Pocket.
Pour l'amour de Philae, Grasset et Pocket.
L'Affaire Toutankhamon, Grasset (prix des Maisons de la Presse 1992) et Pocket.
Le Juge d'Égypte, Plon et Pocket.
 * *La Pyramide assassinée.*
 ** *La Loi du désert.*
 *** *La Justice du vizir.*
Barrage sur le Nil, Robert Laffont.
La Prodigieuse Aventure du lama Dancing (épuisé).
L'Empire du pape blanc (épuisé).

Roman pour la jeunesse

La Fiancée du Nil, Magnard (prix Saint-Affrique 1993).

Essais sur l'Égypte ancienne

L'Égypte des grands pharaons (couronné par l'Académie française), Perrin.
Pouvoir et Sagesse selon l'Égypte ancienne, Éditions du Rocher.
Le Monde magique de l'Égypte ancienne, Éditions du Rocher.
Les Grands Monuments de l'Égypte ancienne, Perrin.
L'Égypte ancienne au jour le jour, Perrin.
Le Voyage dans l'autre monde selon l'Égypte ancienne, Éditions du Rocher.
Néfertiti et Akhénaton, le couple solaire, Perrin.
La Vallée des Rois. Histoire et découverte d'une demeure d'éternité, Perrin.
L'Enseignement du sage égyptien Ptahhotep. Le plus ancien livre du monde, Éditions de la Maison de Vie.
Initiation à l'égyptologie, Éditions de la Maison de Vie.
Le Petit Champollion illustré, Les hiéroglyphes à la portée de tous ou Comment devenir scribe amateur tout en s'amusant, Robert Laffont.
Rubrique « Archéologie égyptienne », dans le *Grand Dictionnaire encyclopédique,* Larousse.
Voyages dans l'Égypte des Pharaons (aquarelles de David Roberts), Robert Laffont.

Autres essais

Le Message des bâtisseurs de cathédrales (épuisé).
Le Message des constructeurs de cathédrales, Éditions du Rocher.
Saint-Bertrand-de-Comminges (épuisé).
Saint-Just-de-Valcabrère (épuisé).
La Confrérie des sages du Nord (épuisé).
Le Livre des Deux Chemins, symbolique du Puy-en-Velay (épuisé).
Le Voyage initiatique, ou les Trente-Trois Degrés de la sagesse, Éditions du Rocher.
Le Message initiatique des cathédrales, Éditions de la Maison de Vie.

Albums

Le Voyage sur le Nil, Perrin.
Sur les pas de Champollion, l'Égypte des hiéroglyphes, Trinckvel.
Le Voyage aux Pyramides, Perrin.
Karnak et Louxor, Pygmalion.
La Vallée des Rois. Images et mystères, Perrin.

CHRISTIAN JACQ

RAMSÈS

* *

Le Temple
des millions d'années

Roman

LE GRAND LIVRE DU MOIS

RAMSÈS

* *Le Fils de la lumière*
** *Le Temple des millions d'années*

À PARAÎTRE :

La Bataille de Kadesh : avril 1996.
La Dame d'Abou Simbel : septembre 1996.
Sous l'acacia d'Occident : janvier 1997.

ISBN 2-221-08154-4

CARTE DE L'ÉGYPTE

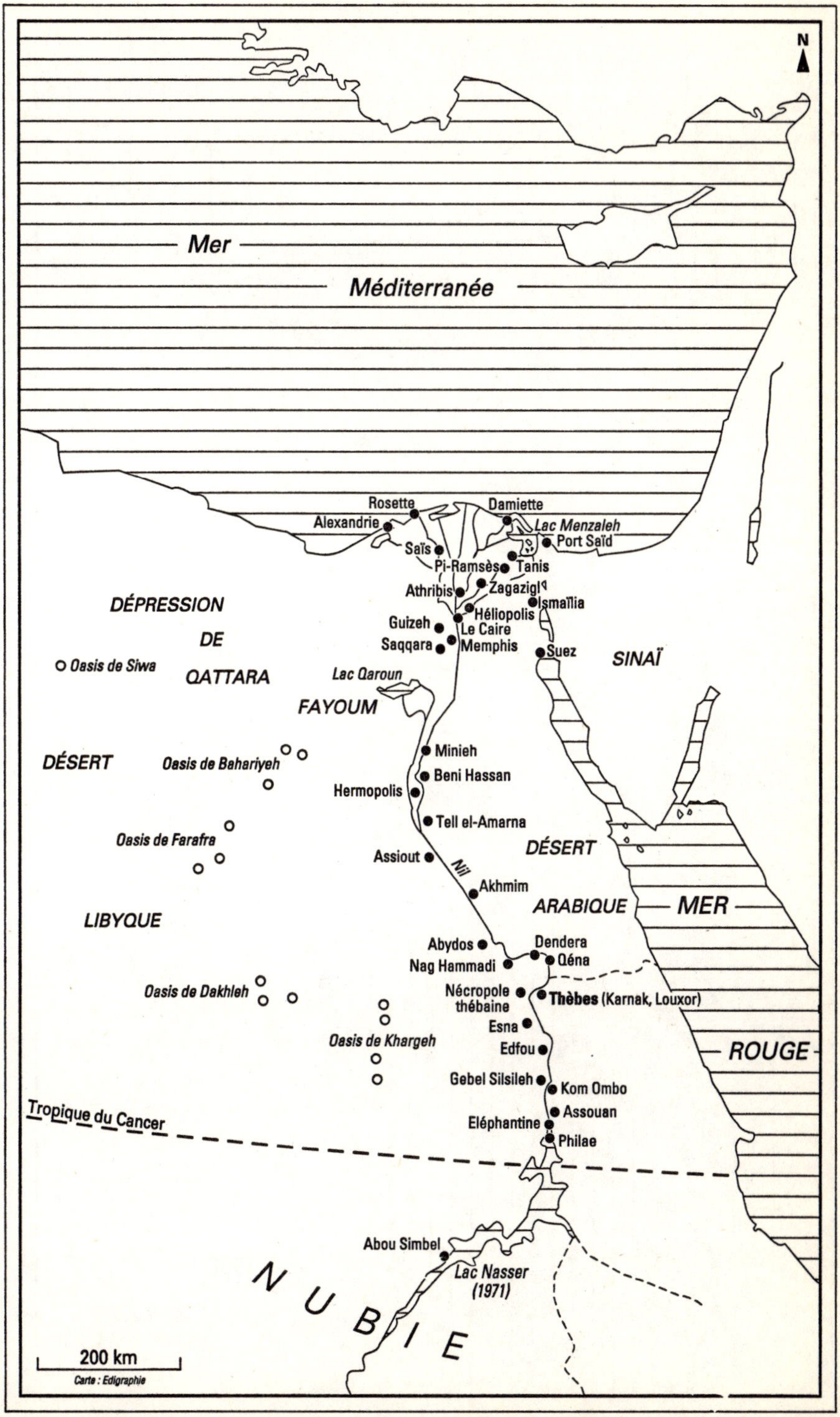

CARTE DE L'ANCIEN PROCHE-ORIENT
ou Nouvel Empire

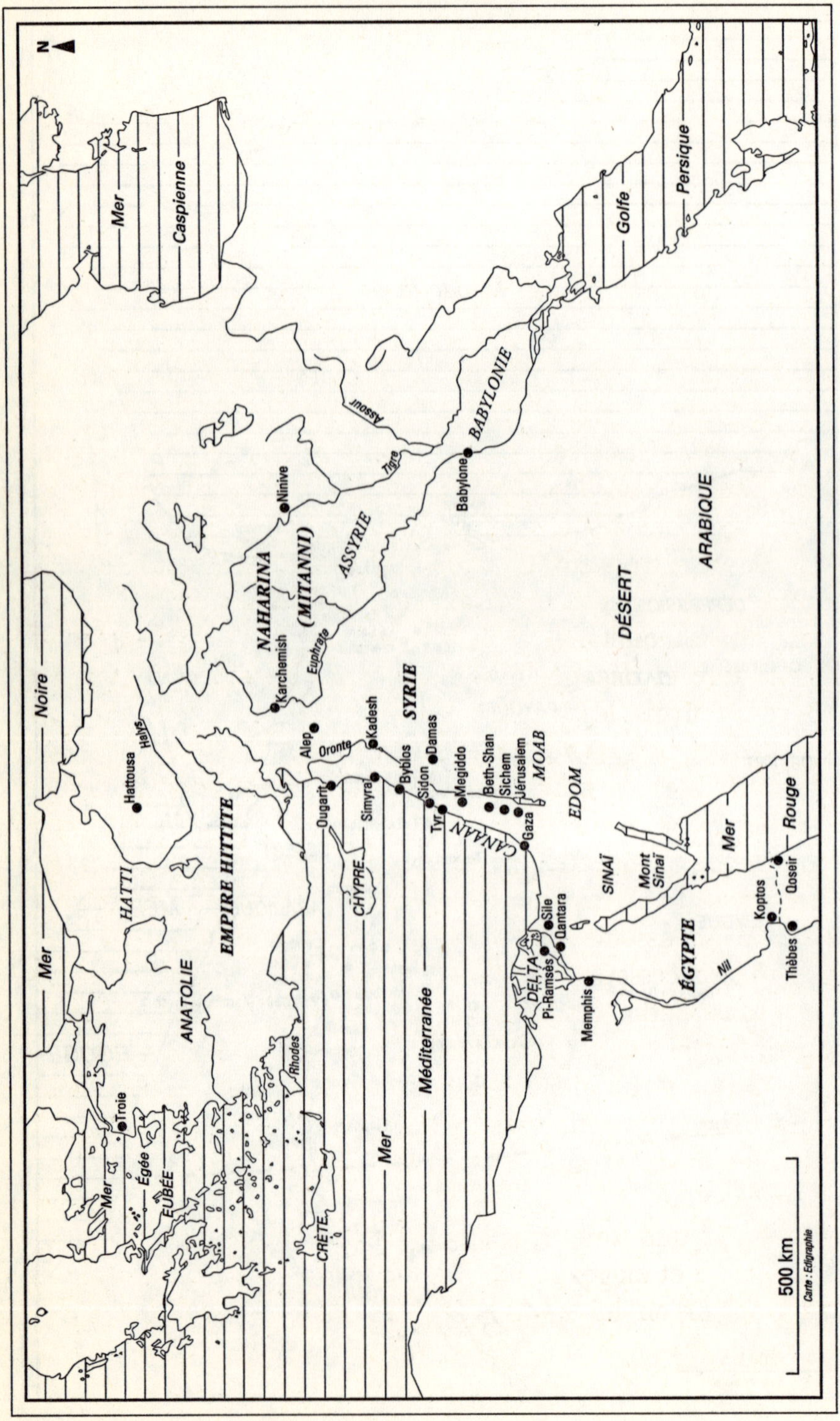

1

Ramsès était seul, il attendait un signe de l'invisible.

Seul face au désert, à l'immensité d'un paysage brûlé et aride, seul face à son destin dont la clé lui échappait encore.

À vingt-trois ans, le prince Ramsès était un athlète d'un mètre quatre-vingts, à la magnifique chevelure blond vénitien, au visage allongé, à la musculature fine et puissante ; le front large et dégagé, les arcades sourcillières saillantes, les sourcils fournis, les yeux petits et vifs, le nez long et un peu busqué, les oreilles rondes et délicatement ourlées, les lèvres assez épaisses, la mâchoire affirmée composaient un visage autoritaire et séducteur.

Si jeune, que de chemin parcouru ! Scribe royal, initié aux mystères d'Abydos et régent du royaume d'Égypte que Séthi avait associé au trône, désignant ainsi son fils cadet comme successeur.

Mais Séthi, cet immense pharaon, ce souverain irremplaçable qui avait maintenu son pays dans le bonheur, la prospérité et la paix, Séthi était mort après quinze années d'un règne exceptionnel, quinze années trop brèves qui s'étaient envolées comme un ibis dans le crépuscule d'une journée d'été.

Sans que son fils s'en aperçût, Séthi, père lointain, redoutable et exigeant, l'avait peu à peu formé à la pratique du pouvoir en lui imposant de multiples épreuves dont la première avait été la rencontre avec un taureau sauvage, le maître de la puissance. L'adolescent avait eu le courage de l'affronter, mais non la capacité de le vaincre ; sans l'intervention de Séthi, le monstre aurait déchiré Ramsès de ses cornes. Alors s'était gravé en son cœur le premier devoir de Pharaon : protéger le faible du fort.

Le secret de la vraie puissance, c'était le roi, et le roi seul, qui le détenait ; par la magie de l'expérience, il l'avait communiqué à Ramsès, étape après étape, sans rien dévoiler de son plan. Au fil des années, le fils s'était rapproché du père, leurs esprits avaient communié dans la même foi, dans le même élan. Sévère, réservé, Séthi parlait peu ; mais il avait offert à Ramsès le privilège unique d'entretiens au cours desquels il s'était évertué à lui transmettre les rudiments de son métier de roi de Haute et de Basse-Égypte.

Heures lumineuses, moments de grâce à présent évanouis dans le silence de la mort.

Le cœur de Ramsès s'était ouvert comme un calice pour recueillir les paroles de Pharaon, les conserver comme le plus précieux des trésors et les faire vivre dans sa pensée et dans ses actes. Mais Séthi avait rejoint ses frères les dieux, et Ramsès était seul, privé de sa présence, de *la* présence.

Il se sentait démuni, incapable de supporter la charge qui pesait sur ses épaules. Gouverner l'Égypte... À treize ans, il en avait rêvé, comme un enfant rêve d'un jouet inaccessible ; puis il avait renoncé à cette idée folle, persuadé que le trône était promis à Chénar, son frère aîné.

Le pharaon Séthi et la grande épouse royale Touya en avaient décidé autrement. Après avoir observé le comportement de leurs deux fils, c'était Ramsès qu'ils avaient désigné pour remplir la fonction suprême. Que n'avaient-ils choisi un être plus fort et plus habile, un être de la stature de Séthi ! Ramsès se sentait prêt à affronter n'importe quel ennemi en combat singulier, mais non à manier le gouvernail du navire de l'État sur les eaux incertaines de l'avenir. Au combat, en

Nubie, il avait prouvé sa vaillance ; son énergie inépuisable le porterait, s'il le fallait, sur les chemins de la guerre pour défendre son pays, mais comment commander une armée de fonctionnaires, de dignitaires et de prêtres dont les ruses lui échappaient ?

Le fondateur de la lignée, le premier des Ramsès, était un vizir âgé auquel les sages avaient confié un pouvoir dont il ne voulait pas ; lors de son couronnement, son successeur, Séthi, était un homme déjà mûr et expérimenté. Ramsès n'avait que vingt-trois ans et s'était contenté de vivre dans l'ombre protectrice de son père, en suivant ses directives et en répondant au moindre de ses appels. Comme c'était merveilleux de faire confiance à un guide qui traçait le chemin ! Œuvrer sous les ordres de Séthi, servir l'Égypte en obéissant au pharaon, toujours trouver auprès de lui des réponses à ses questions... Ce paradis-là était devenu inaccessible.

Et le destin osait exiger de lui, Ramsès, un jeune homme fougueux et ardent, de remplacer Séthi !

Ne valait-il pas mieux éclater de rire et s'enfuir dans le désert, si loin que personne ne le retrouverait ?

Bien sûr, il pouvait compter sur ses alliés : sa mère Touya, complice exigeante et fidèle ; son épouse Néfertari, si belle et si calme ; et ses amis d'enfance, Moïse l'Hébreu devenu bâtisseur sur les chantiers royaux, Âcha le diplomate, Sétaou le charmeur de serpents, son secrétaire particulier Améni qui liait son sort à celui de Ramsès.

Le clan des ennemis ne serait-il pas plus puissant ? Chénar ne renoncerait pas à s'emparer du trône. Quelles alliances obscures avait-il nouées pour empêcher son frère de régner ? Si, à cet instant, Chénar s'était présenté devant lui, Ramsès ne lui aurait opposé aucune résistance. Puisqu'il souhaitait tant la double couronne, qu'il s'en empare !

Mais avait-il le droit de trahir son père en renonçant à la charge qu'il lui avait confiée ? Il eût été si simple de penser que Séthi s'était trompé ou qu'il aurait pu changer d'avis...

Ramsès ne se mentirait pas à lui-même. Son destin dépendait de la réponse de l'invisible.

C'était ici, dans le désert, au cœur de cette terre rouge, forte d'une énergie dangereuse, qu'il l'obtiendrait.

Assis en scribe, le regard perdu dans le ciel, Ramsès attendait. Un pharaon ne pouvait être qu'un homme du désert, épris de solitude et d'immensité ; soit le feu caché dans les pierres et dans le sable nourrissait son âme, soit il la détruisait. Au feu de rendre son jugement.

Le soleil s'approcha du zénith, le vent s'apaisa. Une gazelle sauta de dune en dune. Un danger menaçait.

Soudain, il sortit du néant.

Un énorme lion, long d'au moins quatre mètres et pesant plus de trois cents kilos. Sa crinière flamboyante, de couleur claire, lui donnait l'allure d'un guerrier triomphant dont le corps musclé, brun froncé, se déplaçait avec souplesse.

Lorsqu'il aperçut Ramsès, il poussa un formidable rugissement qui fut perçu à quinze kilomètres à la ronde. Doté d'une mâchoire aux crocs redoutables et de griffes acérées, le fauve fixa sa proie.

Le fils de Séthi n'avait aucune chance de lui échapper.

Le lion s'approcha et s'immobilisa à quelques mètres de l'homme, qui distingua ses yeux d'or ; pendant de longues secondes, ils se défièrent.

De sa queue, l'animal chassa une mouche ; soudain nerveux, il avança de nouveau.

Ramsès se leva, le regard planté dans celui du lion.

– C'est toi, Massacreur, c'est bien toi que j'ai sauvé d'une mort certaine ! Quel sort me réserves-tu ?

Oubliant le danger, Ramsès se souvint du lionceau agonisant dans un fourré de la savane de Nubie ; mordu par un serpent, il avait fait montre d'une incroyable résistance avant d'être guéri par les remèdes de Sétaou et de devenir un fauve colossal.

Pour la première fois, Massacreur s'était échappé de l'enclos où il était enfermé en l'absence de Ramsès. La nature du félin avait-elle repris le dessus, au point de le rendre féroce et impitoyable envers celui qu'il avait pourtant considéré comme son maître ?

– Décide-toi, Massacreur. Ou bien tu deviens mon allié à vie, ou bien tu me donnes la mort.

Le lion se dressa sur ses pattes arrière et posa ses pattes avant sur les épaules de Ramsès. Le choc fut brutal, mais le prince tint bon. Les griffes n'étaient pas sorties, le museau du fauve flaira le nez de Ramsès.

Entre eux, amitié, confiance et respect.

– Tu as tracé mon destin.

Désormais, celui que Séthi avait nommé « le Fils de la lumière » n'avait plus le choix.

Il combattrait comme un lion.

2

Le palais royal de Memphis était en grand deuil. Les hommes ne se rasaient plus, les femmes laissaient leur chevelure dénouée. Pendant les soixante-dix jours qu'allait durer la momification de Séthi, l'Égypte subsisterait tant bien que mal dans une sorte de vide ; le roi était mort, son trône demeurait vacant jusqu'à la proclamation officielle de son successeur, laquelle ne surviendrait qu'après la mise au tombeau et l'union de la momie de Séthi à la lumière céleste.

Les postes frontières étaient en état d'alerte, et les troupes prêtes à contrecarrer toute tentative d'invasion, sur l'ordre du régent Ramsès et de la grande épouse royale Touya. Bien que le principal danger, celui que représentaient les Hittites [1], ne semblât pas menaçant dans l'immédiat, un raid n'était pas à exclure. Depuis des siècles, les riches provinces agricoles du Delta étaient une proie tentante pour « les coureurs des sables », les bédouins errants du Sinaï, et les princes d'Asie parfois capables de se coaliser pour attaquer le nord-est de l'Égypte.

Le départ de Séthi pour l'au-delà avait engendré la peur ; lorsqu'un pharaon disparaissait, les forces du chaos menaçaient de déferler sur l'Égypte et de détruire une civilisation construite dynastie après dynastie. Le jeune Ramsès

1. Les ancêtres des Turcs.

serait-il capable de préserver les Deux Terres [1] du malheur? D'aucuns, parmi les notables, ne lui accordaient aucune confiance et souhaitaient le voir s'effacer devant son frère Chénar, plus habile et moins fougueux.

La grande épouse royale, Touya, n'avait pas modifié ses habitudes depuis la mort de son mari. Âgée de quarante-deux ans, d'apparence hautaine, le nez fin et droit, de grands yeux en amande sévères et perçants, le menton presque carré, très mince, elle jouissait d'une autorité morale incontestée. Elle n'avait cessé de seconder Séthi; en son absence, lors des séjours de Pharaon à l'étranger, c'était elle qui gouvernait le pays d'une poigne de fer.

L'aube à peine prononcée, Touya aimait faire quelques pas dans son jardin planté de tamaris et de sycomores; en marchant, elle organisait sa journée de travail, alternance de réunions profanes et de rituels à la gloire de la puissance divine.

Séthi disparu, le moindre geste lui paraissait dépourvu de sens. Touya n'avait d'autre désir que de rejoindre au plus vite son mari dans un univers sans conflit, loin du monde des hommes, mais elle accepterait le poids des années que le destin lui infligerait. Le bonheur qui lui avait été offert, elle devait le restituer à son pays en le servant jusqu'à son dernier souffle.

L'élégante silhouette de Néfertari sortit de la brume matinale; « plus belle que les belles du palais », selon l'expression que le peuple employait à son sujet, l'épouse de Ramsès avait des cheveux d'un noir brillant et des yeux vert-bleu d'une sublime douceur. Musicienne du temple de la déesse Hathor à Memphis, tisserande remarquable, élevée dans le culte des vieux auteurs comme le sage Ptah-hotep, Néfertari n'était pas issue d'une famille noble; mais Ramsès était tombé follement amoureux d'elle, de sa beauté, de son

1. La Haute et la Basse-Égypte, la vallée du Nil (le Sud) et le Delta (le Nord).

intelligence et de sa maturité surprenante chez une femme si jeune. Néfertari ne cherchait pas à plaire, mais elle était la séduction même ; Touya l'avait choisie comme intendante de sa maisonnée, poste qu'elle continuait à occuper bien qu'elle fût devenue l'épouse du régent. Entre la reine d'Égypte et Néfertari était née une véritable complicité, l'une et l'autre se comprenant à demi-mots.

– Comme la rosée est abondante, ce matin, Majesté ; qui saura chanter la générosité de notre terre ?

– Pourquoi te lever si tôt, Néfertari ?

– C'est vous qui devriez vous reposer, ne croyez-vous pas ?

– Je ne parviens plus à dormir.

– Comment soulager votre peine, Majesté ?

Un triste sourire flotta sur les lèvres de Touya.

– Séthi est irremplaçable ; le reste de mes jours ne sera qu'une longue souffrance que seul atténuera le règne heureux de Ramsès. C'est désormais ma seule raison de vivre.

– Je suis inquiète, Majesté.

– Que redoutes-tu ?

– Que la volonté de Séthi ne soit pas respectée.

– Qui oserait se dresser contre elle ?

Néfertari demeura silencieuse.

– Tu penses à mon fils aîné, Chénar, n'est-ce pas ? Je connais sa vanité et son ambition, mais il ne sera pas assez fou pour désobéir à son père.

Les rayons dorés de la lumière naissante illuminaient le jardin de la reine.

– Me croirais-tu naïve, Néfertari ? Tu ne partages pas mon avis, semble-t-il.

– Majesté...

– Détiendrais-tu une information précise ?

– Non, ce n'est qu'un sentiment, un vague sentiment.

– Ton esprit est intuitif et vif comme l'éclair, et la calomnie t'est étrangère ; mais existe-t-il un autre moyen d'empêcher Ramsès de régner que de le supprimer ?

– Telle est ma crainte, Majesté.

Touya caressa de la main une branche de tamaris.

– Chénar fonderait-il son règne sur le crime ?

– Une telle pensée m'horrifie, comme vous, mais je ne parviens pas à la chasser de mon esprit. Jugez-moi sévèrement, si vous l'estimez invraisemblable, mais je ne pouvais pas me taire.

– De quelle manière la sécurité de Ramsès est-elle assurée ?

– Son lion et son chien veillent sur lui, de même que Serramanna, le chef de sa garde personnelle ; depuis que Ramsès est rentré d'une randonnée solitaire dans le désert, j'ai réussi à le persuader de ne pas demeurer sans protection.

– Le deuil national dure depuis dix jours, rappela la grande épouse royale ; dans deux mois, le corps impérissable de Séthi sera déposé dans sa demeure d'éternité. Alors, Ramsès sera couronné, et tu deviendras reine d'Égypte.

Ramsès s'inclina devant sa mère, puis la serra tendrement contre lui. Elle, qui semblait si fragile, lui donnait une leçon de dignité et de noblesse.

– Pourquoi Dieu nous impose-t-il une épreuve si cruelle ?

– L'esprit de Séthi vit en toi, mon fils ; son temps s'est achevé, le tien commence. Il vaincra la mort, si tu poursuis son œuvre.

– Son ombre est immense.

– N'es-tu pas le Fils de la lumière, Ramsès ? Dissipe les ténèbres qui nous environnent, repousse le chaos qui nous assaille.

Le jeune homme s'écarta de la reine.

– Mon lion et moi avons fraternisé, dans le désert.

– C'était le signe que tu espérais, n'est-ce pas ?

– Certes, mais me permettras-tu de solliciter une faveur ?

– Je t'écoute.

– Lorsque mon père sortait d'Égypte pour manifester sa puissance à l'étranger, c'est toi qui gouvernais.

– Ainsi le veut notre tradition.

– Tu possèdes l'expérience du pouvoir, et chacun te venère ; pourquoi ne monterais-tu pas sur le trône ?

– Parce que telle n'était pas la volonté de Séthi ; il incarnait la loi, cette loi que nous aimons et respectons. C'est toi qu'il a choisi, mon fils, c'est toi qui dois régner. Je t'aiderai de toutes mes forces et te conseillerai si tu le désires.

Ramsès n'insista pas.

Sa mère était le seul être qui aurait pu détourner le cours du destin et le délivrer de son fardeau ; mais Touya demeurerait fidèle au roi défunt et ne modifierait pas sa position. Quels que fussent ses doutes et ses angoisses, Ramsès devrait tracer son propre chemin.

Serramanna, le chef de la garde personnelle de Ramsès, ne quittait plus l'aile du palais où travaillait le futur roi d'Égypte. La nomination du Sarde, ancien pirate, à ce poste de confiance avait fait beaucoup jaser ; d'aucuns étaient persuadés que, tôt ou tard, le géant aux moustaches frisées trahirait le fils de Séthi.

Pour l'heure, nul n'entrait dans le palais sans son autorisation. La grande épouse royale lui avait recommandé d'expulser les intrus et de ne pas hésiter à se servir de son épée en cas de danger.

Lorsque les échos d'une dispute parvinrent à ses oreilles, Serramanna se précipita dans le vestibule destiné aux visiteurs.

– Qu'est-ce qui se passe, ici ?

– Cet homme veut forcer le passage, répondit un garde en désignant un colosse barbu à la chevelure abondante et aux larges épaules.

– Qui es-tu ? demanda Serramanna.

– Moïse l'Hébreu, ami d'enfance de Ramsès et bâtisseur au service de Pharaon.

– Que veux-tu ?

– D'ordinaire, Ramsès ne me ferme pas sa porte !

– Aujourd'hui, c'est moi qui décide.

– Le régent serait-il séquestré ?

– Sécurité oblige... Motif de ta visite ?

– Il ne te concerne pas.

– En ce cas, retourne chez toi et ne t'approche plus de ce palais ; sinon, je te fais emprisonner.

Il ne fallut pas moins de quatre gardes pour contraindre Moïse à l'immobilité.

– Préviens Ramsès de ma présence, ou il t'en cuira !

– Tes menaces m'indiffèrent.

– Mon ami m'attend ! Peux-tu le comprendre ?

De longues années de piraterie et quantité de féroces combats avaient développé chez Serramanna un sens aigu du danger. Malgré sa force physique et son verbe haut, ce Moïse-là lui parut sincère.

Ramsès et Moïse s'étreignirent.

– Ce n'est plus un palais, s'exclama l'Hébreu, mais une forteresse !

– Ma mère, mon épouse, mon secrétaire particulier, Serramanna et quelques autres redoutent le pire.

– Le pire... Qu'est-ce que ça signifie ?

– Un attentat.

Sur le seuil de la salle d'audience du régent donnant sur un jardin, le lion colossal de Ramsès sommeillait ; entre ses pattes avant, Veilleur, le chien jaune or.

– Avec ces deux-là, que redoutes-tu ?

– Néfertari est persuadée que Chénar n'a pas renoncé à régner.

– Un coup de force, avant la mise au tombeau de Séthi... Cela ne lui ressemble guère. Il préfère agir dans l'ombre et miser sur le temps.

– Le temps lui manque, à présent.

– Tu as raison... Mais il n'osera pas t'affronter.

– Les dieux t'entendent; l'Égypte n'aurait rien à y gagner. Que dit-on, à Karnak?

– On murmure beaucoup contre toi.

Sous la direction d'un maître d'œuvre, Moïse remplissait la fonction de chef de travaux sur l'immense chantier de Karnak où Séthi avait commencé la construction d'une gigantesque salle à colonnes, interrompue par la mort du pharaon.

– Qui murmure?

– Les prêtres d'Amon, quelques nobles, le vizir du Sud... Ta sœur Dolente et son mari Sary les encouragent. Ils n'ont pas supporté l'exil que tu leur as infligé, si loin de Memphis.

– Ce méprisable Sary n'a-t-il pas tenté de se débarrasser de moi et d'Améni, mon secrétaire particulier et notre ami d'enfance? Les avoir contraints, lui et ma sœur, à quitter Memphis pour Thèbes est un châtiment bien léger!

– Ces fleurs vénéneuses ne poussent que dans le Nord; au Sud, à Thèbes, elles dépérissent. Tu aurais dû sévir davantage et les condamner à un véritable exil.

– Dolente est ma sœur, Sary fut mon nourricier et mon précepteur.

– Un roi doit-il se montrer si faible avec ses proches?

Ramsès fut piqué au vif.

– Je ne le suis pas encore, Moïse!

– Tu aurais quand même dû porter plainte et laisser la justice suivre son cours.

– Si ma sœur et son mari sortent de leur réserve, je sévirai.

– J'aimerais te croire; tu n'as guère conscience de l'animosité de tes ennemis.

– Je pleure mon père, Moïse.

– Et tu oublies ton peuple et ton pays ! Penses-tu que Séthi, du haut du ciel, apprécie cette attitude médiocre ?

Si Moïse n'avait pas été son ami, Ramsès l'aurait frappé.

– Le cœur d'un monarque doit-il être sec ?

– Comment un homme enfermé dans sa douleur, si légitime soit-elle, pourrait-il gouverner ? Chénar a tenté de me corrompre et de me dresser contre toi. Mesures-tu mieux le danger ?

La révélation stupéfia Ramsès.

– Ton adversaire est de taille, poursuivit Moïse ; sortiras-tu enfin de ta torpeur ?

3

Memphis, la capitale économique du pays, située à la jonction entre le Delta et la vallée du Nil, était en léthargie. Au port de « Bon voyage », la plupart des navires marchands restaient à quai ; pendant les soixante-dix jours de deuil, les transactions commerciales demeureraient assoupies, et l'on ne célébrerait aucun banquet dans les vastes villas des nobles.

La mort de Séthi avait mis la grande cité en état de choc. Sous son règne, la prospérité s'était affirmée ; mais elle semblait fragile aux yeux des principaux négociants, dans la mesure où un pharaon faible rendrait l'Égypte vulnérable et indécise. Et qui pourrait égaler Séthi ? Chénar, son fils aîné, eût été un bon gestionnaire ; mais le souverain, malade, lui avait préféré le jeune et bouillant Ramsès dont la prestance convenait mieux à un séducteur qu'à un chef d'État. Les plus clairvoyants commettaient parfois des erreurs ; et l'on murmurait, comme à Thèbes, que Séthi s'était peut-être trompé en désignant son fils cadet comme successeur.

Chénar, impatient, faisait les cent pas dans la salle d'hôte de la demeure de Méba, le ministre des Affaires étrangères, un sexagénaire discret, à la belle allure et au visage large et rassurant. Ennemi de Ramsès, il soutenait Chénar, dont les vues politiques et économiques lui paraissaient excellentes. Ouvrir un grand marché méditerranéen et asiatique en nouant un maximum d'alliances commerciales, même au prix de l'oubli de quelques valeurs désuètes, n'était-ce pas l'avenir ? Mieux valait vendre des armes que d'avoir à s'en servir.

– Viendra-t-il ? demanda Chénar.

– Il est de notre côté, rassurez-vous.

– Je n'aime pas les brutes comme lui ; elles changent d'avis au gré des vents.

Le fils aîné de Séthi était un homme petit, trapu et enveloppé, au visage rond et aux joues rebondies ; ses lèvres épaisses et gourmandes traduisaient son goût pour la bonne chère, ses petits yeux marron une perpétuelle agitation. Lourd, massif, il détestait le soleil et l'exercice physique ; sa voix onctueuse et flottante voulait manifester une distinction et un calme dont il était souvent dépourvu.

Chénar était pacifiste par intérêt. Défendre son pays en l'isolant des courants d'affaires lui paraissait une absurdité ; le terme de « trahison » n'était utilisé que par des moralistes incapables de faire fortune. Ramsès, élevé à l'ancienne, ne méritait pas de régner et en serait incapable. Aussi Chénar n'éprouvait-il aucun remords en fomentant le complot qui lui offrirait le pouvoir : l'Égypte lui en serait reconnaissante.

Fallait-il encore que son principal allié n'eût pas renoncé à leur projet commun.

– Donne-moi à boire, exigea Chénar.

Méba servit à son hôte illustre une coupe de bière fraîche.

– Nous n'aurions pas dû lui faire confiance.

– Il viendra, j'en suis persuadé ; n'oubliez pas qu'il désire rentrer chez lui au plus vite.

Enfin, le gardien de la demeure du ministre des Affaires étrangères annonça l'arrivée du visiteur tant attendu.

Le blond Ménélas aux yeux perçants, le fils d'Atrée, aimé du dieu de la Guerre, et roi de Lacédémone, grand massacreur de Troyens, portait une double cuirasse et une large ceinture fermée par des agrafes d'or. L'Égypte lui avait accordé l'hospitalité, le temps de réparer ses vaisseaux ; mais son épouse, Hélène, ne voulait plus quitter la terre des pharaons, craignant de subir de mauvais traitements à la cour de son mari et d'y être réduite en esclavage.

Comme Hélène bénéficiait de l'appui et de la protection de la reine Touya, Ménélas avait les mains liées ; par bonheur, Chénar lui était venu en aide en prônant la patience afin de développer une stratégie victorieuse.

Dès que Chénar serait pharaon, Ménélas partirait pour la Grèce avec Hélène.

Depuis plusieurs mois, les soldats grecs s'étaient intégrés à la population ; les uns avaient été placés sous commandement égyptien, les autres avaient ouvert des échoppes, et tous semblaient satisfaits de leur bonne fortune. En réalité, ils n'attendaient qu'un ordre de leur chef pour passer à l'action en renouvelant, à une plus grande échelle, l'épisode du cheval de Troie.

Le Grec considéra Méba avec suspicion.

– Faites partir cet homme, demanda-t-il à Chénar ; je ne veux m'entretenir qu'avec vous.

– Le ministre des Affaires étrangères est notre allié.

– Je ne me répéterai pas.

D'un geste, Chénar ordonna à son compatriote de s'éclipser.

– Où en sommes-nous ? interrogea Ménélas.

– L'heure est venue d'intervenir.

– En êtes-vous bien sûr ? Avec vos coutumes bizarres et cette interminable momification, on finit par perdre la tête !

– Nous devons agir avant la mise au tombeau de la momie de mon père.

– Mes hommes sont prêts.

– Je ne suis pas partisan d'une violence inutile et...

– Assez d'atermoiements, Chénar ! Vous autres, Égyptiens, avez peur de combattre ; nous, les Grecs, avons passé des années à lutter contre les Troyens que nous avons massacrés. Si vous désirez la mort de ce Ramsès, dites-le une bonne fois et faites confiance à mon épée !

– Ramsès est mon frère, et la ruse est parfois plus efficace que la force brutale.

– Seule leur alliance donne la victoire ; est-ce à moi, un héros de la guerre de Troie, que vous allez apprendre la stratégie ?

– Il vous faut reconquérir Hélène.

– Hélène, Hélène, encore elle ! Cette femme est maudite, mais je ne peux rentrer sans elle à Lacédémone.

– Alors, nous appliquerons mon plan.

– Quel est-il ?

Chénar sourit. Cette fois, la chance le servait ; avec l'aide du Grec, il parviendrait à ses fins.

– Il n'existe que deux obstacles majeurs : le lion et Serramanna. Nous empoisonnerons le premier et nous supprimerons le second. Ensuite, nous enlèverons Ramsès et vous l'emmènerez en Grèce.

– Pourquoi ne pas le tuer ?

– Parce que mon règne ne débutera pas dans le sang. Officiellement, Ramsès aura renoncé au trône et décidé de faire un long voyage, au cours duquel il sera victime d'un malencontreux accident.

– Et Hélène ?

– Dès que je serai couronné, ma mère devra m'obéir et cessera de la protéger. Si Touya ne se montrait pas raisonnable, je la ferais enfermer dans un temple.

Ménélas réfléchit.

– Pour un Égyptien, ce n'est pas mal conçu... Possédez-vous le poison nécessaire ?

– Bien sûr.

– L'officier grec, que nous avons réussi à faire engager dans la garde personnelle de votre frère, est un soldat expérimenté ; il tranchera la gorge de Serramanna pendant son sommeil. Quand agirons-nous ?

– Encore un peu de patience, je dois me rendre à Thèbes ; dès mon retour, nous frapperons.

Hélène goûtait chaque seconde d'un bonheur qu'elle avait cru à jamais enfui. Vêtue d'une robe légère aux senteurs de nectar, la tête couverte d'un voile afin de se protéger du soleil, elle vivait un rêve merveilleux à la cour d'Égypte. Elle, que les Grecs traitaient de « chienne perverse », avait réussi à échapper à Ménélas, ce tyran vicieux et lâche dont le plus grand plaisir consistait à l'humilier.

Touya, la grande épouse royale, et Néfertari, la femme de Ramsès, lui avaient offert leur amitié et permis de vivre libre, dans un pays où la femme n'était pas enfermée au fond d'une demeure, fût-elle princière.

Hélène était-elle vraiment responsable de milliers de morts grecs et troyens ? Elle n'avait pas désiré cette folie meurtrière qui, pendant tant d'années, avait poussé de jeunes hommes à s'entre-tuer ; mais la rumeur continuait à l'accuser et à la condamner sans lui laisser la possibilité de se défendre. Ici, à Memphis, on ne lui adressait aucun reproche ; elle tissait, écoutait et jouait de la musique, se baignait dans les bassins de plaisance et jouissait des charmes inépuisables des jardins du palais. Le fracas des armes s'était estompé, cédant la place au chant des oiseaux.

Plusieurs fois par jour, Hélène aux bras blancs priait les dieux pour que le rêve ne se brisât point : elle ne souhaitait rien d'autre qu'oublier le passé, la Grèce et Ménélas.

Alors qu'elle marchait dans une allée sablée, entre des rangées de perséas, elle aperçut le cadavre d'une grue cendrée. En s'approchant, elle constata que le ventre du bel oiseau avait été déchiqueté. Hélène s'agenouilla et examina les viscères ; chez les Grecs comme chez les Troyens, chacun connaissait ses talents de devineresse.

L'épouse de Ménélas demeura prostrée pendant de longues minutes.

Ce qu'elle avait lu dans les entrailles de la malheureuse grue l'épouvantait.

4

Thèbes, la grande cité du sud de l'Égypte, était le fief d'Amon, le dieu qui avait armé le bras des libérateurs lorsqu'ils avaient chassé, de nombreux siècles auparavant, les occupants hyksos, des Asiatiques cruels et barbares. Depuis que le pays avait recouvré son indépendance, les pharaons rendaient hommage à Amon et embellissaient son temple, génération après génération. Aussi Karnak, immense chantier jamais interrompu, était-il devenu le plus vaste et le plus riche des sanctuaires égyptiens, une sorte d'État dans l'État, dont le grand prêtre apparaissait davantage comme un gestionnaire aux pouvoirs étendus que comme un homme de prière.

Dès son arrivée à Thèbes, Chénar avait sollicité une audience. Les deux hommes s'entretenaient sous un kiosque en bois, sur lequel couraient de la glycine et du chèvrefeuille, non loin du lac sacré dont la présence procurait un peu de fraîcheur.

– Seriez-vous venu sans escorte ? s'étonna le grand prêtre.

– Très peu de personnes sont au courant de ma présence ici.

– Ah... vous souhaitez donc ma discrétion.

– Votre opposition à Ramsès est-elle toujours affirmée ?

– Plus que jamais. Il est jeune, fougueux et emporté ;

son règne serait désastreux. Séthi a commis une erreur en le désignant.

– M'accordez-vous votre confiance ?

– Quelle place réserverez-vous au temple d'Amon, si vous montez sur le trône ?

– La première, bien entendu.

– Séthi a favorisé d'autres clergés, comme ceux d'Héliopolis et de Memphis ; ma seule ambition consiste à ne pas voir Karnak relégué au second plan.

– Telle est bien l'intention de Ramsès, non la mienne.

– Que suggérez-vous, Chénar ?

– D'agir, et d'agir vite.

– Autrement dit, avant la mise au tombeau de la momie de Séthi.

– C'est notre dernière chance, en effet.

Chénar ignorait que le grand prêtre d'Amon était gravement malade ; d'après son médecin, il ne lui restait que quelques mois, voire quelques semaines à vivre. Aussi une solution rapide apparut-elle au dignitaire comme l'expression de la bienveillance des dieux. Avant de mourir, il aurait la chance de voir Ramsès écarté du pouvoir suprême et Karnak sauvé.

– Je ne tolérerai aucune violence, décréta le grand prêtre ; Amon nous a donné la paix, nul ne doit la briser.

– Soyez rassuré ; même s'il est incapable de régner, Ramsès est mon frère et j'éprouve beaucoup d'affection pour lui. Pas une seule seconde je n'ai songé à lui faire le moindre mal.

– Quel sort lui réservez-vous ?

– C'est un jeune homme énergique, épris d'aventure et de grands espaces ; puisqu'il sera soulagé d'un fardeau trop lourd pour lui, il entreprendra un grand voyage et visitera plusieurs pays étrangers. Quand il reviendra, son expérience nous sera précieuse.

– Je tiens également à ce que la reine Touya demeure votre conseillère privilégiée.

– Cela va sans dire.

– Soyez fidèle à Amon, Chénar, et le destin vous sourira.

Le fils aîné de Séthi s'inclina avec déférence. La crédulité de ce vieux prêtre était une opportunité merveilleuse.

Dolente, la sœur aînée de Ramsès, appliquait des onguents sur sa peau grasse. Ni belle ni laide, trop grande, perpétuellement lasse, elle détestait Thèbes et le Sud. Une femme de sa classe ne pouvait vivre qu'à Memphis où elle passait son temps à s'occuper des mille et un drames domestiques qui animaient l'existence dorée des familles nobles.

À Thèbes, elle s'ennuyait. Certes, la meilleure société l'avait accueillie, et elle courait d'un banquet à l'autre, jouissant de sa position de fille du grand Séthi ; mais la mode était en retard sur celle de Memphis et son mari, le bedonnant et jovial Sary, ancien précepteur de Ramsès, sombrait peu à peu dans la neurasthénie. Lui, ex-supérieur du *Kap*, l'université chargée de former les futurs responsables du royaume, en était réduit au désœuvrement par la faute de Ramsès.

Oui, Sary avait été l'âme d'un médiocre complot visant à éliminer Ramsès ; oui, son épouse Dolente avait pris le parti de Chénar contre son frère ; oui, ils s'étaient trompés de chemin, mais Ramsès ne devait-il pas leur accorder son pardon, en raison de la mort de Séthi ?

Seule la vengeance pouvait répondre à sa cruauté. La chance de Ramsès finirait bien par tourner et, ce jour-là, Dolente et Sary profiteraient de l'occasion. En attendant, Dolente soignait sa peau et Sary lisait ou dormait.

L'arrivée de Chénar les arracha à leur torpeur.

– Mon frère bien-aimé ! s'exclama Dolente en l'embrassant. Es-tu porteur de bonnes nouvelles ?

– Possible.

– Ne nous fais pas languir ! exigea Sary.

– Je vais être roi.

– L'heure de notre vengeance serait-elle proche ?

– Rentrez avec moi à Memphis ; je vous cacherai, jusqu'à la disparition de Ramsès.

Dolente blêmit.

– Disparition...

– Ne t'inquiète pas, petite sœur ; il partira pour l'étranger.

– Me donneras-tu un poste important à la cour ? demanda Sary.

– Tu as été maladroit, répondit Chénar, mais tes qualités me seront précieuses. Sois-moi fidèle et ta carrière sera brillante.

– Tu as ma parole, Chénar.

Iset la belle se morfondait dans le somptueux palais de Thèbes où elle élevait avec amour Khâ, le fils que lui avait donné Ramsès ; les yeux verts, le nez petit et droit, les lèvres fines, gracieuse, mutine et enjouée, Iset était une fort jolie femme et l'épouse secondaire du régent.

« Épouse secondaire »... Comme il était difficile d'accepter ce titre et de subir la condition qu'il impliquait ! Pourtant, Iset ne parvenait pas à être jalouse de Néfertari, si belle, si douce et si profonde ; elle avait la prestance d'une future reine, bien qu'elle n'affichât aucune ambition.

Iset avait souhaité que la haine enflammât son cœur et qu'elle lui procurât une raison de lutter avec férocité contre Ramsès et Néfertari ; mais elle continuait à aimer celui qui lui avait offert tant de bonheur et de plaisir, l'homme auquel elle avait donné un fils.

Iset la belle se moquait du pouvoir et des honneurs ; elle aimait Ramsès pour lui-même, pour sa puissance et son rayonnement. Vivre loin de lui était une épreuve parfois insupportable ; pourquoi ne prenait-il pas conscience de sa détresse ?

Bientôt, Ramsès serait roi et il ne lui rendrait plus, de loin en loin, que de brèves visites au cours desquelles elle succomberait, incapable de résister. Si, au moins, elle avait pu s'éprendre d'un autre homme... Mais les prétendants, discrets ou insistants, étaient fades et sans personnalité.

Lorsque son majordome lui annonça la visite de Chénar, Iset la belle fut étonnée ; que venait faire le fils aîné de Séthi à Thèbes, avant les funérailles ?

Elle le reçut dans une salle bien ventilée, grâce à des fenêtres étroites creusées dans le haut des murs et ne dispensant qu'un liseré de lumière.

– Vous êtes magnifique, Iset.

– Que voulez-vous ?

– Je sais que nous ne m'aimez pas, mais je sais aussi que vous êtes intelligente et capable d'apprécier une situation en ménageant vos intérêts. Pour moi, vous avez l'étoffe d'une grande épouse royale.

– Ramsès en a décidé autrement.

– Et s'il n'avait plus aucune décision à prendre ?

– Que voulez-vous dire ?

– Mon frère n'est pas dénué de bon sens ; il a compris que gouverner l'Égypte était hors de sa portée.

– Ce qui signifie...

– Ce qui signifie que j'assumerai cette tâche difficile pour le bien de notre pays et que vous serez la reine des Deux Terres.

– Ramsès n'a pas renoncé, vous mentez !

– Mais non, tendre et belle amie ; il se prépare à partir pour un long voyage, en compagnie de Ménélas, et m'a demandé de succéder à Séthi, par respect pour la mémoire de notre père. À son retour, mon frère bénéficiera de tous les privilèges dus à son rang, soyez-en certaine.

– A-t-il parlé... de moi ?

– Je crains qu'il ne vous ait oubliée, de même que son fils ; seule l'habite la passion du grand large.

– Emmène-t-il Néfertari ?

– Non, il a envie de découvrir d'autres femmes ; dans le domaine du plaisir, mon frère n'est-il pas insatiable ?

Iset la belle sembla désemparée. Chénar eut envie de lui prendre la main, mais c'était trop tôt ; se hâter le conduirait à l'échec. Il lui fallait d'abord rassurer la jeune femme, ensuite la conquérir avec douceur et persuasion.

– Le petit Khâ bénéficiera de la meilleure éducation, promit-il, et vous n'aurez plus à vous en soucier. Après la mise au tombeau de Séthi, nous retournerons ensemble à Memphis.

– Ramsès... Ramsès sera-t-il déjà parti ?

– Bien sûr.

– N'assistera-t-il pas aux funérailles ?

– Je le déplore, mais c'est ainsi ; Ménélas n'accepte plus de retarder davantage son départ. Oubliez Ramsès, Iset, et préparez-vous à devenir reine.

5

Iset passa une nuit blanche.

Chénar avait menti. Jamais Ramsès ne quitterait l'Égypte pour s'étourdir dans un voyage à l'étranger ; s'il était absent aux funérailles de Séthi, ce serait contre sa volonté.

Certes, Ramsès se montrait cruel envers elle ; mais elle ne le trahirait pas en se jetant dans les bras de Chénar. Iset n'avait nulle envie d'être reine et détestait cet ambitieux au visage lunaire et aux paroles onctueuses, si certain de sa victoire !

Son devoir était tracé : prévenir Ramsès du complot qui se tramait contre lui et des intentions que lui prêtait son frère aîné.

Elle rédigea une longue lettre sur papyrus, relatant en détail les propos de Chénar, et convoqua le supérieur des messagers royaux, chargés d'acheminer le courrier à Memphis.

– Ce message est important et urgent.

– Je m'en occupe personnellement, assura le fonctionnaire.

L'activité du port fluvial de Thèbes s'était beaucoup réduite, comme celle de Memphis, pendant la période de deuil. À l'embarcadère réservé aux bateaux rapides en partance vers le nord, des soldats sommeillaient. Le supérieur des messagers royaux héla un marin.

– Lève l'ancre, nous partons.

– Impossible.

– Pour quelle raison ?

– Réquisition du grand prêtre de Karnak.

– Je n'en ai pas été averti.

– L'ordre vient d'être donné.

– Lève quand même l'ancre ; j'ai un message urgent pour le palais royal de Memphis.

Un homme apparut sur le pont du bateau que souhaitait emprunter le fonctionnaire.

– Les ordres sont les ordres, déclara-t-il, et vous devez les respecter.

– Qui êtes-vous, pour me parler sur ce ton ?

– Chénar, le fils aîné de Pharaon.

Le supérieur des messagers royaux s'inclina.

– Veuillez me pardonner mon insolence.

– Je consens à l'oublier, si vous me remettez le message que vous a confié Iset la belle.

– Mais...

– Il est bien destiné au palais royal de Memphis ?

– À votre frère Ramsès, en effet.

– Je pars sur l'heure pour me rendre auprès de lui ; craignez-vous que je ne sois pas un messager convenable ?

Le fonctionnaire remit la missive à Chénar.

Dès que le bateau prit de la vitesse et s'éloigna, Chénar déchira la lettre d'Iset la belle dont les morceaux se dispersèrent au gré du vent.

La nuit d'été était chaude et parfumée. Comment croire que Séthi avait quitté son peuple et que l'âme de l'Égypte pleurait le décès d'un roi digne des monarques de l'Ancien Empire ? D'ordinaire, les soirées étaient gaies et animées ; sur les places des villages, dans les ruelles des villes, on dansait, on chantait et l'on racontait des histoires, notamment des fables où les animaux prenaient la place des humains et se comportaient avec davantage de sagesse. Mais, en cette période de deuil et de momification du corps royal, rires et jeux avaient disparu.

Veilleur, le chien jaune de Ramsès, dormait contre le flanc de Massacreur, l'énorme lion chargé de garder le jardin privé du régent. Le chien et le lion s'étaient installés sur l'herbe fraîche, après que les jardiniers eurent arrosé les plantations.

L'un d'eux était un Grec, un soldat de Ménélas, qui s'était mêlé à l'équipe. Avant de quitter les lieux, il avait déposé dans un parterre de lys des boulettes de viande empoisonnées ; la gourmandise des deux animaux n'y résisterait pas. Même si le fauve mettait de longues heures à mourir, aucun vétérinaire ne le sauverait.

Veilleur fut le premier à percevoir une odeur inhabituelle.

Il bâilla, s'étira, huma l'air de la nuit et progressa en trottinant vers les lys. Sa truffe le guida vers les boulettes qu'il flaira longuement ; puis il retourna vers le lion. Veilleur n'était pas égoïste ; il ne désirait pas profiter seul d'une si belle trouvaille.

Les trois soldats juchés sur le mur du jardin virent avec satisfaction le lion sortir de sa torpeur et suivre le chien. Encore un peu de patience, et la voie serait libre ; ils progresseraient sans encombre jusqu'à la chambre de Ramsès, le surprendraient dans son sommeil et l'emmèneraient au bateau de Ménélas.

Côte à côte, le lion et le chien s'étaient immobilisés, la tête dans le parterre de lys.

Gavés, ils se couchèrent sur les fleurs.

Une dizaine de minutes plus tard, l'un des Grecs sauta à terre ; en raison de la quantité et de la puissance du poison, le grand fauve était déjà paralysé.

L'éclaireur fit un signe à ses compagnons, qui le rejoignirent dans l'allée menant à la chambre de Ramsès. Ils se préparaient à pénétrer dans le palais lorsqu'une sorte de feulement les incita à se retourner.

Massacreur et Veilleur se tenaient derrière eux, le regard fixe. Parmi les lys malmenés, les boulettes de viande intactes que la truffe du chien avait délaissées ; le lion avait vérifié le bien-fondé de l'intuition de son ami en piétinant la nourriture empoisonnée.

Les trois Grecs, armés d'un couteau, se serrèrent les uns contre les autres.

Griffes sorties et gueule ouverte, Massacreur se jeta sur les intrus.

L'officier grec qui avait réussi à se faire engager dans la garde privée de Ramsès progressa lentement dans le palais endormi, en direction des appartements du régent. C'était à lui d'inspecter les couloirs et de signaler toute présence insolite ; aussi les soldats, qui le connaissaient bien, l'avaient-ils laissé passer avec une parfaite quiétude.

Le Grec se dirigea vers le seuil de granit sur lequel dormait Serramanna ; le Sarde n'affirmait-il pas que, pour atteindre Ramsès, il faudrait lui trancher la gorge ? Une fois éliminé, le régent serait privé de son principal protecteur, et l'ensemble de sa garde se rallierait à Chénar, le nouveau maître de l'Égypte.

Le Grec s'immobilisa et écouta.

Pas le moindre bruit, sinon le souffle régulier d'un dormeur.

Malgré sa puissance physique, Serramanna avait besoin de quelques heures de sommeil. Mais peut-être se comporterait-il comme un chat et se réveillerait-il en percevant un danger ; le Grec devait frapper par surprise et n'accorder à sa victime aucune possibilité de réagir.

Prudent, le mercenaire écouta encore. Aucun doute possible : Serramanna était à sa merci.

Le Grec sortit son poignard du fourreau et retint sa respiration. Dans un élan furieux, il se jeta sur l'homme endormi et frappa à la gorge.

Une voix grave retentit derrière l'agresseur.

– Bel exploit, pour un lâche.

Le Grec se retourna.

– Tu as tué un corps de paille et de chiffon, déclara Serramanna. Comme je m'attendais à une attaque de ce genre-là, j'ai imité la respiration d'un dormeur.

L'homme de Ménélas serra le manche de son poignard.

– Lâche ça.

– Je vais quand même te trancher la gorge.

– Essaie.

Le Sarde dépassait le Grec de plus de trois têtes.

Le poignard fouetta l'air ; malgré sa taille et son poids, le Sarde se déplaçait avec une agilité surprenante.

– Tu ne sais même pas te battre, constata Serramanna.

Vexé, le soldat grec tenta une feinte : pas de côté, puis ruade en avant, lame pointée vers le ventre de son adversaire.

Le Sarde, du tranchant de la main droite, lui brisa le poignet et, de son poing gauche, lui défonça la tempe. Langue pendante et yeux vitreux, le Grec s'effondra, mort avant d'avoir touché le sol.

– Un lâche de moins, marmonna Serramanna.

Réveillé, Ramsès constata l'échec des deux attentats organisés contre lui. Dans le jardin, trois Grecs avaient succombé sous les griffes du lion ; dans le couloir, c'était un autre Grec, membre de la garde personnelle du régent, qui était passé de vie à trépas.

– On voulait vous supprimer, affirma Serramanna.

– L'homme a-t-il parlé ?

– Je n'ai pas eu le temps de l'interroger ; ne regrettez pas ce médiocre, il n'avait aucune qualité de guerrier.

– Ces Grecs n'étaient-ils pas des proches de Ménélas ?

– Je déteste ce tyran. Accordez-moi le droit de le rencontrer en combat singulier et je l'expédierai dans l'enfer qu'il redoute tant, peuplé de fantômes et de héros désespérés.

– Pour le moment, contente-toi de doubler la garde.

– Se défendre est une mauvaise stratégie, mon prince ; seule l'attaque mène à la victoire.

– Encore faut-il identifier l'ennemi.

– Ménélas et ses Grecs ! Ce sont des menteurs et des fourbes. Chassez-les au plus vite ; sinon, ils recommenceront.

Ramsès posa la main sur l'épaule droite de Serramanna.

– Puisque tu m'es fidèle, qu'ai-je à craindre ?

Ramsès passa le reste de la nuit dans le jardin, auprès du lion et du chien ; le fauve s'était endormi, Veilleur sommeillait. Le fils de Séthi avait rêvé d'un monde pacifique, mais la folie humaine ne respectait même pas la période de momification du pharaon défunt.

Moïse avait raison : ce n'était pas en manifestant de la clémence à l'égard de ses ennemis que l'on faisait cesser la violence. Au contraire, on développait en eux la certitude d'avoir affaire à un faible, facile à abattre.

À l'aube, Ramsès sortit de la nuit de sa douleur. Même si Séthi était irremplaçable, il devait se mettre au travail.

6

Dans l'Égypte de Séthi, les temples étaient responsables de la redistribution des denrées et des produits qui leur étaient confiés. Depuis la naissance de la civilisation pharaonique, la règle de Maât, fragile déesse de la justice et de la vérité, voulait que chaque enfant de la terre bénie des dieux ne manquât de rien. Comment célébrer une fête, si un seul estomac souffrait de la faim ?

Au sommet de l'État, Pharaon était à la fois le gouvernail qui donnait la bonne direction et le capitaine du navire qui assurait la cohésion de l'équipage. À lui de mettre en œuvre l'indispensable solidarité sans laquelle une société se déchirait et périssait de ses propres conflits internes.

Bien que la circulation des denrées dépendît, pour l'essentiel, d'un corps de fonctionnaires dont la compétence était l'une des clés de la prospérité égyptienne, quelques marchands indépendants, travaillant en accord avec les temples, voyageaient dans le pays entier et commerçaient librement.

Tel était le cas de Raia, un Syrien installé en Égypte depuis une dizaine d'années. Possesseur d'un bateau de transport et d'un troupeau d'ânes, il ne cessait d'aller et venir, du nord au sud et du sud au nord, pour vendre du vin, des conserves de viande et des vases importés d'Asie. De taille moyenne, le menton orné d'une petite barbe en pointe, vêtu d'une tunique à bandes colorées, courtois, discret et honnête, il jouissait de l'estime de nombreux clients qui appréciaient son exigence de qualité et ses prix modérés. Chaque année, son permis de travail était reconduit, tant le Syrien s'était intégré à son pays d'adoption. Comme tant d'autres étrangers, il s'était mêlé à la population et ne se distinguait plus des autochtones.

Personne ne savait que le marchand Raia était un espion à la solde des Hittites.

Ces derniers l'avaient chargé de recueillir un maximum d'informations et de les transmettre dans les meilleurs délais. Ainsi les guerriers d'Anatolie pourraient-ils choisir le meilleur moment pour attaquer les vassaux de Pharaon et s'emparer de leurs terres avant d'envahir l'Égypte elle-même. Comme Raia avait noué des amitiés chez les militaires, les douaniers et les policiers, il bénéficiait de nombreuses confidences dont il faisait parvenir la quintessence à Hattousa, la capitale des Hittites, sous forme de messages codés, introduits dans des vases d'albâtre destinés aux chefs de clan de la Syrie du Sud, officiellement alliée de l'Égypte. À plusieurs reprises, la douane avait fouillé le chargement et lu les textes rédigés par Raia, d'innocentes missives commerciales et des factures à payer. L'importateur syrien, qui appartenait au réseau de l'espion, livrait les vases à leurs destinataires et les messages à l'un de ses collègues de la Syrie du Nord, sous protectorat hittite, lequel les acheminait jusqu'à Hattousa.

Ainsi la plus grande puissance militaire de la proche Asie, l'Empire hittite, suivait-elle mois après mois l'évolution de la politique égyptienne, à partir d'informations de première main.

La mort de Séthi et la période de deuil semblaient fournir une excellente occasion d'attaquer l'Égypte ; mais Raia avait beaucoup insisté pour dissuader les généraux hittites de se lancer dans une aventure insensée. Contrairement à ce qu'ils pensaient, l'armée égyptienne n'était pas démobilisée, bien au contraire ; redoutant une vague d'invasion avant l'investiture d'un nouveau monarque, elle redoublait de précautions aux frontières.

De plus, grâce aux bavardages de Dolente, la sœur de Ramsès, Raia avait appris que Chénar, le frère aîné du futur roi, n'accepterait pas d'être relégué au second plan. Autrement dit, il complotait pour s'emparer du pouvoir avant le couronnement.

L'espion avait longuement étudié le personnage de Chénar : actif, habile, ambitieux, impitoyable lorsque son intérêt personnel était en jeu, rusé, et fort différent de Séthi et de Ramsès. Le voir accéder au trône était une perspective plutôt plaisante, car il semblait tomber dans le piège tendu par les Hittites, à savoir la volonté affichée de nouer de meilleures relations diplomatiques et commerciales avec l'Égypte, en oubliant les anciens affrontements. Séthi n'avait-il pas eu la faiblesse de renoncer à s'emparer de la fameuse forteresse de Kadesh, verrou du système hittite ? Le souverain absolu des guerriers anatoliens laissait volontiers entendre qu'il abandonnait toute visée expansionniste, en espérant que le futur pharaon croirait en son discours lénifiant et relâcherait son effort militaire.

Raia n'avait eu de cesse que d'identifier les complices de Chénar et de découvrir son plan d'action ; avec un instinct très sûr, il s'était orienté vers la colonie grecque installée à Memphis. Ménélas ne se présentait-il pas comme un mercenaire cruel dont les plus beaux souvenirs étaient les massacres perpétrés sur le site de Troie ? D'après ses proches, le souverain grec ne supportait plus de séjourner en Égypte ; il rêvait de retourner à Lacédémone, en compagnie d'Hélène, pour y célébrer ses victoires. Chénar avait dû payer grassement quelques mercenaires grecs pour être débarrassé de Ramsès et prendre la succession de Séthi.

Raia avait acquis la certitude que Ramsès serait un pharaon dangereux pour les Hittites ; d'un caractère belliqueux, il possédait la même détermination que son père et risquait de se laisser emporter par la fougue de sa jeunesse. Mieux valait favoriser les desseins de Chénar, plus pondéré et plus malléable.

Mais les nouvelles n'étaient pas bonnes : d'après un serviteur du palais, plusieurs mercenaires grecs auraient été tués en tentant de supprimer Ramsès. Le complot semblait avoir échoué.

Les prochaines heures seraient instructives : ou bien Chénar réussirait à dégager sa responsabilité et apparaîtrait comme un homme d'avenir ; ou bien il en serait incapable et mériterait d'être éliminé.

Ménélas piétina le bouclier qui lui avait permis de parer tant de coups sur les champs de bataille et brisa l'une des lances qui avaient percé la poitrine de nombreux Troyens. Puis il s'empara d'un vase et le jeta contre le mur de l'antichambre de sa villa.

Sa fureur à peine calmée, il se tourna vers Chénar.

– Un échec... Comment, un échec ! Mes hommes n'échouent jamais, sachez-le ! Nous avons gagné la guerre de Troie et nous sommes des vainqueurs !

– Désolé de vous contredire ; le lion de Ramsès a tué trois de vos mercenaires, et Serramanna le quatrième.

– Ils ont été trahis !

– Non, simplement incapables de remplir la mission que vous leur aviez confiée. À présent, Ramsès se méfie de vous ; sans doute ordonnera-t-il votre expulsion.

– Et je repartirai sans Hélène...

– Vous avez échoué, Ménélas.

– Votre plan était stupide !

– Il vous paraissait pourtant réaliste.

– Sortez d'ici !

– Préparez votre départ.

– Je sais ce que j'ai à faire.

Porte-sandales et secrétaire particulier de Ramsès, Améni était surtout son ami d'enfance ; il avait juré fidélité au régent et lié son destin au sien, quel qu'il fût. Petit, fluet, maigre, le cheveu rare malgré son jeune âge, incapable de porter de lourdes charges, il était pourtant un travailleur infatigable et un scribe hors du commun, sans cesse penché sur les documents administratifs dont il extrayait l'essentiel afin de permettre à Ramsès d'être correctement informé. Améni n'avait aucune ambition pour lui-même, mais ne tolérait pas la moindre approximation dans le service de vingt fonctionnaires d'élite dont il avait la charge ; rigueur et discipline étaient, pour lui, des valeurs sacrées.

Bien qu'il n'appréciât guère une brute telle que Serramanna, Améni reconnut qu'il s'était montré efficace en protégeant Ramsès de l'agresseur grec. La réaction de son ami l'avait surpris ; très calme, le futur pharaon avait demandé à Améni de lui décrire en détail les grands corps de l'État, leur fonctionnement et les relations qui existaient entre eux.

Lorsque Serramanna prévint Améni de la présence de Chénar, le secrétaire particulier du régent fut irrité ; cette visite le dérangeait au moment où il étudiait la réforme des lois archaïques sur l'utilisation des bacs collectifs.

– Ne le reçois pas, recommanda Améni à Ramsès.

– Chénar est mon frère.

– C'est un intrigant qui ne cherche que son profit personnel.

– L'écouter me paraît indispensable.

Ramsès accueillit son frère dans le jardin où le lion semblait dormir à l'ombre d'un sycomore, pendant que le chien jaune mordillait un os.

– Tu es mieux gardé que ne l'était Séthi ! s'étonna Chénar ; il est presque impossible de t'approcher.

– Ignores-tu que des Grecs ont tenté de s'introduire dans le palais avec des intentions hostiles ?

– Je ne l'ignore pas, mais je viens te révéler le nom de l'auteur du complot.

– Comment l'as-tu appris, frère bien-aimé ?

– Ménélas a tenté de me corrompre.

– Que t'a-t-il proposé ?

– De m'emparer du trône.

– Et tu as refusé...

– J'aime le pouvoir, Ramsès, mais je connais mes limites et n'ai pas l'intention de les dépasser. C'est toi le futur pharaon, personne d'autre ; la volonté de notre père doit être respectée.

– Pourquoi Ménélas a-t-il pris un tel risque ?

– Pour lui, l'Égypte est une prison ; son désir de retourner à Lacédémone, en compagnie d'Hélène, lui a fait perdre la raison. Il est persuadé que c'est toi qui séquestres son épouse. Mon rôle aurait consisté à t'exiler dans les oasis, à la libérer et à lui donner l'autorisation de partir.

– Hélène agit en toute liberté.

– Aux yeux d'un Grec, c'est inconcevable ; elle est forcément sous l'influence d'un homme.

– Est-il à ce point obtus ?

– Ménélas est têtu et dangereux. Il réagit comme un héros grec.

– Que me conseilles-tu ?

– En raison de la faute impardonnable qu'il a commise, expulse-le sans délai.

7

Le poète Homère logeait dans une très vaste demeure non loin du palais du régent. Il disposait des services d'un cuisinier, d'une femme de chambre et d'un jardinier, avait une cave remplie de jarres d'un vin du Delta qu'il additionnait d'anis et de coriandre, et ne sortait guère de son jardin dont l'arbre le plus précieux était un citronnier, indispensable à son inspiration.

Le corps enduit d'huile d'olive, Homère fumait volontiers des feuilles de sauge dans une pipe dont le fourneau était une grosse coquille d'escargot. Un chat noir et blanc sur les genoux, qu'il avait baptisé Hector, il dictait les vers de son *Iliade* tantôt à Améni, tantôt à un scribe que le secrétaire particulier de Ramsès lui dépêchait.

La visite du régent réjouit le poète ; son cuisinier apporta un vase crétois à goulot très étroit, ne laissant passer qu'un mince filet de vin frais et aromatisé. Sous le kiosque à quatre colonnettes en acacia couvert d'un toit de palme, la chaleur était supportable.

– Ce grand été guérit mes douleurs, indiqua Homère dont le visage buriné et ridé s'ornait d'une longue barbe blanche. Subissez-vous des orages, comme en Grèce ?

– Le dieu Seth en déclenche parfois de terrifiants, répondit Ramsès. Le ciel se drape de nuées sombres, des éclairs le zèbrent, la foudre tombe, le tonnerre gronde, un déluge remplit les ouadi à sec et des torrents dévalent, entraînant quantité de pierrailles. La peur emplit les cœurs, certains croient à la destruction du pays.

– Séthi ne portait-il pas le nom de Seth ?

– Pour moi, ce fut longtemps un grand mystère ; comment un pharaon osait-il choisir comme dieu protecteur l'assassin d'Osiris ? Je compris qu'il avait maîtrisé la force de Seth, la puissance incommensurable du ciel, et qu'il en usait afin de nourrir l'harmonie et non le désordre.

– Étrange pays que cette Égypte ! Ne venez-vous pas d'affronter une sorte d'orage ?

– L'écho des drames parviendrait-il jusqu'à ce jardin ?

– Ma vue est défaillante, mon ouïe excellente !

– Ainsi, vous savez que vos compatriotes ont tenté de me supprimer.

– Avant-hier, j'ai écrit ces vers : *Je redoute fort que vous ne soyez pris dans les mailles d'un filet qui ne laisse rien fuir, et ne deveniez tous la proie et le butin des guerriers ennemis. Ils saccageront vos cités. Pensez à cela nuit et jour, luttez sans trêve, si vous voulez échapper aux reproches.*

– Seriez-vous devin ?

– Je ne doute pas de votre courtoisie, mais le futur pharaon vient sans doute quérir quelque avis auprès d'un vieux Grec inoffensif.

Ramsès sourit. Homère était plutôt rugueux et direct, mais cette attitude lui plaisait.

– À votre avis, les agresseurs ont-ils agi de leur propre initiative ou sur les ordres de Ménélas ?

– Vous ne connaissez pas bien les Grecs ! Fomenter des complots est leur jeu favori. Ménélas veut Hélène, c'est vous qui la cachez ; seule solution : la violence.

– Elle a échoué.

– Ménélas est veule et borné ; il ne renoncera pas et vous déclarera la guerre de l'intérieur même de votre pays, sans songer aux conséquences.

– Que me recommandez-vous ?
– Renvoyez-le en Grèce avec Hélène.
– Mais elle refuse !
– Bien qu'elle ne l'ait pas souhaité, cette femme n'engendre que le malheur et la mort. Vouloir changer le cours de son destin est utopique.
– Elle est libre de choisir le pays où elle désire résider.
– Je vous aurais prévenu. Ah, n'oubliez pas de me faire livrer des papyrus neufs et de l'huile d'olive de première qualité.

D'aucuns auraient jugé quelque peu cavalier le comportement du poète à la barbe blanche ; Ramsès aimait son franc-parler qui lui serait plus utile que les paroles lénifiantes des courtisans.

Dès que Ramsès franchit le portail de l'aile du palais qui lui était attribuée, Améni se précipita vers lui. Cette agitation ne lui correspondait guère.
– Que se passe-t-il ?
– Ménélas... C'est Ménélas !
– Qu'a-t-il fait ?
– Il a pris en otages des employés du port, des femmes et des enfants, et menace de les exécuter si tu ne lui rends pas Hélène dès aujourd'hui.
– Où se trouve-t-il ?
– Sur son navire, avec les otages ; tous les bateaux de sa flotte sont prêts à lever l'ancre. Il ne reste plus un seul de ses mercenaires en ville.
– Existe-t-il un responsable de la sécurité du port ?
– Ne sois pas trop sévère... Ménélas et ses hommes ont pris par surprise nos soldats chargés de la surveillance des quais.
– Ma mère est-elle avertie ?
– Elle t'attend, en compagnie de Néfertari et d'Hélène.

La veuve de Séthi, l'épouse de Ramsès et celle de Ménélas arboraient un visage inquiet. Touya était assise sur un siège bas en bois doré, Néfertari sur un pliant, Hélène demeurait debout, adossée à une colonne vert clair, en forme de lotus.

La salle d'audience de la grande épouse royale était fraîche et reposante ; de subtils parfums charmaient l'odorat. Sur le trône de Pharaon, un bouquet de fleurs révélait l'absence momentanée d'un monarque.

Ramsès s'inclina devant sa mère, embrassa tendrement son épouse, et salua Hélène.

– Es-tu informé ? demanda Touya.

– Améni ne m'a pas caché la gravité de la situation. Combien d'otages ?

– Une cinquantaine.

– N'y en aurait-il qu'un seul, son existence devrait être préservée.

Ramsès s'adressa à Hélène.

– Si nous lançons un assaut, Ménélas exécutera-t-il les otages ?

– Il les égorgera de sa main.

– Osera-t-il commettre un crime aussi barbare ?

– C'est moi qu'il veut. S'il échoue, il tuera avant d'être tué.

– Exterminer ainsi des innocents...

– Ménélas est un guerrier ; à ses yeux, il n'existe que des alliés et des adversaires.

– Et ses propres hommes... Est-il conscient qu'aucun ne survivra, si les otages sont exécutés ?

– Ils mourront en héros, leur honneur sera sauf.

– Héros, des meurtriers de personnes sans défense ?

– Vaincre ou mourir, Ménélas ne connaît pas d'autre loi.

– L'enfer des héros grecs n'est-il pas un abîme sombre et désespéré ?

– Notre mort est ténébreuse, il est vrai, mais le goût du combat est plus intense que le simple désir de survivre.

Néfertari s'approcha de Ramsès.

– Comment comptes-tu agir ?

– Je me rendrai seul et sans armes sur le bateau de Ménélas, et je tenterai de le raisonner.

– C'est utopique, estima Hélène.

– Je dois quand même essayer.

– Il te prendra, toi aussi, en otage ! intervint Néfertari.

– Tu n'as pas le droit de t'exposer, jugea Touya. Ne ferais-tu pas le jeu de l'adversaire en tombant dans le piège qu'il a tendu ?

– Il t'emmènera en Grèce, prophétisa Néfertari, et un autre régnera sur l'Égypte. Un autre qui trouvera un terrain d'entente avec Ménélas et lui renverra Hélène en échange d'un accord commercial.

Ramsès interrogea sa mère du regard ; elle ne démentit pas les propos de Néfertari.

– S'il est impossible de négocier avec Ménélas, il faut donc le réduire à merci.

Hélène s'avança vers le régent.

– Non, dit-il ; nous refusons votre sacrifice. Protéger un hôte est un devoir sacré.

– Ramsès a raison, confirma la grande épouse royale ; en cédant au chantage de Ménélas, l'Égypte sombrerait dans la lâcheté et serait privée de la présence de Maât.

– Je suis responsable de cette situation et je...

– N'insistez pas, Hélène ; puisque vous avez choisi de vivre ici, nous sommes garants de votre liberté.

– À moi de préparer une stratégie, estima le fils de Séthi.

Tremblant et suant, Méba, le ministre des Affaires étrangères, dialogua avec Ménélas depuis le quai du port de Memphis. À chaque instant, il craignait d'être transpercé par la flèche d'un archer grec. Il réussit néanmoins à faire admettre au roi de Lacédémone la position de Ramsès, qui souhaitait offrir un grand banquet en l'honneur d'Hélène avant qu'elle ne quitte l'Égypte à jamais.

Au terme de rudes négociations, le souverain grec accepta, mais précisa que les otages ne recevraient aucune nourriture tant qu'Hélène ne serait pas à son bord. Il les relâcherait lorsque ses bateaux, que n'aurait suivis aucun bâtiment de guerre égyptien, prendraient le large.

Sain et sauf, Méba s'éloigna du quai à pas pressés, sous les quolibets des soldats grecs. Il eut la consolation de recevoir les félicitations de Ramsès.

En l'espace d'une nuit, le régent devait trouver le moyen de libérer les otages.

8

De taille moyenne, d'une force herculéenne, les cheveux noirs, la peau mate, le charmeur de serpents Sétaou faisait l'amour à sa délicieuse épouse nubienne, Lotus, dont le corps fin et délié était un appel permanent au plaisir. Le couple habitait à la lisière du désert, loin du centre de Memphis, dans une grande demeure qui leur servait de laboratoire. Plusieurs pièces étaient remplies de fioles de tailles diverses et d'objets aux formes bizarres qui permettaient de traiter le venin et de préparer les dilutions indispensables aux médecins.

La jeune Nubienne était d'une souplesse merveilleuse et se prêtait aux innombrables fantaisies de Sétaou dont l'imagination semblait inépuisable. Depuis qu'il l'avait amenée en Égypte, après l'avoir épousée, elle ne cessait de l'étonner, tant sa connaissance des reptiles était profonde et subtile. Leur passion commune leur permettait de progresser sans cesse et de découvrir de nouveaux remèdes dont l'élaboration nécessitait de longues expériences.

Alors que Sétaou caressait les seins de Lotus comme s'il effleurait des boutons de fleur, le cobra domestique se dressa sur le seuil de la maison.

– Un visiteur, constata Sétaou.

Lotus regarda le splendide reptile. Selon la manière dont il se balançait, elle savait si l'arrivant était un ami ou un ennemi.

Sétaou quitta le lit douillet et s'empara d'un gourdin. Bien qu'il fît confiance au cobra dont le calme était plutôt rassurant, cette intrusion nocturne ne lui disait rien qui vaille.

Le cheval, lancé au grand galop, s'arrêta à quelques mètres de la maison ; le cavalier sauta à terre.

– Ramsès ! Chez moi, en pleine nuit ?

– Je ne te dérange pas, au moins ?

– À dire vrai, un peu. Lotus et moi...

– Désolé de vous importuner, mais j'ai besoin de votre aide.

Sétaou et Ramsès avaient fait leurs études ensemble, mais le premier avait dédaigné les carrières de la haute administration pour se consacrer aux êtres qui, selon lui, détenaient le secret de la vie et de la mort : les serpents. Immunisé contre leur venin, il avait soumis le jeune Ramsès à une très rude épreuve, en lui faisant rencontrer le maître du désert, un cobra particulièrement dangereux dont la morsure était mortelle. Leur amitié avait survécu à cet affrontement, et Sétaou appartenait au cercle restreint de fidèles auxquels le futur pharaon accordait une totale confiance.

– Le royaume serait-il en péril ?

– Ménélas menace de tuer des otages si nous ne lui rendons pas Hélène.

– La belle affaire ! Pourquoi ne te débarrasses-tu pas de cette Grecque qui a causé la destruction d'une ville entière ?

– Trahir les lois de l'hospitalité rabaisserait l'Égypte au rang des barbares.

– Laisse donc les barbares s'expliquer entre eux.

– Hélène est une reine, elle désire résider chez nous ; mon devoir est de la sauver des griffes de Ménélas.

– Voilà bien des paroles de Pharaon ! Il est vrai que ton destin t'a conduit vers cette charge inhumaine que seuls convoitent les fous et les inconscients.

– Il me faut prendre d'assaut le navire de Ménélas en préservant la vie des otages.

– Tu as toujours aimé les paris impossibles.

– Les officiers supérieurs des régiments stationnés à Memphis ne m'ont apporté aucune idée digne d'attention ; leurs projets ne peuvent se terminer que par un massacre.

– En es-tu surpris ?

– Tu détiens la solution.

– Moi, en militaire montant à l'assaut des bateaux grecs ?

– Pas toi, tes serpents.

– Qu'as-tu imaginé ?

– Avant l'aube, des nageurs se glisseront sans bruit jusqu'aux bateaux, escaladeront les parois en portant un sac contenant un reptile qu'ils libéreront sur le pont, en le jetant vers les Grecs chargés de surveiller les otages. Les serpents mordront quelques soldats et créeront un effet de surprise que nos hommes sauront exploiter.

– Astucieux, mais plutôt risqué ; crois-tu que les cobras choisiront leurs victimes avec discernement ?

– Je suis conscient de l'énorme risque que nous allons prendre.

– Nous ?

– Toi et moi ferons partie de l'expédition, bien entendu.

– Tu voudrais que je risque ma vie pour une Grecque que je n'ai jamais rencontrée ?

– Pour des otages égyptiens.

– Que deviendront ma femme et mes serpents, si je meurs dans cette aventure stupide ?

– Ils percevront une pension à vie.

– Non, c'est trop dangereux... Et combien faudra-t-il sacrifier de reptiles pour agresser ces maudits Grecs ?

– Ils te seront payés le triple de leur prix et, de plus, je transformerai ton laboratoire expérimental en centre de recherche officiel.

Sétaou regarda Lotus, si attirante dans la nuit chaude de l'été.

– Au lieu de bavarder, nous devrions mettre les serpents dans des sacs.

Ménélas faisait les cent pas sur le pont principal de son bateau. Les guetteurs n'avaient noté aucune animation sur les quais ; comme le roi de Lacédémone l'avait prévu, les Égyptiens, couards et pétris d'humanisme, n'oseraient rien tenter. La prise d'otages n'était pas glorieuse, mais efficace ; il n'y avait pas d'autre moyen d'arracher Hélène à ses protectrices, Touya et Néfertari.

Les otages avaient cessé de pleurer et de gémir ; les mains liées derrière le dos, prostrés, ils étaient entassés à la poupe, sous la surveillance d'une dizaine de soldats qui étaient relevés toutes les deux heures.

L'aide de camp de Ménélas vint à sa hauteur.

– Croyez-vous qu'ils attaqueront ?

– Ce serait stupide et inutile ; nous serions contraints d'abattre les otages.

– En ce cas, nous ne bénéficierions plus d'aucune protection.

– Nous massacrerions beaucoup d'Égyptiens avant de regagner la mer... Mais ils ne mettront pas en péril la sécurité de leurs compatriotes. Je récupérerai Hélène à l'aube et nous rentrerons chez nous.

– Je regretterai ce pays.

– Perdrais-tu l'esprit ?

– N'avons-nous pas vécu heureux et en paix, à Memphis ?

– Nous sommes nés pour nous battre, non pour paresser.

– Et si l'on vous assassinait, à votre tour ? En votre absence, les ambitions ont dû se multiplier.

– Mon épée est encore solide ; quand on verra Hélène soumise, on comprendra que mon pouvoir demeure intact.

Ramsès avait sélectionné trente soldats d'élite, tous excellents nageurs ; Sétaou leur avait montré comment il convenait d'entrouvrir le sac afin de laisser un passage au serpent sans être mordu. Le visage des volontaires était tendu ; le régent leur adressa un discours volontariste et enflammé afin de nourrir leur ardeur au combat. Sa conviction, ajoutée à la force paisible de Sétaou, persuada le commando de sa capacité de réussir.

Ramsès regrettait d'avoir été contraint de dissimuler sa présence, dans l'action, à sa mère et à son épouse ; mais ni l'une ni l'autre n'auraient accepté de le laisser s'engager dans une telle folie. Lui seul devait endosser la responsabilité de cet assaut. Si le destin devait amener le fils cadet de Séthi au pouvoir suprême, il lui permettrait de franchir cette épreuve avec succès.

Sétaou parlait aux reptiles enfermés dans les sacs et prononçait des incantations destinées à les calmer. De Lotus, il avait appris des suites de sons sans signification pour les oreilles humaines, mais convaincantes pour l'ouïe mystérieuse des serpents.

Lorsque Sétaou estima que les étranges alliés du commando étaient prêts, la petite troupe fit mouvement vers le Nil. Les soldats entreraient dans l'eau à l'extrémité du quai principal, hors de la vue des guetteurs grecs.

Sétaou toucha le poignet de Ramsès.

– Un instant... Regarde, on jurerait que le bateau de Ménélas largue les amarres.

Sétaou ne se trompait pas.

– Restez ici.

Ramsès lâcha le sac contenant une vipère des sables et courut en direction du navire grec. La lumière argentée de la lune éclaira la proue où se tenaient Ménélas et Hélène que le roi de Lacédémone tenait serrée contre lui.

– Ménélas ! hurla Ramsès.

L'interpellé, équipé d'une double cuirasse et d'un ceinturon fermé par des agrafes d'or, reconnut aussitôt le régent.

– Ramsès ! Tu es venu me souhaiter bon voyage... Constate-le : Hélène aime son mari et lui sera désormais fidèle. Comme elle fut sage de venir me rejoindre ! À Lacédémone, elle sera la plus heureuse des femmes.

Ménélas éclata de rire.

– Libère les otages !

– Sois sans crainte, je te les rendrai vivants.

Ramsès suivit la flotte grecque dans un petit bateau à deux voiles qui se tint à bonne distance. Quand le jour se leva, les soldats de Ménélas déclenchèrent un vacarme en frappant leurs boucliers avec lances et épées.

Obéissant aux ordres du régent et de la grande épouse royale, la marine de guerre égyptienne n'intervint pas, laissant libre accès à la Méditerranée. Ménélas était libre de s'élancer vers le nord.

Un instant, Ramsès crut qu'il avait été berné et que le roi de Lacédémone allait égorger les otages ; mais une barque fut mise à la mer et les prisonniers y descendirent en utilisant une échelle de corde. Les hommes valides empoignèrent les rames et s'éloignèrent aussi vite que possible de leur prison flottante.

De la poupe du navire de son époux, Hélène aux bras blancs, vêtue d'un manteau de pourpre, la tête couverte d'un voile blanc, le cou paré d'un collier d'or, contemplait la côte d'Égypte, ce pays où elle avait connu quelques mois de bonheur avec l'espoir d'échapper au destin que lui imposait Ménélas.

Lorsque les otages furent hors de portée des flèches grecques, Hélène fit pivoter le dessus d'une bague d'améthyste qu'elle portait à la main droite et but le liquide que contenait cette minuscule fiole de poison, dérobée dans un laboratoire de Memphis. Elle s'était juré de ne pas devenir esclave et de ne pas finir ses jours, battue et humiliée, dans le gynécée de Ménélas. Ménélas le fourbe, triste vainqueur de la guerre de Troie, qui ne ramènerait à Lacédémone qu'un cadavre, et serait à jamais ridicule et méprisé.

Comme il était beau, ce soleil de l'été égyptien ! Comme Hélène eût aimé perdre la blancheur de sa peau et prendre le teint cuivré des jolies Égyptiennes, libres d'aimer, épanouies dans leur corps et dans leur âme.

Hélène s'effondra doucement, la tête penchée sur son épaule, les yeux grands ouverts et contemplant le ciel bleu.

9

Lorsque le jeune diplomate Âcha revint à Memphis, après une brève mission d'information en Syrie du Sud qu'il avait remplie sur l'ordre du ministre des Affaires étrangères, la période de deuil durait depuis quarante jours. Dès le lendemain, Touya, Ramsès, Néfertari et les principaux personnages de l'État partiraient pour Thèbes où auraient lieu la mise au tombeau de la momie de Séthi et le couronnement du nouveau couple royal.

Fils unique d'une famille riche, racé, élégant, le visage allongé et fin, une petite moustache très soignée, les yeux brillants d'intelligence, la voix envoûtante, parfois dédaigneuse, Âcha avait été le condisciple de Ramsès et un ami quelque peu lointain, non dépourvu de sens critique. Parlant plusieurs langues étrangères, il s'était passionné très jeune pour les voyages, l'étude des autres peuples et la carrière diplomatique ; grâce à de remarquables succès qui avaient surpris les fonctionnaires expérimentés, l'ascension d'Âcha avait été fulgurante. Âgé de vingt-trois ans, il était déjà considéré comme l'un des meilleurs spécialistes de l'Asie. À la fois homme de dossiers et de terrain, qualités rarement conjuguées, il faisait preuve d'une telle perspicacité dans l'analyse des faits que certains le considéraient comme un visionnaire. Or, la sécurité de l'Égypte dépendait d'une juste appréciation des intentions de l'ennemi principal, l'Empire hittite.

Venu rendre compte à Méba, Âcha avait trouvé un ministre sur la défensive ; ce dernier s'était contenté de quelques formules creuses et lui avait conseillé de demander sans tarder audience à Ramsès, lequel exigeait de rencontrer les hauts fonctionnaires, l'un après l'autre.

Âcha fut donc reçu par Améni, le secrétaire particulier du régent. Les deux hommes se congratulèrent.

– Tu n'as pas grossi d'un gramme, constata Âcha.

– Et toi, tu portes toujours une tunique luxueuse et à la dernière mode !

– L'un de mes innombrables vices ! Le temps de nos études communes est déjà si loin... Mais je me réjouis de te voir à ce poste.

– J'ai juré d'être fidèle à Ramsès et je respecte mon serment.

– Tu as fait le bon choix, Améni ; si les dieux le veulent, Ramsès sera bientôt couronné.

– Les dieux le veulent. Sais-tu qu'il a échappé à un attentat perpétré par les sbires du roi grec Ménélas ?

– Un roitelet fourbe et sans avenir.

– Fourbe, c'est certain ! Il a pris des otages et menacé de les exécuter si Ramsès ne lui rendait pas Hélène.

– Comment a réagi Ramsès ?

– Il a refusé de violer les lois de l'hospitalité et préparé un assaut contre les Grecs.

– Risqué.

– Qu'aurais-tu proposé d'autre ?

– Négocier et négocier encore... Mais, avec une brute comme Ménélas, j'admets que la tâche est presque surhumaine. Ramsès a-t-il réussi ?

– Hélène a quitté le palais pour retourner auprès de son mari et sauver de nombreuses vies. Au moment où le navire de Ménélas appareillait pour la haute mer, elle s'est donné la mort.

– Geste sublime, mais définitif.

– Serais-tu toujours aussi ironique ?

– Se moquer d'autrui comme de soi-même, n'est-ce pas l'hygiène de l'esprit ?

– La mort d'Hélène ne t'émeut pas, dirait-on.

– Être débarrassé de Ménélas et de sa clique est un bonheur pour l'Égypte ; si nous regardons du côté des Grecs, il nous faudra de meilleurs alliés.

– Homère est resté.

– Ce charmant vieux poète... Écrit-il ses souvenirs de la guerre de Troie ?

– Parfois, j'ai l'honneur de lui servir de scribe ; ses vers sont souvent tragiques mais ne manquent pas de noblesse.

– L'amour de l'écriture et des écrivains te perdra, Améni ! Quel poste Ramsès te réserve-t-il dans son futur gouvernement ?

– Je l'ignore... Celui que j'occupe me conviendrait à merveille.

– Tu mérites mieux.

– Et toi, qu'espères-tu ?

– Dans un premier temps, voir Ramsès au plus vite.

– Des informations préoccupantes ?

– Me permets-tu de les réserver au régent ?

Améni rougit.

– Pardonne-moi ; tu le trouveras aux écuries. Toi, il te recevra.

La transformation de Ramsès surprit Âcha. Le futur roi d'Égypte, altier et sûr de lui, conduisait son char avec une maestria exceptionnelle, entraînant ses chevaux dans des manœuvres d'une incroyable difficulté que de vieux écuyers contemplaient bouche bée.

L'adolescent à l'impressionnante stature était devenu un athlète à la musculature souple et puissante qui avait l'allure d'un monarque dont nul ne contesterait l'autorité. Âcha nota cependant une fougue excessive et une exaltation dans l'effort qui entraîneraient des erreurs de jugement ; mais à quoi servirait-il de mettre en garde un être dont l'énergie semblait inépuisable ?

Dès qu'il aperçut son ami, Ramsès lança le char dans sa direction ; les chevaux s'arrêtèrent à la voix, à moins de deux mètres du jeune diplomate dont la tunique neuve fut éclaboussée de poussière.

– Désolé, Âcha ! Ce sont de jeunes destriers un peu indisciplinés.

Ramsès sauta à terre, appela deux palefreniers afin qu'ils s'occupent des chevaux, et prit Âcha par les épaules.

– Cette maudite Asie existe-t-elle encore ?

– Je crains que oui, Majesté.

– Majesté ? Je ne suis pas encore Pharaon !

– Un bon diplomate doit être prévoyant ; en l'occurrence, l'avenir est plutôt facile à discerner.

– Tu es le seul à t'exprimer de la sorte.

– Est-ce un reproche ?

– Parle-moi de l'Asie, Âcha.

– En apparence, tout est calme. Nos principautés attendent ton couronnement, les Hittites ne sortent pas de leurs territoires et de leurs zones d'influence.

– Tu as bien dit : « en apparence » ?

– C'est ce que tu liras dans tous les rapports officiels.

– Mais ton avis diffère...

– Le calme précède toujours la tempête, mais de combien de temps ?

– Viens, allons boire.

Ramsès s'assura que ses chevaux étaient traités avec grand soin ; puis il s'assit avec Âcha à l'ombre d'un toit pentu, face au désert. Un serviteur leur apporta aussitôt de la bière fraîche et des linges parfumés.

– Crois-tu à la volonté de paix des Hittites ?

Âcha réfléchit en buvant le délicieux breuvage.

– Les Hittites sont des conquérants et des guerriers ; dans leur vocabulaire, le mot « paix » est une sorte d'image poétique sans réelle consistance.

– Donc, ils mentent.

– Ils espèrent qu'un jeune souverain, aux idéaux pacifiques, mettra moins l'accent sur la défense de son pays et l'affaiblira, mois après mois.

– Comme Akhénaton.

– L'exemple est bien choisi.

– Fabriquent-ils beaucoup d'armes ?

– La production s'accélère, en effet.

– Estimes-tu la guerre inévitable ?

– Le rôle des diplomates consiste à repousser cette éventualité.

– Comment t'y prendrais-tu ?

– Je suis incapable de répondre à cette question ; mes compétences ne me permettent pas d'avoir une vue d'ensemble et de proposer des remèdes satisfaisants à la situation actuelle.

– Aimerais-tu remplir d'autres fonctions ?

– Ce n'est pas à moi d'en décider.

Ramsès regarda le désert.

– Quand j'étais enfant, Âcha, je rêvais de devenir Pharaon, comme mon père, parce que je croyais que le pouvoir était le plus merveilleux des jeux. Séthi m'a ouvert les yeux en m'imposant l'épreuve du taureau sauvage, et je me suis réfugié dans un autre songe : demeurer à jamais auprès de lui, sous son bras protecteur. Mais la mort est venue et, avec elle, la fin des rêves. J'ai prié l'invisible afin qu'il éloigne de moi cette royauté dont je ne voulais plus, et j'ai compris qu'il ne me répondrait que sous la forme d'un acte. Ménélas a tenté de me supprimer ; mon lion, mon chien et le chef de ma garde personnelle m'ont sauvé alors que je communiais avec l'âme de mon père. Depuis cet instant, j'ai décidé de ne plus repousser mon destin. Ce que Séthi a décidé s'accomplira.

– Te souviens-tu, quand nous parlions de la vraie puissance avec Sétaou, Moïse et Améni ?

– Améni l'a trouvée en servant son pays, Moïse dans l'art de bâtir, Sétaou dans la connaissance des serpents et toi dans la diplomatie.

– La vraie puissance... C'est toi qui la détiendras.

– Non, Âcha, elle passera à travers moi, s'incarnera dans mon cœur, dans mon bras, et m'abandonnera si je suis incapable de l'abriter.

– Offrir ta vie à la royauté... N'est-ce pas payer un prix trop élevé ?

– Je ne suis plus libre d'agir à ma guise.

– Tes paroles sont presque effrayantes, Ramsès.

– Crois-tu que j'ignore la peur ? Quels que soient les obstacles, je gouvernerai et poursuivrai l'œuvre de mon père pour léguer à mon successeur une Égypte sage, forte et belle. Acceptes-tu de m'aider ?

– Oui, Majesté.

10

Chénar broyait du noir.

Les Grecs avaient échoué de manière lamentable ; Ménélas, obsédé par son désir de posséder Hélène comme une proie, avait perdu de vue l'essentiel, l'élimination de Ramsès. Seule consolation, non dénuée d'importance : Chénar était parvenu à persuader son frère de son innocence. Ménélas et ses soldats partis, personne n'accuserait Chénar d'avoir été l'âme du complot.

Mais Ramsès monterait sur le trône d'Égypte et régnerait sans partage... Et lui, Chénar, le fils aîné de Séthi, serait contraint de lui obéir et de se comporter comme un simple serviteur ! Non, il n'accepterait pas cette déchéance.

C'est pourquoi il avait fixé rendez-vous à son dernier allié, un proche de Ramsès, un homme insoupçonnable qui l'aiderait peut-être à lutter de l'intérieur contre son frère et à ronger son trône.

À la tombée de la nuit, le quartier des potiers était animé ; badauds et clients circulaient entre les échoppes, jetant un œil aux vases de taille et de prix variés que vendaient les artisans. À l'angle d'une ruelle, un porteur d'eau proposait un liquide frais et délectable.

C'était là qu'Âcha, habillé d'un pagne ordinaire et coiffé d'une perruque banale qui le rendait méconnaissable, attendait Chénar qui, lui aussi, avait pris soin de modifier son apparence. Les deux hommes achetèrent une outre d'eau en échange de grappes de raisins comme de simples paysans, et s'assirent côte à côte contre un mur.

– Avez-vous revu Ramsès ?

– Je ne dépends plus du ministre des Affaires étrangères, mais directement du futur pharaon.

– Qu'est-ce que cela signifie ?

– Une promotion.

– Laquelle ?

– Je ne sais pas encore. Ramsès songe à composer son prochain gouvernement ; comme il est fidèle en amitié, Moïse, Améni et moi devrions obtenir des postes de première importance.

– Qui d'autre ?

– Dans le cercle de ses intimes, je ne vois guère que Sétaou, mais ce dernier est si attaché à l'étude de ses chers serpents qu'il refuse toute responsabilité.

– Ramsès vous a-t-il paru décidé à régner ?

– Bien qu'il ait pris conscience de la lourdeur de la charge et de son manque d'expérience, il ne reculera pas. N'espérez plus aucune dérobade.

– Vous a-t-il parlé du grand prêtre d'Amon ?

– Non.

– Parfait, il sous-estime son influence et sa capacité de nuire.

– N'est-ce pas un personnage timoré, qui redoute l'autorité royale ?

– Il craignait Séthi... Mais Ramsès n'est qu'un jeune homme fort peu rompu aux luttes d'influence. Du côté d'Améni, il n'y a rien à espérer : ce maudit petit scribe est attaché à Ramsès comme un chien à son maître. En revanche, je ne désespère pas d'attirer Moïse dans mes filets.

– Avez-vous essayé ?

– J'ai essuyé un échec, mais ce n'était qu'une première tentative. Cet Hébreu est un homme tourmenté, à la recherche de sa vérité qui n'est pas forcément celle de Ramsès. Si nous parvenons à lui offrir ce qu'il désire, il changera de camp.

– Vous n'avez pas tort.

– Avez-vous quelque influence sur Moïse ?

– Je ne le pense pas, mais l'avenir me donnera peut-être des moyens de pression.

– Et sur Améni ?

– Il paraît incorruptible, estima Âcha, mais sait-on jamais ? L'âge venant, il deviendra esclave de besoins inattendus, et nous pourrons exploiter ses faiblesses.

– Je n'ai pas l'intention d'attendre que Ramsès ait tissé une toile indestructible.

– Moi non plus, Chénar, mais il vous faudra quand même un peu de patience. L'échec de Ménélas et de ses hommes devrait vous démontrer qu'une bonne stratégie exclut l'à-peu-près.

– Combien de temps ?

– Laissons Ramsès s'installer dans l'ivresse du pouvoir ; le feu qui l'anime se nourrira des fastes de la cour et lui fera perdre le sens des réalités. De plus, je serai l'un de ceux qui l'informeront de l'évolution de la situation en Asie, et c'est plutôt moi qu'il écoutera.

– Quel est votre plan, Âcha ?

– Vous désirez régner, n'est-ce pas ?

– Je suis digne et capable d'être Pharaon.

– Il convient donc de renverser ou d'éliminer Ramsès.

– Nécessité fait loi.

– Deux voies s'ouvrent à nous : le complot intérieur ou l'agression extérieure. En ce qui concerne la première, nous devons nous assurer d'un certain nombre de complicités parmi les personnalités influentes du pays ; votre rôle, dans ce domaine, serait prépondérant. Quant à la seconde, elle repose sur les véritables intentions des Hittites et la préparation d'un conflit qui verrait la défaite de Ramsès, mais non la ruine de l'Égypte ; si le pays était dévasté, ce serait un Hittite qui s'emparerait des Deux Terres.

Chénar ne cacha pas sa contrariété.

– N'est-ce pas trop risqué ?

– Ramsès est un adversaire de taille ; vous ne prendrez pas aisément le pouvoir.

– Si les Hittites sont vainqueurs, ils envahiront l'Égypte.

– Ce n'est pas certain.

– Quel miracle proposez-vous ?

– Il ne s'agit pas d'un miracle, mais d'un piège dans lequel nous attirerons Ramsès, sans que notre pays soit directement impliqué. Soit il périra, soit il sera rendu responsable de la défaite ; dans un cas comme dans l'autre, il ne pourra continuer à régner. Alors, vous apparaîtrez comme un sauveur.

– N'est-ce pas un rêve ?

– Je n'ai pas la réputation de me nourrir d'illusions. Quand je connaîtrai le poste exact que Ramsès me réserve, je commencerai à agir. À moins que vous ne souhaitiez renoncer.

– Jamais ! Mort ou vivant, Ramsès devra s'effacer devant moi.

– Si nous réussissons, j'espère que vous ne serez pas ingrat.

– Sur ce point, soyez rassuré ; vous aurez cent fois mérité d'être mon bras droit.

– Permettez-moi d'en douter.

Chénar sursauta.

– N'auriez-vous pas confiance en moi ?

– Pas la moindre.

– Mais alors...

– Ne feignez pas la surprise ; si j'étais un naïf, vous m'auriez éliminé depuis longtemps. Comment croire aux promesses d'un homme de pouvoir ? Son comportement ne lui est dicté que par son intérêt personnel, et rien d'autre.

– Seriez-vous désabusé, Âcha ?

– Réaliste. Quand vous serez Pharaon, vous choisirez vos ministres en fonction de vos seuls critères du moment ; peut-être écarterez-vous ceux qui, comme moi, vous auront permis d'accéder au trône.

Chénar sourit.

– Votre intelligence est exceptionnelle, Âcha.

– Voyager m'a permis d'observer des sociétés et des hommes fort différents, mais tous soumis à la loi du plus fort.

– Ce n'était pas le cas de l'Égypte de Séthi.

– Séthi est mort, Ramsès est un guerrier dont la violence n'a pas encore eu la possibilité de s'exprimer. Telle est bien notre chance.

– En échange de votre collaboration, vous désirez donc des profits immédiats.

– Votre propre intelligence n'est pas négligeable, Chénar.

– J'aimerais des précisions.

– Ma famille est fortunée, certes, mais est-on jamais assez riche ? Pour un grand voyageur comme moi, posséder de nombreuses villas est un plaisir appréciable. Au gré de ma fantaisie, j'aimerais me reposer tantôt dans le Nord, tantôt dans le Sud. Trois demeures dans le Delta, deux à Memphis, deux en Moyenne-Égypte, deux dans la région thébaine, une à Assouan me paraissent indispensables pour bien jouir de l'existence lorsque je séjournerai en Égypte.

– Vous me demandez une petite fortune.

– Une peccadille, Chénar, une simple peccadille en échange du service que je vais vous rendre.

– Désirez-vous aussi des minéraux et des pierres précieuses ?

– Cela va sans dire.

– Je ne vous croyais pas si vénal, Âcha.

– J'aime le luxe, le grand luxe ; un amateur de vases rares, comme vous, ne peut-il comprendre ce penchant ?

– Si, mais tant de maisons...

– De maisons richement décorées et servant d'écrin à des meubles magnifiques ! Elles seront mon paradis sur terre, des lieux de jouissance où je serai le maître unique et respecté pendant que vous gravirez une à une les marches de l'estrade menant au trône d'Égypte.

– Quand devrai-je commencer à verser votre dû ?

– Immédiatement.

– Vous n'êtes pas encore nommé.

– Quoi qu'il advienne, mon poste ne sera pas négligeable ; encouragez-moi à bien vous servir.

– Par quoi débutons-nous ?

– Une villa dans le nord-est du Delta, proche de la frontière. Prévoyez un vaste domaine, un étang pour la baignade, une vigne et des serviteurs zélés. Même si je n'y habite que quelques jours par an, je désire être traité comme un prince.

– Est-ce là votre seule ambition ?

– J'ai oublié les femmes. En mission, la portion est souvent congrue ; chez moi, je les désire nombreuses, belles et peu farouches. Leur origine m'importe peu.

– J'accepte vos exigences.

– Je ne vous décevrai pas, Chénar. Une condition essentielle, cependant : que nos rencontres demeurent rigoureusement secrètes et que vous n'en parliez à personne. Si Ramsès était informé de nos contacts, ma carrière serait terminée.

– Votre intérêt coïncide avec le mien.

– Il n'existe pas de meilleur gage d'amitié ; à bientôt, Chénar.

En regardant le jeune diplomate s'éloigner, le frère aîné de Ramsès songea que la chance ne l'avait pas quitté. Cet Âcha était un personnage d'envergure ; lorsqu'il serait contraint de s'en débarrasser, il le regretterait.

11

Le bateau de Touya, la grande épouse royale, prit la tête de la flottille qui partit de Memphis en direction de Thèbes et de la Vallée des Rois où reposerait la momie de Séthi. Néfertari ne quittait guère Touya, dont elle percevait la souffrance contenue avec une admirable sérénité. Au simple contact de la veuve du grand roi, Néfertari apprit ce que devait être le comportement d'une reine lors d'une cruelle épreuve. La présence discrète de la jeune femme fut, pour Touya, un inestimable réconfort ; ni l'une ni l'autre n'éprouvèrent le besoin de se répandre en confidences, mais leur communion de cœur fut intense et profonde.

Pendant toute la durée du voyage, Ramsès travailla.

Améni, bien qu'il souffrît de la forte chaleur de l'été, avait préparé une masse impressionnante de dossiers relatifs à la politique extérieure, à la sécurité du territoire, à la santé publique, aux grands travaux, à la gestion des denrées, à l'entretien des digues et des canaux, et à quantité d'autres sujets plus ou moins complexes.

Ramsès prit ainsi conscience de l'énormité de sa tâche. Certes, de nombreux fonctionnaires la partageraient avec lui, mais il devait connaître la hiérarchie administrative dans ses moindres détails et ne pas en perdre le contrôle, sous peine de voir l'Égypte tanguer et sombrer comme un bateau sans gouvernail. Le temps jouait contre le futur roi ; dès qu'il serait couronné, on lui demanderait de prendre des décisions et de se comporter comme le maître des Deux Terres. S'il commettait de lourdes erreurs, quelles en seraient les conséquences ?

Son angoisse se dissipa lorsqu'il songea à sa mère, alliée précieuse qui lui éviterait bien des faux pas et l'instruirait des ruses qu'utilisaient les notables pour préserver leurs privilèges. Combien l'avaient déjà sollicité, avec l'espoir qu'il ne modifierait aucune situation établie ?

Après de longues heures de labeur en compagnie d'Améni, dont la précision et la rigueur était irremplaçables, Ramsès aimait se tenir à la proue du bateau, contempler le Nil qui portait la prospérité en son flot et goûter le vent vivifiant où se cachait le souffle de Dieu. En ces instants privilégiés, Ramsès avait la sensation que l'Égypte entière, de la pointe du Delta aux solitudes de la Nubie, lui appartenait. Saurait-il l'aimer comme elle le désirait ?

À sa table, Ramsès avait invité Moïse, Sétaou, Âcha et Améni, hôtes d'honneur du bateau du régent. Ainsi était reconstituée la confrérie qui avait passé plusieurs années d'étude à l'intérieur du *Kap*, l'école supérieure de Memphis, à la recherche de la connaissance et de la vraie puissance. Le bonheur de se retrouver et de partager un repas ne dissipa pas la peine : chacun sentait que la disparition de Séthi était un cataclysme d'où l'Égypte ne sortirait pas indemne.

– Cette fois, dit Moïse à Ramsès, ton rêve va se réaliser.

– Ce n'est plus un rêve, mais un poids énorme que je redoute.

– Tu ignores la peur, objecta Âcha.

– À ta place, marmonna Sétaou, je renoncerais ; l'existence d'un pharaon n'a rien d'enviable.

– J'ai beaucoup hésité, mais que penserais-tu d'un fils qui trahirait son père ?

– Que sa raison a triomphé de sa folie ; Thèbes risque d'être à la fois ton tombeau et celui de ton père.

– As-tu eu vent d'un nouveau complot ? s'inquiéta Améni.

– Un complot... Il y en aura dix, vingt ou cent ! C'est pourquoi je suis ici, avec quelques alliés rampants.

– Sétaou garde du corps, ironisa Âcha ; qui l'aurait cru ?

– Moi, j'agis au lieu de me lancer dans de beaux discours.

– Critiquerais-tu la diplomatie ?

– Elle complique tout, alors que la vie est si simple : d'un côté le bien, de l'autre le mal. Entre ces deux-là, aucune entente possible.

– C'est ta vision qui est simpliste, rétorqua Âcha.

– Elle me convient, intervint Améni ; d'un côté les partisans de Ramsès, de l'autre ses adversaires.

– Et si ces derniers étaient de plus en plus nombreux ? interrogea Moïse.

– Ma position ne varierait pas.

– Bientôt, Ramsès ne sera plus notre ami, mais le pharaon d'Égypte. Il ne nous regardera plus avec les mêmes yeux.

Les paroles de Moïse semèrent un trouble certain ; chacun attendit la réponse de Ramsès.

– Moïse a raison. Puisque le destin m'a choisi, je ne fuirai pas ; puisque vous êtes mes amis, je ferai appel à vous.

– Quel sort nous réserves-tu ? demanda l'Hébreu.

– Vous avez déjà tracé un chemin ; j'espère que nos routes se rencontreront et que nous voyagerons ensemble pour le plus grand bonheur de l'Égypte.

– Tu connais ma position, déclara Sétaou ; dès que tu seras couronné, je retournerai auprès de mes reptiles.

– Je tenterai quand même de te convaincre d'être plus proche de moi.

– Peine perdue : je remplis ma mission de garde du corps et je m'arrête là. Moïse sera maître d'œuvre, Améni ministre et Âcha chef de la diplomatie, grand bien leur fasse !

– Formerais-tu toi-même mon gouvernement ? s'étonna Ramsès.

Sétaou haussa les épaules.

– Si nous dégustions le vin rarissime que nous offre le régent ? proposa Âcha.

– Que les dieux protègent Ramsès et qu'ils lui donnent vie, épanouissement et santé, déclara Améni.

Chénar ne se trouvait pas sur le bateau du régent, mais disposait néanmoins d'un superbe navire à bord duquel servaient quarante marins. En tant que chef du protocole, il avait invité plusieurs notabilités dont la plupart n'étaient guère favorables à Ramsès. Le fils aîné de Séthi se gardait bien d'ajouter à leurs critiques et se contentait d'identifier ses futurs alliés ; la jeunesse et l'inexpérience de Ramsès leur apparaissaient comme des handicaps insurmontables.

Avec une satisfaction certaine, Chénar constata que son excellente réputation demeurait intacte et que son frère souffrirait longtemps de la comparaison avec Séthi. La brèche était ouverte, il faudrait l'élargir et utiliser la moindre occasion d'affaiblir le jeune pharaon.

À ses hôtes, Chénar offrait des fruits du jujubier et de la bière fraîche ; son amabilité et son discours modéré plaisaient à quantité de courtisans, ravis d'échanger quelques propos convenus avec un grand personnage auquel son frère serait obligé d'accorder un rôle prépondérant.

Depuis plus d'une heure, un homme de taille moyenne, au menton orné d'une petite barbe en pointe, vêtu d'une tunique à bandes colorées, patientait pour être reçu. D'apparence humble, presque soumise, il ne manifestait aucun signe de nervosité.

Lorsqu'il eut un moment de répit, Chénar lui fit signe de s'approcher.

L'homme s'inclina avec déférence.

– Qui es-tu ?

– Mon nom est Raia ; je suis syrien d'origine, mais je travaille en Égypte comme marchand indépendant depuis de nombreuses années.

– Que vends-tu ?

– Des conserves de viande de grande qualité et de beaux vases importés d'Asie.

Chénar fronça les sourcils.

– Des vases ?

– Oui, prince ; de superbes pièces dont je possède l'exclusivité.

– Sais-tu que je suis collectionneur de vases rares ?

– Je l'ai appris récemment ; c'est pourquoi je tenais à vous les montrer, avec l'espoir qu'ils vous plairont.

– Tes prix sont-ils élevés ?

– Cela dépend.

Chénar fut intrigué.

– Quelles sont tes conditions ?

D'un sac en toile épaisse, Raia sortit un petit vase à col fin en argent massif, décoré de palmettes.

– Que pensez-vous de celui-ci, prince ?

Chénar fut fasciné ; des gouttes de sueur perlèrent à ses tempes, ses mains devinrent moites.

– Un chef-d'œuvre... Un incroyable chef-d'œuvre... Combien ?

– Ne convient-il pas d'offrir un cadeau au futur roi d'Égypte ?

Le fils aîné de Séthi crut avoir mal entendu.

– Ce n'est pas moi, le futur pharaon, mais mon frère, Ramsès... Tu t'es trompé, marchand. Alors, ton prix ?

– Je ne me trompe jamais, prince ; dans mon métier, une faute est impardonnable.

Chénar détacha son regard de l'admirable vase.

– Qu'essaies-tu de me faire comprendre ?

– Que bien des gens ne souhaitent pas le règne de Ramsès.

– Dans quelques jours, il sera couronné.

– Peut-être, mais les difficultés s'évanouiront-elles pour autant ?

– Qui es-tu vraiment, Raia ?

– Un homme qui croit en votre avenir et souhaite vous voir monter sur le trône d'Égypte.

– Que sais-tu de mes intentions ?

– N'avez-vous pas manifesté le désir de commercer davantage avec l'étranger, de rabaisser l'arrogance de l'Égypte et de nouer de meilleures relations économiques avec le peuple le plus puissant d'Asie ?

– Tu veux dire... les Hittites ?

– Nous nous comprenons.

– Ainsi, tu es un espion à leur solde... les Hittites me seraient-ils favorables ?

Raia approuva d'un hochement de tête.

– Que me proposes-tu ? demanda Chénar, aussi ému que par la vue d'un vase exceptionnel.

– Ramsès est fougueux et belliqueux ; comme son père, il veut affirmer la grandeur et la supériorité de l'Égypte. Vous êtes un homme pondéré, avec lequel il est possible de conclure des accords.

– Je risque ma vie, Raia, si je trahis l'Égypte.

Chénar se souvenait de la fameuse condamnation à mort de l'épouse de Toutankhamon, accusée d'intelligence avec l'ennemi, bien qu'elle eût réveillé la conscience du pays [1].

– Lorsqu'on désire la fonction suprême, n'est-il pas inévitable de prendre quelques risques ?

Chénar ferma les yeux.

Les Hittites... Oui, il avait souvent pensé à les utiliser contre Ramsès, mais c'était une simple idée, une vue de l'esprit dépourvue de réalité. Et soudain elle se matérialisait,

1. Voir C. Jacq, *La Reine Soleil* (Julliard et Pocket).

sous la forme de ce marchand anodin, d'apparence inoffensive.

– J'aime mon pays...

– Qui en doute, prince ? Mais vous lui préférez le pouvoir. Seule une alliance avec les Hittites vous le garantira.

– J'ai besoin de réfléchir.

– C'est un luxe que je ne peux vous offrir.

– Tu veux une réponse immédiate ?

– Ma sécurité l'exige. En me dévoilant, je vous fais confiance.

– Si je refuse ?

Raia ne répondit pas, mais son regard devint fixe et indéchiffrable.

Le débat intérieur de Chénar fut de courte durée ; le destin ne lui offrait-il pas un allié de poids ? À lui de maîtriser la situation, de bien évaluer le danger et de savoir tirer profit de cette stratégie sans mettre l'Égypte en péril. Bien entendu, il continuerait de manipuler Âcha sans l'informer de ses contacts avec l'ennemi majeur des Deux Terres.

– J'accepte, Raia.

Le marchand eut un petit sourire.

– Votre réputation n'était pas surfaite, prince. Nous nous reverrons dans quelque temps ; puisque je deviens l'un de vos fournisseurs de vases précieux, personne ne s'étonnera de mes visites. Gardez celui-là, je vous prie : il scelle notre pacte.

Chénar palpa le magnifique objet. L'avenir s'éclaircissait.

12

Ramsès se souvenait de chaque parcelle de roche de la Vallée des Rois, de cette « grande prairie » d'une absolue aridité que son père lui avait fait découvrir, en l'emmenant à l'intérieur de la tombe du premier des Ramsès, le fondateur de la dynastie, un vieux vizir appelé par un conseil de sages pour donner l'impulsion à une nouvelle lignée de souverains. Il n'avait régné que deux ans, confiant à Séthi le soin de faire rayonner une puissance qui, aujourd'hui, était octroyée à Ramsès II.

Le cœur serré, indifférent à l'insupportable chaleur de l'été qui faisait défaillir certains porteurs du mobilier funéraire, le fils cadet de Séthi marchait en tête du cortège et conduisait la momie du roi défunt à sa dernière demeure.

Un instant, Ramsès se prit à haïr cette vallée maudite qui lui volait son père et le condamnait à la solitude ; mais la magie du lieu s'empara une nouvelle fois de son âme, une magie qui transmettait la vie et non la mort.

Dans ce silence minéral parlait la voix des ancêtres ; elle parlait de lumière, de transfiguration et de résurrection, elle imposait la vénération et le respect du monde céleste où naissaient toutes les formes de vie.

Ramsès pénétra le premier dans l'immense tombe de Séthi, la plus longue et la plus profonde de la Vallée ; par décret, le futur pharaon exigerait que nulle autre, désormais, ne pût la surpasser. Aux yeux de la postérité, Séthi demeurerait inégalé.

Douze prêtres portèrent la momie ; Ramsès, en tant que ritualiste et successeur chargé de prononcer les formules de passage dans l'au-delà et de renaissance dans le monde des dieux, était vêtu d'une peau de panthère. Sur les parois de la demeure d'éternité, les textes rituels, vivant par eux-mêmes, continueraient d'être efficaces au-delà du temps.

Les momificateurs avaient travaillé à la perfection. Le visage de Séthi était celui d'un être accompli, d'une parfaite sérénité. On aurait juré que ses yeux allaient s'ouvrir, que sa bouche allait parler... Les prêtres posèrent le couvercle du sarcophage, installé au centre de la « demeure de l'or », où Isis accomplirait son œuvre d'alchimiste pour transformer le mortel en immortel.

– Séthi fut un roi juste, murmura Ramsès, il a accompli la Règle, il fut aimé de la lumière, et il entre vivant dans l'Occident.

Dans toute l'Égypte, les barbiers travaillèrent sans relâche afin de raser les hommes et de faire disparaître les barbes, puisque la période de deuil était terminée. Les femmes nouèrent à nouveau leurs cheveux, les élégantes les confièrent aux coiffeuses, autorisées à remplir leur office.

La veille du couronnement, Ramsès et Néfertari se recueillirent dans le temple de Gournah où un culte serait rendu, chaque jour, au *ka* de Séthi, afin de maintenir la présence du pharaon transfiguré parmi les vivants. Puis le couple se rendit au temple de Karnak, où il fut accueilli par le grand prêtre, de manière très protocolaire et sans aucune marque d'enthousiasme. Après un dîner frugal, le régent et son épouse se retirèrent dans le palais aménagé à l'intérieur de la résidence terrestre du dieu Amon. Séparés, ils méditèrent l'un et l'autre devant le socle d'un trône, symbole de la butte primordiale surgie de l'océan du cosmos à l'origine des temps et hiéroglyphe servant à écrire le nom de la déesse Maât, la Règle intemporelle, « celle qui est droite et donne la bonne direction », cette Règle dont le couple royal se nourrirait afin d'en nourrir à son tour la communauté égyptienne.

Ramsès eut le sentiment que l'esprit de son père était proche de lui et qu'il le seconderait, en ces heures angoissantes précédant l'instant où son existence serait bouleversée de façon définitive. Le nouveau roi ne s'appartiendrait plus, n'aurait plus d'autre souci que le bien-être de son peuple et la prospérité de son pays.

À nouveau, cette tâche l'épouvanta.

Il eut envie de sortir de ce palais et de courir vers sa jeunesse disparue, vers Iset la belle, vers le plaisir et l'insouciance ; mais il était le successeur désigné par Séthi, et l'époux de Néfertari. Il lui fallut piétiner sa peur de régner et traverser cette ultime nuit avant son couronnement.

Les ténèbres se déchirèrent et l'aube naquit, annonçant la résurrection du soleil, vainqueur du monstre des profondeurs. Deux prêtres, l'un portant un masque de faucon et l'autre d'ibis, se placèrent de part et d'autre de Ramsès ; symbolisant les dieux Horus, protecteur de la royauté, et Thot, maître des hiéroglyphes et de la science sacrée, ils versèrent sur le corps nu du régent le contenu de deux longs vases afin de le purifier de sa condition humaine. Puis ils le façonnèrent à l'image des dieux en appliquant les neuf onguents, du sommet de la tête à la pointe des pieds, qui ouvriraient des centres d'énergie et lui donneraient une perception de la réalité différente de celle des autres hommes.

La vêture correspondait, elle aussi, à la construction d'un être à nul autre pareil. Les deux prêtres habillèrent Ramsès du pagne blanc et or, dont la forme n'avait pas varié depuis les origines, et accrochèrent à la ceinture une queue de taureau, évocation de la puissance royale. Le jeune homme se souvint de la terrifiante rencontre avec le taureau sauvage que lui avait imposée son père afin d'éprouver son courage ; aujourd'hui, c'était lui qui incarnait cette force qu'il devrait exercer à bon escient.

Puis les ritualistes ornèrent le cou de Ramsès d'un large collier à sept rangs de perles colorées, ses biceps et ses poignets de bracelets en cuivre, et le chaussèrent de sandales blanches. Ensuite, ils lui présentèrent la massue blanche avec laquelle il abattrait ses ennemis et illuminerait les ténèbres, et ceignirent son front d'un bandeau doré dont le nom, *sia*, signifiait « vision intuitive ».

– Acceptes-tu l'épreuve de la puissance ? demanda Horus.

– Je l'accepte.

Horus et Thot prirent Ramsès par la main et le conduisirent dans une autre pièce. Sur un trône, les deux couronnes. Les protégeant, un prêtre portant le masque du dieu Seth.

Thot s'écarta, Horus et Seth se donnèrent l'accolade fraternelle. Malgré leur éternelle adversité, ils avaient le devoir de se réunir dans un même être, celui de Pharaon.

Horus souleva la couronne rouge de Basse-Égypte, une sorte de mortier surmonté d'une spirale, et la posa sur la tête de Ramsès ; puis Seth emboîta la couronne blanche de Haute-Égypte dont la forme ovale se terminait par un bulbe.

– « Les deux puissantes » sont liées pour toi, déclara Thot, tu gouvernes et unis la terre noire et la terre rouge, tu es celui du jonc du Sud et de l'abeille du Nord, tu fais verdir les deux pays.

– Toi seul pourras approcher les deux couronnes, révéla Seth ; la foudre qu'elles contiennent anéantirait l'usurpateur.

Horus donna au pharaon deux sceptres ; le premier portait le nom de « maîtrise de la puissance » et lui servirait à consacrer les offrandes, et le second, « magie », une crosse de berger qui maintiendrait son peuple dans l'unité.

– L'heure est venue d'apparaître en gloire, décréta Thot.

Précédé des trois divinités, Pharaon sortit des salles secrètes, en direction de la grande cour à ciel ouvert où s'étaient rassemblées les notabilités admises dans l'enceinte de Karnak.

Sur une estrade et sous un dais, un trône en bois doré, plutôt modeste, aux lignes sobres.

Le trône de Séthi, lors des cérémonies officielles.

Percevant l'hésitation de son fils, Touya fit trois pas vers lui et s'inclina.

– Que Votre Majesté se lève comme un nouveau soleil et qu'elle prenne place sur le trône des vivants.

Ramsès fut bouleversé par cet hommage que lui rendait la veuve du pharaon défunt, cette mère qu'il vénérerait jusqu'à son dernier souffle.

– Voici le testament des dieux que te lègue Séthi, proclama-t-elle ; il légitime ton règne comme il a légitimé le sien, comme il légitimera celui de ton successeur.

Touya remit à Ramsès un étui de cuir renfermant un papyrus écrit de la main de Thot, à l'aube de la civilisation, et faisant de Pharaon l'héritier de l'Égypte.

– Voici tes cinq noms, déclara la reine mère d'une voix claire et posée : Taureau puissant aimé de la Règle ; Protecteur de l'Égypte, qui ligote les pays étrangers ; Riche en armées, aux victoires grandioses ; Celui que la Lumière a choisi, car puissante est sa Règle ; Fils de la lumière, Ramsès.

Un silence total avait accueilli ces paroles. Même Chénar, oubliant son ambition et sa rancœur, avait succombé à la magie de ces instants.

– C'est un couple royal qui gouverne les Deux Terres, poursuivit Touya ; avance, Néfertari, viens auprès du roi, toi qui deviens sa grande épouse et la reine d'Égypte.

Malgré la solennité du rite, Ramsès fut si ému par la beauté de la jeune femme qu'il eut envie de la prendre dans ses bras. Vêtue d'une longue robe de lin, parée d'un collier d'or, de boucles d'oreilles d'améthyste et de bracelets de jaspe, elle contempla le roi et prononça la formule ancestrale :

– Je reconnais Horus et Seth unis dans le même être. Je chante ton nom, Pharaon, tu es hier, aujourd'hui et demain. Ta parole me fait vivre, j'écarterai de toi le mal et le danger.

– Je te reconnais comme souveraine du Double Pays et de toutes les terres, toi dont la douceur est immense et qui satisfais les dieux, toi qui es la mère et l'épouse du dieu, toi que j'aime.

Ramsès posa sur la tête de Néfertari la couronne pourvue de deux hautes plumes qui faisait d'elle la grande épouse royale, associée au pouvoir de Pharaon.

Semblant jaillir du soleil, un faucon aux larges ailes tournoya au-dessus du couple royal, comme s'il repérait une proie ; soudain, il piqua vers lui à une vitesse telle qu'aucun archer n'eut le temps de réagir.

Un hurlement de stupéfaction et de crainte monta de l'assistance lorsque le rapace se posa sur la nuque de Ramsès, plantant ses serres dans les épaules du roi.

Le fils de Séthi n'avait pas bougé ; Néfertari continuait à le contempler.

Pendant de longues secondes, les courtisans, éberlués, assistèrent au miracle, à la communion du faucon Horus, protecteur de la monarchie, et de l'homme qu'il avait choisi pour gouverner l'Égypte.

Puis l'oiseau repartit vers le soleil, dans un vol puissant et serein.

Des poitrines jaillit l'acclamation qui saluait, le vingt-septième jour du troisième mois de l'été, l'accession au trône de Ramsès [1].

---

1. Début juin 1279 av. J.-C., selon l'une des hypothèses fréquemment adoptées.

13

Dès la fin des festivités, un tourbillon emporta Ramsès.

Le grand intendant de la Maison de Pharaon lui fit visiter son palais de Thèbes, composé d'une partie publique et d'appartements privés. C'est en chef d'État que Ramsès découvrit la salle de réception à colonnes dont le pavement et les murs s'ornaient de représentations de lotus, de roseaux, de papyrus, de poissons et d'oiseaux, les bureaux où travaillaient les scribes, les petites salles réservées aux audiences privées, le balcon d'apparition dont la fenêtre était surmontée d'un disque solaire ailé, la salle à manger dont le centre était occupé par une table toujours garnie de corbeilles de fruits et de bouquets de fleurs, la chambre à coucher pourvue d'un lit couvert de coussins colorés, la salle d'eau dallée.

À peine le jeune pharaon installé sur le trône des Deux Terres, le grand intendant lui présenta les membres de sa Maison, les chefs des rituels secrets, les scribes de la Maison de Vie, les médecins, le chambellan responsable des appartements privés, le directeur du bureau des dépêches chargé de la correspondance royale, le directeur du Trésor, celui du grenier, celui du bétail, et tant d'autres, empressés de saluer le nouveau pharaon et de l'assurer de leur indéfectible dévouement.

– À présent, voici...

Ramsès se leva.

– J'interromps le défilé.

L'intendant s'insurgea.

– Majesté, c'est impossible ! Tant de gens importants...

– Plus importants que moi ?

– Pardonnez-moi, je ne voulais pas...

– Conduis-moi aux cuisines.

– Ce n'est pas votre place !

– Saurais-tu, mieux que moi, où je dois me trouver ?

– Pardonnez-moi, je...

– Passerais-tu ton temps à chercher des excuses ? Dis-moi plutôt pourquoi le vizir et le grand prêtre d'Amon ne sont pas venus me rendre hommage.

– Je l'ignore, Majesté ; comment ces affaires seraient-elles de mon ressort ?

– Allons aux cuisines.

Bouchers, fabricants de conserves, éplucheurs de légumes, boulangers, pâtissiers, brasseurs... Romé régnait sur une cohorte de spécialistes jaloux de leurs prérogatives et pointilleux, tant sur leurs horaires de travail que sur leurs jours de congé. Bedonnant, jovial, les joues rebondies, lent à se déplacer, Romé ne se souciait ni de son triple menton ni de son poids quelque peu excessif qu'il combattrait quand il prendrait sa retraite. Pour l'heure, il convenait de diriger cette armée d'une poigne de fer, de préparer des mets délicieux et irréprochables, et de faire taire les inévitables querelles entre spécialistes. Obsédé par l'hygiène des locaux et la fraîcheur des produits, Romé goûtait lui-même les plats ; que Pharaon et les membres de sa cour fussent ou non présents à Thèbes, le chef cuisinier exigeait la perfection.

Lorsque apparut l'intendant du palais, accompagné d'un homme jeune à l'impressionnante musculature, vêtu d'un simple pagne d'une blancheur lumineuse, Romé se prépara à essuyer une kyrielle d'ennuis. Ce maudit fonctionnaire, imbu de ses privilèges, allait encore tenter de lui imposer un assistant inapte en échange d'un pot-de-vin que lui verserait la famille du garçon.

– Salut à toi, Romé ! Je t'amène...

– Je sais qui tu m'amènes.

– En ce cas, incline-toi comme il convient.

Les mains sur les hanches, le chef cuisinier éclata de rire.

– Moi, m'incliner devant ce gaillard-là ? Voyons d'abord s'il sait faire la vaisselle !

Rouge de confusion, l'intendant se tourna vers le roi.

– Pardonnez-moi, il...

– Je sais la faire, déclara Ramsès ; et toi, sais-tu cuisiner ?

– Qui es-tu, pour mettre en doute mes capacités ?

– Ramsès, pharaon d'Égypte.

Pétrifié, Romé comprit que sa carrière était terminée. D'un geste sec, il ôta son tablier de cuir, le plia et le posa sur une table basse. Une offense au roi, reconnue comme telle par le tribunal du vizir, se traduisait par une lourde condamnation.

– Qu'as-tu préparé pour le déjeuner ? demanda Ramsès.

– Des... des cailles rôties, une perche du Nil aux fines herbes, de la purée de figues et un gâteau au miel.

– Alléchant, mais la réalité sera-t-elle à la mesure de la promesse ?

Romé s'emporta.

– En douteriez-vous, Majesté ? Ma réputation...

– Je me moque des réputations. Sers-moi tes plats.

– Je fais préparer la salle à manger du palais, annonça l'intendant, onctueux.

– Inutile, je déjeunerai ici.

Le roi mangea avec plaisir, sous le regard inquiet de l'intendant.

– Excellent, conclut-il ; quel est ton nom, cuisinier ?

– Romé, Majesté.

– Romé, « l'homme »... Tu le mérites. Je te nomme intendant du palais, échanson et chef de toutes les cuisines du royaume. Suis-moi, j'ai des questions à te poser.

L'ex-intendant balbutia.

– Et... et moi, Majesté ?

– Je ne pardonne pas l'inefficacité et la ladrerie ; on manque toujours de laveurs de vaisselle, tu feras l'affaire.

Le roi et Romé marchèrent d'un pas lent à l'abri d'un portique couvert.

– Tu serviras sous les ordres de mon secrétaire particulier, Améni ; il est d'apparence malingre et n'apprécie pas la bonne chère, mais c'est un travailleur infatigable. Surtout, il m'honore de son amitié.

– Voici beaucoup de responsabilités pour un simple cuisinier, s'étonna Romé.

– Mon père m'a appris à juger les hommes selon l'instinct ; si je me trompe, tant pis pour moi. Pour gouverner, j'ai besoin de quelques fidèles serviteurs. En connais-tu beaucoup, à la cour ?

– À dire vrai...

– Dis vrai, Romé, ne tergiverse pas.

– La cour de Votre Majesté est le plus beau ramassis d'hypocrites et d'ambitieux du royaume ; on jurerait qu'ils s'y sont donné rendez-vous en terrain conquis. Du vivant de votre père, dont ils redoutaient les foudres, ils se terraient. Dès son décès, ils sont sortis de leurs tanières comme les fleurs du désert après une pluie d'orage.

– On me déteste, n'est-ce pas ?

– C'est peu dire.

– Qu'espère-t-on ?

– Que vous ne tarderez pas à prouver votre inaptitude.

– Si tu es avec moi, j'exige une totale sincérité.

– M'en croyez-vous capable ?

– Un bon cuisinier n'est pas maigre ; quand il a du talent, chacun cherche à voler ses recettes, sa cuisine bruisse de mille rumeurs que son esprit doit savoir trier comme il sélectionne ses produits. Quels sont les principaux clans qui se dressent contre moi ?

– Presque toute la cour vous est hostile, Majesté ; elle considère que succéder à un pharaon de l'envergure de Séthi est un pari impossible. Votre règne ne sera donc qu'une transition, avant qu'un prétendant sérieux ne se déclare.

– Prends-tu quand même le risque de quitter ta cuisine thébaine pour t'occuper du palais entier ?

Romé eut un bon sourire.

– La sécurité a ses bons et ses mauvais côtés... Si je peux continuer à préparer quelques bons plats, je tenterais bien l'aventure. Mais il reste une restriction...

– Parle.

– Sauf votre respect, Majesté, vous n'avez aucune chance de réussir.

– Pourquoi ce pessimisme ?

– Parce que Votre Majesté est jeune, inexpérimentée, et n'a pas l'intention de jouer les utilités sous la gouverne du grand prêtre d'Amon et d'une dizaine de ministres rompus aux subtilités du gouvernement. Le rapport de forces est trop inégal.

– N'as-tu pas une piètre idée du pouvoir de Pharaon ?

– Justement, non ; c'est pourquoi le choc est inévitable. Et quelles sont les chances d'un homme seul contre une armée ?

– Pharaon ne dispose-t-il pas de la puissance du taureau ?

– Même le taureau sauvage ne parvient pas à déplacer des montagnes.

– Si je comprends bien, tu me conseilles de renoncer à régner, alors que je viens d'être couronné ?

– Si vous abandonnez le pouvoir aux gens en place, qui s'en apercevra et qui vous le reprochera ?

– Toi, peut-être ?

– Je ne suis que le meilleur cuisinier du royaume, et mon avis ne compte guère.

– N'es-tu pas l'intendant du palais, à présent ?

– M'écouteriez-vous, Majesté, si je vous donnais un conseil ?

– Tout dépend du conseil.

– N'acceptez jamais une bière de mauvaise qualité ou une viande médiocre ; ce serait le début de la décadence. Puis-je vaquer à mes occupations et commencer à réformer l'administration de votre maison qui laisse à désirer ?

Ramsès ne s'était pas trompé. Romé était bien l'homme de la situation.

Rassuré, il se dirigea vers le jardin du palais.

14

Néfertari retint ses larmes à grand-peine.

Ce qu'elle redoutait était advenu. Elle qui rêvait de méditation et de recueillement se trouvait emportée par une vague monstrueuse. Aussitôt après le couronnement, elle avait dû se séparer de Ramsès pour faire face à ses responsabilités de grande épouse royale et visiter les temples, les écoles et les ateliers de tissage qui dépendaient d'elle.

Touya présenta Néfertari aux gestionnaires des terres de la reine, aux supérieures des harems chargées de l'éducation des jeunes filles, aux scribes affectés à l'administration de ses biens, aux collecteurs d'impôts, aux prêtres et aux prêtresses qui accompliraient en son nom les rites de l'« épouse du Dieu », destinés à préserver l'énergie créatrice sur terre.

Pendant plusieurs jours, Néfertari fut conduite d'un lieu à l'autre sans avoir la possibilité de reprendre son souffle ; il lui fallut rencontrer des centaines de personnes, trouver une parole juste pour chacune, ne pas se départir de son sourire et ne pas manifester le moindre signe de fatigue.

Chaque matin, coiffeuse, maquilleuse, manucure et pédicure s'emparaient de la reine et la rendaient plus belle que la veille ; de son charme, autant que de la puissance de Ramsès, dépendait le bonheur de l'Égypte. Dans son élégante robe de lin, serrée à la taille par une ceinture rouge, n'était-elle pas la plus séduisante des reines ?

Épuisée, la jeune femme s'étendit sur un lit bas. Elle n'avait pas le courage de se rendre au nouveau dîner de gala au cours duquel lui seraient offerts des vases d'onguents parfumés.

La frêle silhouette de Touya s'avança dans la pénombre qui avait envahi la chambre.

– Es-tu souffrante, Néfertari ?

– Je n'ai plus de forces.

La veuve de Séthi s'assit sur le rebord du lit et prit la main droite de la jeune femme entre ses mains.

– J'ai traversé cette épreuve, comme toi ; deux remèdes te guériront : une potion revigorante et le magnétisme de Ramsès qu'il a hérité de son père.

– Je ne suis pas faite pour être reine.

– Aimes-tu Ramsès ?

– Plus que moi-même.

– En ce cas, tu ne le trahiras pas. C'est une reine qu'il a épousée, c'est une reine qui luttera auprès de lui.

– Et s'il s'était trompé ?

– Il ne s'est pas trompé. Crois-tu que je n'aie pas connu les mêmes moments de lassitude et de découragement ? Ce qui est demandé à une grande épouse royale se situe au-delà des forces d'une femme. Depuis la création de l'Égypte, il en est ainsi ; et il ne doit pas en être autrement.

– N'avez-vous pas eu envie de renoncer ?

– Dix fois, cent fois par jour, au début ; j'ai supplié Séthi de choisir une autre femme et de me garder auprès de lui comme épouse secondaire. Sa réponse fut toujours identique : il m'a prise dans ses bras et réconfortée, sans soulager d'aucune façon ma charge de travail.

– Ne suis-je pas indigne de la confiance de Ramsès ?

– Il est bon que tu poses cette question, mais c'est à moi d'y répondre.

L'inquiétude hanta le regard de Néfertari. Celui de Touya ne vacilla pas.

– Tu es condamnée à régner, Néfertari ; ne lutte pas contre ton destin, laisse-toi glisser en lui comme la nageuse dans le fleuve.

En moins de trois jours, Améni et Romé avaient entamé une profonde réforme de l'administration thébaine, suivant les instructions de Ramsès qui s'était entretenu avec les fonctionnaires grands et petits, depuis le maire de Thèbes jusqu'au préposé au bac. En raison de l'éloignement de Memphis et de la présence quasi permanente de Séthi dans le Nord, la grande cité du Sud menait une existence de plus en plus autonome, et le grand prêtre d'Amon, fort des immenses richesses de son temple, commençait à se considérer comme une sorte de monarque dont les décrets revêtaient davantage d'importance que ceux du roi. En écoutant les uns et les autres, Ramsès avait pris conscience des dangers qu'impliquait une telle situation ; s'il restait inerte, la Haute et la Basse-Égypte deviendraient deux pays différents, voire opposés, et la division conduirait au désastre.

Améni le maigre et Romé le bedonnant n'éprouvèrent aucune difficulté à collaborer ; différents et complémentaires, sourds aux sollicitations des courtisans, subjugués par la personnalité de Ramsès et persuadés qu'il avançait sur le bon chemin, ils bouleversèrent une hiérarchie somnolente et procédèrent à quantité de nominations inattendues, approuvées par le roi.

Quinze jours après le couronnement, Thèbes était en ébullition. Les uns avaient annoncé la venue au pouvoir d'un incapable, les autres d'un adolescent épris de chasse et d'exploits physiques ; or, Ramsès n'était pas sorti de son palais, multipliant consultations et décisions, et manifestant son autorité avec une vigueur digne de Séthi.

Ramsès attendit les réactions.

Et les réactions ne se produisirent pas. Thèbes demeura

amorphe, frappée de stupeur. Convoqué par le roi, le vizir se comporta en Premier ministre docile et se contenta de prendre note des directives de Sa Majesté afin de les exécuter sans délai.

Ramsès ne partagea ni l'exaltation juvénile d'Améni ni le contentement amusé de Romé. Surpris par la rapidité de son action, ses ennemis n'étaient ni exterminés ni vaincus, mais à la recherche d'un second souffle que l'adversité les aiderait à trouver. Le roi eût préféré une franche bataille aux sourdes alliances qui se tramaient dans l'ombre, mais ce n'était là qu'un vœu enfantin.

Chaque soir, peu avant le coucher du soleil, il parcourait les allées du jardin du palais où œuvraient une vingtaine de jardiniers qui arrosaient les parterres de fleurs et apportaient de l'eau aux arbres à la nuit tombée. À sa gauche, Veilleur, le chien jaune, portait un collier de bleuets ; à sa droite, Massacreur, le lion colossal, se déplaçait avec souplesse. Et, à l'entrée du jardin, le Sarde Serramanna, chef des gardes du corps de Sa Majesté, assis sous une treille et prêt à intervenir au moindre signe de danger.

Ramsès éprouvait une affection intense pour les sycomores, les grenadiers, les figuiers, les perséas et autres arbres qui faisaient d'un jardin un paradis où l'âme connaissait le repos ; l'Égypte entière ne devait-elle pas ressembler à ce havre de paix où des essences diverses vivaient en harmonie ?

Ce soir-là, Ramsès planta un minuscule sycomore, entoura la jeune pousse d'une levée de terre et l'arrosa avec précaution.

– Votre Majesté doit attendre un quart d'heure et répandre le contenu d'une autre cruche, presque goutte à goutte.

L'homme qui venait de s'exprimer était un jardinier sans âge ; sa nuque portait la trace d'un gros abcès, séquelle du poids des palanches, pourvues à chaque extrémité d'un lourd récipient en terre cuite.

– Judicieux conseil, reconnut Ramsès ; quel est ton nom ?

– Nedjem.

– « Le doux »... Es-tu marié ?

– Je me suis uni à ce jardin, à ces arbres, à ces plantes et à ces fleurs ; ils sont ma famille, mes ancêtres et mes descendants. Le sycomore que vous avez planté vous survivra, même si vous demeurez cent dix ans sur cette terre, comme les sages.

– En douterais-tu ? interrogea Ramsès avec un sourire.

– Il ne doit pas être facile d'être roi et de rester sage ; les hommes sont pervers et rusés.

– Tu appartiens à cette race que tu n'aimes guère ; serais-tu exempt de ces défauts ?

– Je n'ose l'affirmer, Majesté.

– As-tu formé des disciples ?

– Ce n'est pas mon rôle, mais celui du supérieur des jardiniers.

– Serait-il plus compétent que toi ?

– Comment le saurais-je ? Il ne vient jamais ici.

– Estimes-tu que le peuple des arbres est assez nombreux, en Égypte ?

– C'est le seul peuple qui ne le sera jamais assez.

– Je partage ton avis.

– L'arbre est don total, affirma le jardinier. Vivant, il offre l'ombre, les fleurs et les fruits ; mort, son bois. Grâce à lui, nous mangeons, nous construisons et nous goûtons des moments de bonheur quand le doux vent du nord nous enveloppe, assis à l'abri d'un feuillage. Je rêve d'un pays d'arbres dont les seuls habitants seraient les oiseaux et les ressuscités.

– J'ai l'intention de faire planter de nombreux arbres dans toutes les provinces, révéla Ramsès ; aucune place de village ne doit être dépourvue d'ombre. Les vieux et les jeunes s'y rencontreront, les seconds écouteront la parole des premiers.

– Que les dieux vous soient favorables, Majesté ; il ne saurait exister meilleur programme de gouvernement.

– M'aideras-tu à le réaliser ?

– Moi, mais...

– Les bureaux du ministère de l'Agriculture sont remplis de scribes travailleurs et compétents, mais il me faut un homme qui aime la nature et en perçoive les secrets pour leur donner de bonnes directives.

– Je ne suis qu'un jardinier, Majesté, un...

– Tu as l'étoffe d'un excellent ministre de l'Agriculture. Présente-toi demain matin au palais et demande à voir Améni ; il sera averti et t'aidera à débuter dans tes nouvelles fonctions.

Ramsès s'éloigna, abandonnant un Nedjem stupéfait et incapable de réagir. Au fond du vaste jardin, entre deux figuiers, le roi avait cru apercevoir une silhouette fine et blanche. Une déesse venait-elle d'apparaître en ce lieu magique ?

À pas pressés, il s'approcha.

La silhouette n'avait pas bougé.

Dans les lueurs douces du couchant brillaient les cheveux noirs et la longue robe blanche. Comment une femme pouvait-elle être si belle, à la fois inaccessible et attirante ?

– Néfertari...

Elle s'élança vers lui et se blottit dans ses bras.

– J'ai réussi à m'échapper, avoua-t-elle ; lors du concert de luths de ce soir, ta mère a accepté de me représenter. M'avais-tu oubliée ?

– Ta bouche est un bouton de lotus et tes lèvres prononcent des envoûtements, mais j'ai une envie folle de t'embrasser.

Leur baiser fut une source de jouvence ; enlacés jusqu'à former un seul être, ils se régénérèrent en s'offrant l'un à l'autre.

– Je suis un oiseau sauvage qui se fait prendre au piège

de ta chevelure, dit Ramsès, tu me fais découvrir un jardin aux mille fleurs dont les parfums m'enivrent.

Néfertari dénoua ses cheveux, Ramsès fit glisser les bretelles de la robe de lin sur les épaules de Néfertari. Dans la tiédeur d'un soir d'été, embaumé et paisible, ils s'unirent.

15

Le premier rayon de lumière éveilla Ramsès ; il caressa le dos sublime de Néfertari, encore assoupie, et l'embrassa dans le cou. Sans ouvrir les yeux, elle l'enlaça, épousant son corps puissant.

– Je suis heureuse.

– Tu es le bonheur, Néfertari.

– Ne nous quittons plus si longtemps.

– Ni toi ni moi n'avons le choix.

– Les exigences du pouvoir dirigeront-elles notre vie ?

Ramsès la serra très fort contre lui.

– Tu ne réponds pas...

– Parce que tu connais la réponse, Néfertari. Tu es la grande épouse royale, je suis Pharaon : nous n'échapperons pas à cette réalité, même dans nos rêves les plus secrets.

Ramsès se leva et marcha vers la fenêtre d'où il contempla la campagne thébaine, verdoyante sous le soleil d'été.

– Je t'aime, Néfertari, mais je suis aussi l'époux de l'Égypte. Cette terre, je dois la féconder et la rendre prospère ; quand sa voix m'appelle, je n'ai pas le droit de rester indifférent.

– Reste-t-il tant à faire ?

– Je croyais que j'aurais à régner sur un pays tranquille, en oubliant qu'il était habité par des hommes. Quelques semaines leur suffisent pour trahir la loi de Maât et détruire l'œuvre de mon père et de ses ancêtres ; l'harmonie est le plus fragile des trésors. Si ma vigilance se relâche, le mal et les ténèbres prendront possession du pays.

Néfertari se leva à son tour ; nue, elle se blottit contre Ramsès. Au simple contact de son corps parfumé, il sut que leur communion était totale.

On frappa des coups nerveux à la porte de la chambre ; elle s'ouvrit brusquement, laissant le passage à un Améni échevelé qui se détourna dès qu'il aperçut la reine.

– C'est grave, Ramsès, très grave !

– Au point de m'importuner de si bonne heure ?

– Viens, ne perdons pas un instant.

– Ne me laisseras-tu pas le temps de me laver et de déjeuner ?

– Pas ce matin.

Ramsès ne négligeait pas les avis d'Améni, surtout lorsque le jeune scribe, d'ordinaire maître de lui, perdait son sang-froid.

Le roi conduisit lui-même un char tiré par deux chevaux, suivi par un autre char qu'occupaient Serramanna et un archer. Quoique la vitesse le mît mal à l'aise, Améni se réjouit de la hâte de Ramsès. Ils s'arrêtèrent devant l'une des portes de l'enceinte de Karnak, mirent pied à terre et lurent la stèle couverte de hiéroglyphes que tous les passants capables de lire pouvaient déchiffrer.

– Regarde, exigea Améni, regarde la troisième ligne !

Le signe formé de trois peaux d'animal, qui servait à écrire l'idée de « naissance » et à désigner Ramsès comme « le Fils » de la lumière, avait été mal gravé. Ce défaut lui faisait perdre sa magie protectrice et lésait l'être secret de Pharaon.

– J'ai vérifié, déclara Améni, catastrophé ; la même erreur a été répétée sur les socles des statues et des stèles visibles par tout un chacun. C'est une malveillance, Ramsès !

– Qui en serait l'auteur ?

– Le grand prêtre d'Amon et ses sculpteurs ; ce sont eux qui avaient pour mission de graver ces messages qui proclamaient ton couronnement ! Si tu ne l'avais pas constaté toi-même, tu ne m'aurais pas cru.

Bien que le sens général de la proclamation ne fût pas altéré, l'affaire était sérieuse.

– Convoque les sculpteurs, ordonna Ramsès, et fais rectifier la gravure.

– N'enverras-tu pas les coupables devant un tribunal ?

– Ils n'ont fait qu'obéir aux ordres.

– Le grand prêtre d'Amon est souffrant ; c'est la raison pour laquelle il n'a pu te rendre hommage.

– Détiendrais-tu des preuves contre cet important personnage ?

– Sa culpabilité est évidente !

– Méfie-toi des évidences, Améni.

– Restera-t-il impuni ? Si riche soit-il, il est ton serviteur.

– Établis un rapport détaillé sur ses biens.

Romé n'avait pas à se plaindre de ses nouvelles fonctions. Après avoir nommé des hommes consciencieux et stricts sur le chapitre de l'hygiène, pour maintenir la propreté du palais, il s'était préoccupé de la ménagerie royale où cohabitaient trois chats, deux gazelles, une hyène et deux grues cendrées.

Un seul individu échappait à son contrôle : Veilleur, le chien jaune or du pharaon, qui avait pris la fâcheuse habitude d'attraper chaque jour un poisson dans l'étang royal ; comme la scène se déroulait sous le regard protecteur du lion de Ramsès, aucune intervention n'était envisageable.

Tôt le matin, Romé avait aidé Améni à porter une caisse lourde de papyrus. Où ce petit scribe malingre, qui mangeait peu et ne dormait que trois ou quatre heures par nuit, puisait-il tant d'énergie ? Infatigable, il passait le plus clair de son temps dans un bureau encombré de documents sans jamais céder à un début de lassitude.

Améni s'enferma avec Ramsès, tandis que Romé faisait son inspection quotidienne des cuisines ; la santé de Pharaon, donc du pays entier, ne dépendait-elle pas de la qualité de ses repas ?

Améni déroula plusieurs papyrus sur des tables basses.

– Voici le résultat de mes investigations, déclara-t-il avec quelque fierté.

– Furent-elles difficiles ?

– Oui et non. Les administrateurs du temple de Karnak n'ont guère apprécié ma visite et mes questions, mais ils n'ont pas osé m'empêcher de vérifier leurs dires.

– Karnak est-il richissime ?

– Il l'est : quatre-vingt mille employés, quarante-six chantiers en activité dans les provinces qui dépendent du temple, quatre cent cinquante jardins, vergers et vignes, quatre cent vingt mille têtes de bétail, quatre-vingt-dix bateaux et soixante-cinq agglomérations de taille diverse qui travaillent directement pour le plus grand sanctuaire d'Égypte. Son grand prêtre règne sur une véritable armée de scribes et de paysans. À ce constat, il faut en ajouter un autre ; si l'on recense la totalité des biens du dieu Amon, donc de son clergé, nous obtenons six millions de bovins, six millions de chèvres, douze millions d'ânes, huit millions de mulets et plusieurs millions de volailles.

– Amon est le dieu des victoires et le protecteur de l'empire.

– Nul ne le conteste, mais ses prêtres ne sont que des hommes ; lorsqu'on est appelé à gérer une telle fortune, ne devient-on pas la proie de tentations inavouables ? Je n'ai pas eu le temps de pousser plus loin mon enquête, mais je suis inquiet.

– Une raison précise ?

– À Thèbes, les dignitaires attendent avec impatience le départ du couple royal vers le nord ; autrement dit, Ta Majesté trouble leur quiétude et perturbe le jeu habituel. On te demande d'enrichir Karnak et de le laisser grossir comme un État dans l'État, jusqu'au jour où le grand prêtre d'Amon se proclamera roi du Sud et fera sécession.

– Ce serait la mort de l'Égypte, Améni.

– Et la misère pour le peuple.

– Il me faudrait des preuves tangibles, la trace d'une malversation. Si j'interviens contre le grand prêtre d'Amon, je n'ai pas le droit à l'erreur.

– Je m'en occupe.

Serramanna n'avait pas l'esprit tranquille. Depuis la tentative d'attentat des Grecs de Ménélas, à Memphis, il savait l'existence de Ramsès menacée. Certes, les barbares avaient quitté l'Égypte, mais le danger n'avait pas disparu pour autant.

Aussi inspectait-il sans arrêt ce qu'il considérait comme les points sensibles du palais thébain, le quartier général de l'armée, celui de la police et la caserne des troupes d'élite. Si une révolte se produisait, c'est là qu'elle naîtrait. Ancien pirate, le Sarde ne se fiait qu'à son instinct ; qu'il fût face à un officier supérieur ou à un simple soldat, il se méfiait. Dans nombre de cas, il n'avait dû sa survie qu'au fait d'avoir frappé le premier, alors que son adversaire se présentait comme un ami.

Malgré sa stature de colosse, Serramanna se déplaçait comme un chat ; il aimait observer sans être vu et surprendre des conversations. Quelle que fût la chaleur, le Sarde portait une cuirasse métallique ; à sa ceinture, un poignard et une épée courte à l'extrémité très pointue. Pattes et moustaches frisées donnaient à son visage massif une allure plutôt effrayante dont il savait jouer.

Les officiers de l'armée de métier, pour la plupart issus de familles fortunées, le détestaient et se demandaient pourquoi Ramsès avait confié le commandement de sa garde personnelle à un pareil rustre. Serramanna n'en avait cure ; être aimé ne servait à rien et ne façonnait pas un bon guerrier, capable de servir un bon chef.

Et Ramsès était un bon chef, capitaine d'un immense navire dont la navigation menaçait d'être dangereuse et animée.

Bref, tout ce que désirait un pirate sarde, promu à une dignité inespérée et bien décidé à la garder. Sa somptueuse villa, les délicieuses Égyptiennes aux seins ronds comme des pommes d'amour et la bonne chère ne lui suffisaient pas. Rien ne remplaçait un affrontement sanglant au cours duquel un homme prouvait sa valeur.

La garde du palais était renouvelée trois fois par mois, le 1er, le 11 et le 21. Les soldats recevaient du vin, de la viande, des gâteaux et un salaire en céréales. À chaque relève, Serramanna observait ses hommes, les yeux dans les yeux, et leur attribuait un poste. Tout manquement à la discipline, tout relâchement se traduisaient par une bastonnade et un renvoi immédiat.

Le Sarde passa lentement devant les soldats, disposés sur une seule rangée. Il s'arrêta devant un jeune blondinet, qui semblait nerveux.

– D'où viens-tu ?

– D'un village du Delta, commandant.

– Ton arme préférée ?

– L'épée.

– Goûte-moi ça, tu as besoin de te désaltérer.

Serramanna présenta au blondinet une fiole contenant du vin anisé. Il en but deux gorgées.

– Tu surveilleras l'entrée du couloir menant au bureau royal et tu en interdiras l'accès pendant les trois dernières heures de la nuit.

– À vos ordres, commandant.

Serramanna vérifia le tranchant des armes blanches, rectifia des postures, réajusta des uniformes, échangea quelques mots avec d'autres soldats.

Puis chacun gagna son poste.

L'architecte du palais avait disposé les fenêtres hautes de manière à ce que s'établisse une circulation d'air qui rafraîchissait les couloirs pendant les nuits chaudes de l'été.

Le silence régnait.

Au-dehors, le chant des crapauds amoureux.

Serramanna progressa sans bruit sur le dallage, en direction du couloir menant au bureau de Ramsès. Comme il le supposait, le blondinet n'était pas à son poste.

Au lieu d'effectuer la surveillance, il tentait de faire sauter le verrou qui interdisait l'accès au bureau. Le Sarde, de sa large main, le prit par le cou et le souleva.

– Un Grec, hein ! Il n'y avait qu'un Grec pour boire du vin anisé sans broncher. À quelle faction appartiens-tu, mon gaillard ? Un résidu de Ménélas ou un nouveau complot ? Réponds !

Le blondinet se trémoussa quelques instants, mais n'émit aucun son.

Comme il le sentait mollir, Serramanna le posa sur le sol où il s'étala, telle une poupée de chiffons. Le Sarde, sans le vouloir, lui avait brisé les vertèbres cervicales.

16

Serramanna n'était pas un spécialiste des rapports écrits ; il se contenta de relater les faits à Améni qui les transcrivit sur papyrus et alerta aussitôt Ramsès. Personne ne connaissait le Grec, recruté pour ses aptitudes physiques. Sa mort brutale privait le roi d'informations précises, mais il n'adressa aucun reproche au Sarde dont la vigilance se révélait indispensable.

Cette fois, ce n'était pas à la vie du pharaon que l'on s'était attaqué, mais à son bureau, donc aux affaires de l'État. Que venait-on y chercher, sinon des documents confidentiels et des informations sur la manière dont il entendait gouverner le pays ?

La tentative d'assassinat de Ménélas ne cachait rien d'autre que la vengeance ; ce cambriolage raté était beaucoup plus ténébreux. Qui avait envoyé ce Grec, qui était resté tapi dans l'ombre, avec la volonté de contrecarrer l'action du souverain ? Bien sûr, il y avait Chénar, le frère déchu, inactif et silencieux depuis le couronnement. Ce masque ne voilait-il pas un déploiement d'activités souterraines, conduites avec beaucoup plus d'habileté que par le passé ?

Romé s'inclina devant le roi.

– Majesté, votre visiteur est arrivé.

– Conduis-le au jardin, sous le kiosque.

Ramsès n'était vêtu que d'un simple pagne blanc et ne

portait qu'un seul bijou, un bracelet d'or au poignet droit. Il se concentra quelques instants, conscient de l'importance de cette entrevue d'où dépendrait, en grande partie, le sort de l'Égypte.

Dans le jardin, le roi avait fait dresser un élégant kiosque en bois, à l'ombre d'un saule. Sur une table basse, du raisin aux grains vermeils et des figues fraîches ; dans des coupes, de la bière légère et digestive, idéale pendant les fortes chaleurs.

Le grand prêtre d'Amon de Karnak était assis dans un confortable fauteuil aux coussins bien rembourrés ; devant lui, un tabouret pour poser ses pieds. Perruque, robe de lin, grand collier de perles et de lapis-lazuli couvrant la poitrine, bracelets en argent lui donnaient fière allure.

Dès qu'il aperçut le souverain, le grand prêtre se leva et s'inclina.

– Cet endroit vous convient-il ?

– Je remercie Votre Majesté de l'avoir choisi ; sa douceur est propice à ma santé.

– Comment évolue-t-elle ?

– Je ne suis plus un jeune homme : c'est le plus difficile à accepter.

– Je désespérais de vous voir.

– Il ne fallait pas, Majesté. D'un côté, j'ai dû garder la chambre quelque temps ; de l'autre, j'espérais venir en compagnie des vizirs du Sud et du Nord et du vice-roi de Nubie.

– Quelle délégation ! Ont-ils repoussé votre proposition ?

– Dans un premier temps, non ; dans un second, oui.

– Pourquoi ont-ils changé d'avis ?

– Ce sont de hauts fonctionnaires... Ils ne souhaitent pas mécontenter Votre Majesté. Je déplore néanmoins leur absence, qui risque d'ôter du poids à mes paroles.

– Si elles sont justes, vous n'avez rien à craindre.

– Les considérez-vous comme telles ?

– En tant que serviteur de Maât, je trancherai.
– Je suis inquiet, Majesté.
– Puis-je vous aider à dissiper ces nuages ?
– Vous avez demandé un état des richesses de Karnak.
– Et je l'ai obtenu.
– Qu'en concluez-vous ?
– Que vous êtes un remarquable gestionnaire.
– Est-ce un reproche ?
– Certes pas. Nos ancêtres ne nous ont-ils pas appris qu'une spiritualité heureuse s'accompagne du bien-être de tout un peuple ? Pharaon enrichit Karnak, et vous faites prospérer ces richesses.
– Il existe un reproche, dans le ton de votre voix.
– De la perplexité, rien de plus ; si nous examinions votre inquiétude ?
– On murmure que la gloire et la fortune de Karnak portent ombrage à Votre Majesté, et qu'elle souhaiterait dispenser ses faveurs à d'autres temples.
– Qui le prétend ?
– La rumeur...
– Y attacheriez-vous de l'importance ?
– Lorsqu'elle devient insistante, peut-on la négliger ?
– Vous-même, qu'en pensez-vous ?
– Que Votre Majesté serait bien avisée de ne rien modifier à la situation actuelle ; vous conformer à la politique de votre père ne serait-il pas sage ?
– Son règne fut malheureusement trop bref pour qu'il entreprît l'ensemble des réformes nécessaires.
– Karnak n'a besoin d'aucune réforme.
– Tel n'est pas mon avis.
– Mon inquiétude était donc justifiée.
– La mienne le serait-elle aussi ?
– Je... je comprends mal.
– Le grand prêtre d'Amon est-il encore un fidèle serviteur de Pharaon ?

Le prélat évita de regarder Ramsès. Afin de se donner une contenance, il mangea une figue et but un peu de bière. La simplicité de la mise du monarque formait un contraste surprenant avec l'élégance raffinée de son interlocuteur, peu habitué à des attaques aussi directes. Le roi se garda bien de le harceler, lui laissant reprendre son souffle et ses esprits.

– Comment pouvez-vous en douter, Majesté ?

– À cause de l'enquête d'Améni.

Le grand prêtre s'empourpra.

– Cet avorton de scribe, ce fouineur, ce rat, ce...

– Améni est mon ami, et sa seule ambition est de servir l'Égypte. Je ne tolère aucune insulte souillant sa réputation, de quelque bouche qu'elle sorte.

Le prélat bafouilla.

– Pardonnez-moi, Majesté, mais ses méthodes...

– Se serait-il montré violent ?

– Non, mais il est plus acharné qu'un chacal dévorant sa proie !

– Il fait son travail avec conscience et ne néglige aucun détail.

– Qu'avez-vous à me reprocher ?

Ramsès planta son regard dans celui du grand prêtre.

– L'ignorez-vous ?

Une seconde fois, le prélat se détourna.

– La totalité de la terre d'Égypte n'appartient-elle pas à Pharaon ? interrogea Ramsès.

– Ainsi le veut le testament des dieux.

– Mais le roi est autorisé à donner des champs à des hommes justes, sages et braves qui ont mérité de les posséder.

– Ainsi le veut la coutume.

– Le grand prêtre d'Amon est-il autorisé à agir comme Pharaon ?

– Il est son délégué et son représentant à Karnak.

– N'avez-vous pas poussé trop loin cette délégation ?

– Je ne vois pas...

– Vous avez cédé des terres à des particuliers, qui sont ainsi devenus vos obligés, notamment des militaires dont la loyauté envers moi, demain, sera peut-être douteuse. Auriez-vous besoin d'une armée pour défendre votre domaine privé ?

– C'est un simple concours de circonstances, Majesté ! Qu'allez-vous imaginer ?

– Trois cités abritent les trois temples majeurs du pays : Héliopolis est la ville sainte de Râ, la lumière créatrice ; Memphis, celle de Ptah, qui crée le Verbe et inspire le geste des artisans ; Thèbes, celle d'Amon, le principe caché, dont nul ne connaît la forme véritable. Mon père tenait à ce qu'un équilibre fût maintenu entre ces trois puissances, expressions complémentaires du divin. Par votre politique, vous avez rompu cette harmonie ; Thèbes est boursouflée et vaniteuse.

– Majesté ! N'insultez-vous pas Amon ?

– C'est à son grand prêtre que je parle, et je lui donne l'ordre de cesser toute activité profane pour se consacrer à la méditation et à la pratique des rites.

Le prélat se leva avec peine.

– Vous savez bien que c'est impossible.

– Pour quelle raison ?

– Ma fonction est à la fois spirituelle et administrative, comme la vôtre !

– Karnak appartient à Pharaon.

– Personne ne le nie, mais qui gérera ses domaines ?

– Un spécialiste que je nommerai.

– Ce serait démanteler notre hiérarchie ! Ne commettez pas cette erreur, Majesté ; vous mettre à dos le clergé d'Amon vous nuirait de façon irrémédiable.

– Serait-ce une menace ?

– Le conseil d'un homme expérimenté à un jeune monarque.

– Croyez-vous que je le suivrai ?

– Régner est un art difficile qui exige un certain

nombre d'alliances, dont celle avec le clergé d'Amon. Bien entendu, j'obéirai à vos directives, quelles qu'elles soient, car je demeure votre fidèle serviteur.

En dépit d'une lassitude visible, le prélat avait repris de l'assurance.

– Ne déclenchez pas une guerre inutile, Majesté ; vous auriez beaucoup à y perdre. L'exaltation du pouvoir passée, revenez à la raison et ne bouleversez rien. Les dieux ont horreur des excès ; souvenez-vous du lamentable comportement d'Akhénaton à l'égard de Thèbes.

– Les mailles de votre filet semblent bien tressées, mais le bec d'un faucon pourrait les déchirer.

– Que d'énergie dépensée en vain ! Votre place est à Memphis, non ici ; l'Égypte a besoin de votre force pour nous protéger des barbares qui ne songent qu'à nous envahir. Laissez-moi gouverner cette région, et je soutiendrai vos efforts.

– J'y réfléchirai.

Le grand prêtre sourit.

– À la fougue, vous ajoutez l'intelligence : vous serez un grand pharaon, Ramsès.

17

Chaque notabilité thébaine n'avait qu'un rêve en tête : rencontrer le roi et plaider sa cause afin de préserver les avantages acquis. Face à un monarque imprévisible, qui n'était inféodé à aucun clan, même les courtisans les plus influents pouvaient s'attendre à de mauvaises surprises. Mais il fallait franchir l'obstacle que constituait Améni, le secrétaire particulier du roi, qui distillait les rendez-vous au compte-gouttes et écartait les importuns sans ménagement. Et que dire de la fouille imposée par le géant sarde Serramanna, qui ne laissait personne accéder auprès du pharaon sans avoir lui-même vérifié que le visiteur ne possédait ni arme ni objet suspect ?

Ce matin-là, Ramsès avait éconduit tous les solliciteurs, y compris le responsable des digues qu'avait recommandé Améni et dont il s'occuperait fort bien tout seul. Le roi avait besoin des conseils de la grande épouse royale.

Assis au bord du bassin où ils venaient de se baigner, offrant leurs corps nus au soleil dont le feuillage des sycomores filtrait les rayons, ils savouraient la beauté des jardins du palais. Nedjem, promu ministre de l'Agriculture, continuait à s'en occuper avec un soin jaloux.

– Je viens de m'entretenir avec le grand prêtre d'Amon, avoua Ramsès.

– Son hostilité est-elle irrémédiable ?

– Sans aucun doute. Ou bien j'adopte sa position, ou bien j'impose la mienne.

– Que propose-t-il ?

– Que Karnak conserve la suprématie sur les autres temples d'Égypte, qu'il règne sur le Sud et moi sur le Nord.

– Inacceptable.

Ramsès regarda Néfertari avec étonnement.

– Je m'attendais à ce que tu prêches la modération !

– Si la modération conduit à la ruine du pays, elle devient un vice. Ce prêtre tente d'imposer sa loi au pharaon, de privilégier ses intérêts particuliers au détriment du bien-être général. Si tu cèdes, le trône vacillera, et ce que Séthi avait construit sera détruit.

Néfertari s'était exprimée avec douceur, d'une voix calme et apaisante, mais ses propos étaient d'une fermeté surprenante.

– Envisages-tu les conséquences d'un conflit ouvert entre le roi et le grand prêtre d'Amon ?

– Si tu fais preuve de faiblesse dès le début de ton règne, les ambitieux et les incapables se déchaîneront. Quant au grand prêtre d'Amon, il prendra la tête d'une dissidence et affirmera son autorité au détriment de celle de Pharaon.

– Je ne redoute pas d'entreprendre ce combat, mais...

– Tu crains de n'agir que pour ton profit personnel ?

Ramsès contempla son image dans l'eau bleue du bassin.

– Tu lis dans mes pensées.

– Ne suis-je pas ton épouse ?

– Que réponds-tu à ta question, Néfertari ?

– Aucune enveloppe humaine n'est assez vaste pour contenir l'être de Pharaon. Toi, tu es la générosité, l'enthousiasme et la puissance, et tu utilises ces armes pour te hisser à la hauteur de la fonction qui s'est emparée de ta vie.

– Ferais-je fausse route ?

– Ce qui divise est mauvais, et ce grand prêtre a choisi

la division parce qu'elle l'avantage. En tant que Pharaon, tu ne dois pas lui céder un pouce de terrain.

Ramsès posa la tête sur le sein de Néfertari, qui lui caressa les cheveux. Des hirondelles, dans un bruissement de soie, tournoyaient au-dessus du couple royal.

Les bruits d'une altercation, à l'entrée du jardin, brisèrent leur quiétude. Une femme se disputait avec les gardes, le ton ne cessait de monter.

Ramsès noua un pagne autour de ses reins et marcha vers le petit groupe.

– Que se passe-t-il, ici ?

Les gardes s'écartèrent, le roi découvrit Iset la belle, ravissante et gracieuse.

– Majesté ! s'exclama-t-elle ; laisse-moi te parler, je t'en supplie !

– Qui te l'interdit ?

– Ta police, ton armée, ton secrétaire, ton...

– Viens avec moi.

Caché derrière sa mère, un petit garçon fit un pas de côté.

– Voici ton fils, Ramsès.

– Khâ !

Ramsès prit l'enfant dans ses bras et le souleva au-dessus de sa tête ; affolé, le bambin éclata en sanglots.

– Il est très timide, dit Iset.

Le roi plaça son fils à califourchon sur ses épaules ; la peur de Khâ se dissipa vite, le rire lui succéda.

– Quatre ans... Mon fils a quatre ans ! Son nourricier est-il content de lui ?

– Il le juge trop sérieux. Khâ joue très peu et ne songe qu'à déchiffrer les hiéroglyphes. Il connaît déjà beaucoup de mots et réussit même à en écrire quelques-uns.

– Il sera scribe avant moi ! Viens te rafraîchir ; moi, je vais lui apprendre à nager.

– Elle... Néfertari est là ?

– Bien sûr.

– Pourquoi ai-je dû faire dix fois le siège du palais, pourquoi me tiens-tu à l'écart comme une étrangère ? Sans moi, tu serais mort !

– Que veux-tu dire ?

– N'est-ce pas ma lettre qui t'a averti du complot qui se tramait contre toi ?

– De quoi parles-tu ?

Iset la belle baissa la tête.

– Pendant quelques nuits trop douloureuses, c'est vrai, j'ai souffert de ma solitude et de ton abandon. Mais je n'ai jamais cessé de t'aimer et j'ai refusé de m'allier aux membres de ta propre famille qui avaient décidé de te nuire.

– Ta missive ne m'est pas parvenue.

Iset pâlit.

– Alors, tu as cru que je comptais, moi aussi, au nombre de tes adversaires ?

– Avais-je tort ?

– Oui, tu as eu tort ! Sur le nom de Pharaon, je jure que je ne t'ai pas trahi !

– Pourquoi devrais-je te croire ?

Iset s'accrocha au bras de Ramsès.

– Comment pourrais-je te mentir ?

Iset vit Néfertari.

Sa beauté lui coupa le souffle. Non seulement la perfection de ses formes était un enchantement, mais encore la lumière qui émanait de la reine ravissait-elle le regard et désarmait-elle toute critique. Néfertari était bien la grande épouse royale avec laquelle nulle ne pouvait rivaliser.

Nulle jalousie ne rétrécit le cœur d'Iset la belle. Néfertari était radieuse, comme un ciel d'été, sa noblesse imposait le respect.

– Iset ! Je suis heureuse de vous voir.

L'épouse secondaire s'inclina.

– Non, je vous en prie... Venez vous baigner, il fait si chaud !

Iset ne s'attendait pas à cet accueil. Interloquée, elle ne résista pas, se dévêtit et, nue comme Néfertari, plongea dans l'eau bleue du bassin.

Ramsès regarda nager les deux femmes qu'il aimait. Comment pouvait-on éprouver des sentiments si différents, mais intenses et sincères ? Néfertari était le grand amour de sa vie, un être exceptionnel, une reine. Ni les épreuves ni les outrages du temps n'atténueraient la passion lumineuse qu'ils vivaient. Iset la belle était le désir, l'insouciance, la grâce, le plaisir fou. Pourtant, elle avait menti et comploté contre lui ; il n'avait d'autre choix que de la châtier.

– C'est vrai que je suis ton fils ? demanda la petite voix de Khâ.

– C'est vrai.

– « Fils », en hiéroglyphe, ça s'écrit avec un canard.

– Saurais-tu le dessiner ?

Du bout de l'index et avec grand sérieux, le bambin traça un canard plutôt réussi dans le sable de l'allée.

– Sais-tu comment on écrit Pharaon ?

Khâ traça le plan d'une maison puis une colonne.

– La maison pour exprimer l'idée d'un milieu protecteur, la colonne symbolisant la grandeur : « demeure grande », « grande demeure », c'est bien la signification du mot pharaon [1]. Sais-tu pourquoi on m'appelle ainsi ?

– Parce que tu es plus grand que tout le monde et que tu vis dans une très grande maison.

– Tu as raison, mon fils, mais cette maison est l'Égypte entière, et chacun de ses habitants doit y trouver sa propre demeure.

– Tu m'apprends d'autres hiéroglyphes ?

– N'apprécies-tu pas d'autres jeux ?

---

1. En hiéroglyphe, PER, « demeure, maison, temple » + ÂA « grand » = PER ÂA, d'où, par évolution phonétique, Pharaon.

Le gamin bouda.

– Entendu.

Khâ sourit.

De l'index, le roi traça un cercle et un point en son centre.

– Le soleil, expliqua-t-il. On le nomme Râ ; son nom se compose d'une bouche et d'un bras, car il est le verbe et l'action. À toi de le dessiner.

L'enfant s'amusa à tracer une série de soleils qui, peu à peu, se rapprochèrent d'un cercle parfait. Sorties de l'eau, Iset et Néfertari furent stupéfaites du résultat.

– Ses dons sont extraordinaires ! constata la reine.

– Ils me font presque peur, avoua Iset ; le nourricier s'en effraie.

– Il a tort, jugea Ramsès ; que mon fils suive son chemin, quel que soit son âge. Peut-être le destin le prépare-t-il déjà à me succéder. Cette précocité est un don des dieux, respectons-la et ne la bridons pas. Attendez-moi ici.

Le roi quitta le jardin et pénétra à l'intérieur du palais.

Le bout du doigt irrité, le petit Khâ se mit à pleurer.

– Puis-je le prendre dans mes bras ? demanda Néfertari à Iset.

– Oui... oui, bien sûr.

L'enfant se calma presque aussitôt ; dans les yeux de Néfertari, une infinie tendresse. Iset osa poser la question qui lui brûlait le cœur.

– Malgré le malheur qui vous a frappée, comptez-vous avoir un autre enfant ?

– Je crois être enceinte.

– Ah... Puissent, cette fois, les divinités de la naissance vous être favorables !

– Je vous remercie pour ces paroles ; elles m'aideront à accoucher.

Iset cacha son désarroi. Que Néfertari fût la reine, elle ne le contestait pas et n'enviait même pas la grande épouse royale, accablée de charges et de soucis ; mais la belle Iset eût aimé être la mère d'innombrables enfants de Ramsès, la génitrice que le roi vénérerait tout au long de sa vie. Pour l'heure, elle demeurait celle qui avait donné naissance au premier fils ; mais, si Néfertari devenait mère d'un garçon, Khâ serait probablement relégué au second plan.

Ramsès revint, porteur d'une petite tablette de scribe équipée de deux minuscules pains d'encre, l'un rouge et l'autre noir, et de trois pinceaux miniatures. Lorsqu'il les donna à son fils, le visage de Khâ s'illumina, et il serra les précieux objets sur sa poitrine.

– Je t'aime, papa !

Iset et Khâ partis, Ramsès ne dissimula pas ses pensées à Néfertari.

– Je suis persuadé qu'Iset a comploté contre moi.

– L'as-tu interrogée ?

– Elle avoue avoir eu des pensées négatives à mon égard, mais prétend avoir tenté de me prévenir qu'une agression se préparait. Sa lettre ne m'est pas parvenue.

– Pourquoi ne la crois-tu pas ?

– J'ai l'impression qu'elle ment et qu'elle ne me pardonne pas de t'avoir choisie comme grande épouse.

– Tu te trompes.

– Sa faute doit être sanctionnée.

– Quelle faute ? Un pharaon ne peut châtier en se fondant sur une impression fugace. Iset t'a donné un fils, elle ne te veut aucun mal. Oublie la faute, si elle a été commise, et plus encore la sanction.

18

La vêture de Sétaou tranchait sur celle des courtisans et des scribes admis au palais ; son épais vêtement en peau d'antilope, ressemblant à une tunique d'hiver, était saturé de solutions médicinales capables de contrecarrer l'action d'un venin. En cas de morsure, Sétaou se déshabillait, trempait la peau dans l'eau et en extrayait le remède.

– Nous ne sommes pas dans le désert, constata Ramsès ; ici, tu n'as pas besoin de cette pharmacie ambulante.

– Cet endroit est plus dangereux que le fin fond de la Nubie ; les serpents et les scorpions n'ont pas le même visage, mais ils pullulent. Es-tu prêt ?

– Je suis à jeun, comme tu me l'as demandé.

– Grâce à mon traitement, tu es presque immunisé, même contre certains cobras. Désires-tu vraiment cette protection supplémentaire ?

– Je t'ai donné mon accord.

– Le risque n'est pas nul.

– Ne perdons plus de temps.

– As-tu demandé l'avis de Néfertari ?

– Et toi, celui de Lotus ?

– Elle me trouve un peu fou, mais nous nous accordons à merveille.

Mal rasé, réfractaire au port de la perruque, la tête carrée, Sétaou aurait effrayé la plupart des malades.

– Si j'ai mal dosé cette potion, avoua-t-il, tu risques de rester idiot.

– Je ne céderai pas à tes menaces.

– Alors, bois ça.

Ramsès s'exécuta.

– Impressions ?

– Excellent.

– C'est à cause du jus de caroube. Le reste est moins plaisant : décoction de plusieurs plantes urticacées et de sang de cobra dilué. À présent, tu es immunisé contre n'importe quel type de morsure. Il te suffira de boire cette mixture tous les six mois pour préserver cet avantage.

– Quand accepteras-tu de faire partie de mon gouvernement ?

– Jamais. Et toi, quand cesseras-tu d'être naïf? J'aurais pu t'empoisonner !

– Tu n'as pas la mentalité d'un assassin.

– Comme si tu la connaissais !

– Ménélas m'a beaucoup appris. Et tu oublies l'instinct de Serramanna, de mon lion et de mon chien.

– Beau trio, en vérité ! Oublies-tu que Thèbes rêve de te voir partir et que la majorité des notables souhaite ton échec ?

– La nature m'a doté d'une bonne mémoire.

– L'homme est une espèce plus redoutable que les reptiles, Ramsès.

– Certes, mais il est aussi un matériau avec lequel Pharaon tente de construire un monde juste et harmonieux.

– Bah ! Encore un rêve que les années enverront au domaine des songe-creux. Méfie-toi, mon ami : tu es environné d'êtres ténébreux et malfaisants. Mais tu as de la chance, cette force mystérieuse qui m'habite, moi aussi, quand je vais à la rencontre des cobras. Et elle t'a donné une alliée sans pareille, Néfertari, un rêve réalisé. À croire que tu pourrais réussir.

– Sans toi, ce sera difficile.

– La flatterie n'était pas l'un de tes défauts, autrefois. Je repars pour Memphis avec une belle récolte de venins ; veille sur toi, Ramsès.

Malgré les démonstrations de puissance de Ramsès, Chénar ne désespérait pas. Dans l'épreuve de force qui opposait le jeune roi au grand prêtre d'Amon, l'issue demeurait incertaine. Sans doute les deux hommes resteraient-ils sur leur position, ce qui affaiblirait l'autorité de Ramsès, dont la parole était loin d'avoir le poids de celle de Séthi.

Peu à peu, Chénar découvrait son frère.

L'attaquer de front ? Échec assuré, car Ramsès se défendrait avec une énergie telle qu'il renverserait la situation en sa faveur. Mieux valait tendre une succession de pièges, utiliser la ruse, le mensonge et la trahison. Si Ramsès ne parvenait pas à identifier ses ennemis, il frapperait dans le vide et s'épuiserait ; lorsqu'il serait exténué, l'achever serait aisé.

Pendant que le roi procédait à de nombreuses nominations et soumettait Thèbes à sa volonté, Chénar s'était fait silencieux et discret, comme si les événements ne le concernaient pas. À présent, il devait sortir de son mutisme, sous peine d'être suspecté d'ourdir un complot.

Après avoir mûrement réfléchi, Chénar avait décidé de jouer un jeu apparemment grossier, si grossier qu'il abuserait Ramsès et que ce dernier réagirait avec sa fougue habituelle, sans se douter que son intervention correspondrait précisément aux espérances de Chénar. Cette tentative aurait valeur de test ; si Chénar l'emportait, à l'insu de son frère, il saurait le manipuler.

En ce cas, l'avenir s'annoncerait riant.

Pour la dixième fois, Ramsès tentait d'expliquer à Veilleur qu'il était inconvenant de pêcher des poissons dans le vivier du palais et de partager son butin avec le lion. Leurs rations n'étaient-elles pas suffisantes ? Aux yeux vifs du chien jaune or, le roi s'aperçut qu'il percevait sans peine la réprimande mais n'en tiendrait aucun compte. Fort de l'appui du fauve, Veilleur se sentait presque invulnérable.

La haute stature de Serramanna apparut sur le seuil du bureau de Ramsès.

– Votre frère veut vous voir, mais refuse d'être fouillé.

– Laisse-le entrer.

Le Sarde s'effaça. Au passage, Chénar lui lança un regard glacial.

– Puis-je m'entretenir seul à seul avec Sa Majesté ?

Le chien jaune suivit Serramanna qui ne manquait jamais de lui donner un morceau de gâteau au miel.

– Voilà longtemps que nous n'avons pas échangé nos pensées, Chénar.

– Tu es fort occupé, et je n'ai pas l'intention d'entraver ton action.

Ramsès tourna autour de Chénar.

– Pourquoi me contemples-tu ainsi ? s'étonna ce dernier.

– Tu as maigri, frère bien-aimé...

– Ces dernières semaines, je me suis astreint à un régime.

Malgré ses efforts, Chénar demeurait enveloppé ; ses petits yeux marron animaient un visage lunaire aux joues rebondies et dont les lèvres épaisses trahissaient la gourmandise.

– Pourquoi as-tu gardé ce collier de barbe ?

– Je porte à jamais le deuil de Séthi, affirma Chénar. Comment oublier notre père ?

– Je suis sensible à ta douleur et je la partage.

– J'en suis sûr, mais tes fonctions t'interdisent de la manifester ; il n'en est pas de même pour moi.

– Quelle est la raison de ta visite ?

– Tu l'attendais, n'est-ce pas ?

Le roi demeura silencieux.

– Je suis ton frère aîné et je jouis d'une excellente réputation ; la déception de ne pas avoir été intronisé à ta place est passée, mais je ne me résigne pas à être un noble oisif et riche, sans utilité pour mon pays.

– Je te comprends.

– Le travail de chef du protocole que tu m'avais confié est trop limité, d'autant plus que Romé, le nouvel intendant du palais, s'en charge volontiers.

– Que désires-tu, Chénar ?

– J'ai beaucoup réfléchi, avant d'effectuer cette démarche ; pour moi, elle comporte un aspect humiliant.

– Entre frères, un terme comme celui-là n'est pas de mise.

– Contestes-tu mes exigences ?

– Non, Chénar, car je ne les connais pas encore.

– Acceptes-tu de m'écouter ?

– Parle, je t'en prie.

Agité, Chénar fit les cent pas.

– Devenir vizir ? Impossible. Tu serais accusé de m'accorder un privilège exorbitant. Diriger la police ? J'y ai songé, mais c'est une tâche trop complexe. Chef des scribes ? Trop pesant, pas assez de repos et de loisirs. Les grands chantiers ? Je n'ai pas la compétence nécessaire. Ministre de l'Agriculture ? Le poste est déjà pourvu. Ministre des Finances ? Tu as conservé celui qui servait Séthi. Et je n'ai aucun goût pour la vie des temples et les occupations des grands prêtres.

– Quelle ambition te reste-t-il ?

– Celle qui correspond à mes goûts et à mes capacités : ministre des Affaires étrangères. Tu connais mon intérêt pour le commerce avec nos vassaux et nos voisins ; au lieu de me restreindre à des négociations qui ne feraient qu'accroître ma fortune personnelle, je tiens à œuvrer pour renforcer la paix en améliorant notre diplomatie.

Chénar cessa enfin de déambuler.

– Ma proposition te choque-t-elle ?

– C'est une lourde responsabilité.

– M'autoriseras-tu à tout faire pour éviter une guerre avec les Hittites ? Personne ne désire un affrontement sanglant. Que Pharaon attribue le poste de ministre des Affaires étrangères à son frère aîné prouvera l'importance qu'il attache à la paix.

Ramsès réfléchit longuement.

– Je t'accorde ce que tu désires, Chénar. Mais tu auras besoin d'aide.

– J'en conviens... À qui penses-tu ?

– À mon ami Âcha. La diplomatie est son métier.

– Liberté surveillée, en quelque sorte.

– Collaboration efficace, j'espère.

– Puisque telle est ta volonté...

– Rencontrez-vous au plus vite et présentez-moi vos projets avec précision.

En sortant du palais, Chénar contint à grand-peine une explosion de joie.

Ramsès avait réagi comme il l'espérait.

19

Dolente, la sœur de Ramsès, se prosterna et embrassa les pieds du roi.

– Pardonne-moi, je t'en supplie, et pardonne à mon mari !

– Relève-toi, tu es grotesque.

Dolente accepta la main de son frère, mais n'osa pas le regarder. Grande, alanguie, Dolente semblait désemparée.

– Pardonne-nous, Ramsès, nous avons agi comme des insensés !

– Vous vouliez ma mort. À deux reprises, déjà, ton mari a comploté contre moi, lui qui fut mon nourricier !

– Sa faute est lourde, la mienne aussi, mais nous avons été manipulés.

– Par qui, ma sœur chérie ?

– Par le grand prêtre de Karnak. Il est parvenu à nous persuader que tu serais un mauvais roi et que tu conduirais le pays à une guerre civile.

– Vous n'aviez donc aucune confiance en moi.

– Mon époux, Sary, te considérait comme un être fougueux, incapable de refréner ses instincts de guerrier. Il regrette ses erreurs... Comme il les regrette !

– Mon frère Chénar n'a-t-il pas cherché à vous persuader, lui aussi ?

– Non, mentit Dolente ; c'est lui que nous aurions dû écouter. Depuis qu'il a pleinement accepté la décision de notre père, il se considère comme l'un de tes sujets et ne songe plus qu'à servir l'Égypte en retrouvant une place digne de ses capacités.

– Pourquoi ton mari n'est-il pas venu avec toi ?

Dolente inclina la tête.

– Il a trop peur de la colère de Pharaon.

– Tu as beaucoup de chance, ma sœur chérie ; notre mère et Néfertari sont intervenues avec vigueur afin de t'éviter un châtiment sévère. L'une et l'autre souhaitent préserver l'unité de notre famille, en hommage à Séthi.

– Tu... tu me pardonnes ?

– Je te nomme supérieure honoraire du harem de Thèbes. C'est un beau titre, et il ne te coûtera guère d'efforts. Fais-toi très discrète, petite sœur.

– Et... mon mari ?

– Je le nomme chef des briquetiers sur le chantier de Karnak. Ainsi, il se rendra utile et apprendra à construire au lieu de détruire.

– Mais... Sary est un professeur, un scribe, il ne sait rien faire de ses mains !

– C'est contraire à l'enseignement de nos pères : si la main et l'esprit n'œuvrent pas ensemble, l'homme devient mauvais. Hâtez-vous de prendre vos nouvelles fonctions, tous les deux ; le travail ne manque pas.

En se retirant, Dolente soupira. Conformément aux prévisions de Chénar, elle et Sary avaient échappé au pire. Au début de son règne, et sous l'influence de sa mère et de sa femme, Ramsès préférait la clémence à l'intransigeance.

Être obligée de travailler était un authentique châtiment, mais plus doux que le bagne des oasis ou l'exil au fin fond de la Nubie. Quant à Sary, qui avait risqué la peine de mort, il pouvait s'estimer satisfait, même si son labeur n'était guère glorieux.

Ces humiliations seraient de courte durée. Dolente, par ses mensonges, avait restauré l'honorabilité de Chénar qui façonnait un personnage crédible de frère obéissant et respectueux. Préoccupé par mille soucis, Ramsès finirait par croire que ses ennemis d'hier, dont son frère et sa sœur, étaient rentrés dans le rang et ne songeaient plus qu'à mener une existence tranquille.

Moïse retrouva avec joie le chantier de la salle à colonnes de Karnak que Ramsès, la période de deuil terminée, avait décidé de rouvrir afin de terminer l'œuvre gigantesque entreprise par son père. Doté d'une chevelure abondante, barbu, les épaules larges, le torse puissant, le visage buriné, le jeune Hébreu jouissait de l'estime et de l'affection de son équipe de tailleurs de pierre et de graveurs d'hiéroglyphes.

Moïse avait refusé le poste de maître d'œuvre que lui proposait Ramsès, car il ne se sentait pas capable d'endosser une telle responsabilité. Coordonner les efforts des spécialistes et susciter leur volonté de perfection, oui; dresser un plan d'édifice comme un architecte de la confrérie de Deir el-Médineh, non. En apprenant le métier sur le terrain, en écoutant ceux qui étaient plus instruits que lui, en se familiarisant avec la sagesse des matériaux, l'Hébreu deviendrait apte à bâtir.

La vie rude d'un chantier lui permettait d'exprimer sa force physique et d'oublier le feu qui lui brûlait l'âme. Chaque soir, allongé sur son lit et cherchant en vain le sommeil, Moïse tentait de comprendre pourquoi le simple bonheur de vivre le fuyait. Il était né dans un pays riche, occupait une position avantageuse, bénéficiait de l'amitié du pharaon, attirait les regards des jolies femmes, menait une existence fortunée et paisible... Mais aucun de ces arguments ne l'apaisait. Pourquoi cette insatisfaction perpétuelle, pourquoi cette torture intérieure que rien ne justifiait?

Reprendre une activité intense, entendre de nouveau le chant joyeux des maillets et des ciseaux, voir glisser sur du limon mouillé les traîneaux en bois chargés d'énormes blocs de pierre, veiller à la sécurité de chaque ouvrier, assister à la croissance d'une colonne, cette aventure exaltante effacerait ses tourments.

L'été, on prenait du repos ; mais la mort de Séthi et le couronnement de Ramsès bouleversaient les habitudes. Avec l'accord des chefs de la corporation de Deir el-Médineh et du maître d'œuvre de Karnak, qui lui avait expliqué son plan point par point, Moïse avait organisé deux périodes de travail quotidiennes, la première de l'aube au milieu de la matinée, la seconde de la fin de l'après-midi au crépuscule. Chacun disposerait ainsi d'un temps de récupération suffisant, d'autant plus que de larges bandes d'étoffe tendues entre des piquets maintenaient le chantier à l'ombre.

Dès que Moïse franchit le poste de garde qui donnait accès à la salle à colonnes en construction, le chef des tailleurs de pierre s'avança vers lui.

– Il est hors de question de travailler dans ces conditions.

– La chaleur n'est pas encore insupportable.

– Elle ne nous effraie pas... Je veux parler du comportement du nouveau chef de l'équipe des briquetiers qui bâtissent des échafaudages.

– Je le connais ?

– Il se nomme Sary ; c'est l'époux de Dolente, la sœur de Pharaon. Voilà pourquoi il se croit tout permis !

– Que lui reproches-tu ?

– Parce qu'il trouve la tâche trop pénible, il ne convoquera son équipe qu'un jour sur deux, mais la privera de sieste et rationnera l'eau. Songerait-il à traiter nos collègues comme des esclaves ? Nous sommes en Égypte, pas en Grèce ni chez les Hittites ! Je me déclare solidaire des briquetiers.

– Tu as raison. Où se trouve Sary ?

– Au frais, sous la tente des chefs d'équipe.

Sary avait beaucoup changé. Le jovial nourricier de Ramsès était devenu un homme presque maigre, au visage anguleux et aux gestes nerveux. Il faisait sans cesse tourner autour de son poignet gauche un bracelet en cuivre trop large et frottait souvent, avec un onguent, son pied droit douloureux, à cause de l'arthrite qui lui déformait le gros orteil. De son ancienne fonction, Sary n'avait conservé qu'une élégante robe de lin blanc, marquant son appartenance à la caste des scribes aisés.

Allongé sur des coussins, Sary buvait une bière fraîche. Il jeta un œil négligent sur Moïse quand ce dernier pénétra sous la tente.

– Salut à toi, Sary ; me reconnais-tu ?

– On n'oublie pas Moïse, le brillant condisciple de Ramsès ! Toi aussi, tu es condamné à suer sur ce chantier... Le roi n'avantage guère ses anciens amis.

– Ma condition me satisfait.

– Tu pourrais prétendre à mieux !

– Participer à l'édification d'un monument comme celui-là, est-il plus beau rêve ?

– Un rêve, cette chaleur, cette poussière, la sueur des hommes, ces pierres énormes, ce labeur démesuré, le bruit des outils, le contact avec des manœuvres et des tâcherons illettrés ? Un cauchemar, veux-tu dire ! Tu perds ton temps, mon pauvre Moïse.

– On m'a confié une mission, je la remplis.

– Belle et noble attitude ! Quand l'ennui surviendra, elle se modifiera.

– N'as-tu pas une mission à remplir, toi aussi ?

Un rictus déforma le visage de l'ex-nourricier de Ramsès.

– Gouverner des briquetiers... Quoi de plus exaltant ?

– Ce sont des hommes endurants et respectables, autant que des scribes paresseux et trop nourris.

– Étranges paroles, Moïse ; serais-tu révolté contre l'ordre social ?

– Contre ton mépris des êtres.

– Tenterais-tu de me sermonner ?

– J'ai fixé des horaires de travail, aux briquetiers comme aux autres ; il convient de les respecter.

– J'ai fait mon propre choix.

– Il ne correspond pas au mien ; c'est à toi de t'incliner, Sary.

– Je refuse !

– À ta guise. Je notifierai ce refus au maître d'œuvre, qui alertera le vizir, lequel consultera Ramsès.

– Des menaces...

– La procédure habituelle en cas d'insubordination sur un chantier royal.

– Ça te plaît, de m'humilier !

– Je n'ai pas d'autre but que de participer à la construction de ce temple, que nul ne doit entraver.

– Tu te moques de moi.

– Aujourd'hui, Sary, nous sommes collègues : coordonner nos efforts est la meilleure solution.

– Ramsès t'abandonnera, comme il m'a rejeté !

– Demande à tes briquetiers de dresser l'échafaudage, accorde-leur la sieste réglementaire et n'oublie pas de leur procurer toute l'eau qu'ils désirent.

20

Le vin était exceptionnel, la pièce de bœuf goûteuse, la purée de fèves relevée. « On peut juger Chénar comme on veut, pensa Méba, mais il sait recevoir. »

– Le repas te plaît-il ? demanda le frère aîné de Ramsès.

– Cher ami, c'est une merveille ! Vos cuisiniers sont les meilleurs d'Égypte.

L'élégant sexagénaire, rompu aux ruses de la diplomatie après de longues années passées à la tête du ministère des Affaires étrangères, était plutôt sincère. Chénar ne lésinait pas sur la qualité des produits qu'il offrait à ses hôtes.

– La politique du roi ne vous paraît-elle pas incohérente ? demanda Méba.

– Ce n'est pas un homme facile à comprendre.

La critique feutrée satisfit le diplomate, dont le visage large et rassurant présentait des signes inhabituels de nervosité. D'ordinaire très réservé, Méba se demandait si Chénar, pour vivre en paix et ne perdre aucun privilège, n'avait pas rallié le camp des partisans de Ramsès. Les mots qu'il venait de prononcer tendaient à prouver le contraire.

– Je n'approuve guère la série de nominations intempestives qui contraignent d'excellents serviteurs de l'État à quitter leurs fonctions pour être relégués dans des postes subalternes.

– Je partage ton avis, Méba.

– Nommer un jardinier ministre de l'Agriculture, quelle dérision ! À se demander quand Ramsès s'attaquera à mon ministère.

– C'est précisément le sujet que je désirais aborder avec toi.

Méba se raidit et rajusta la coûteuse perruque qu'il portait l'année durant, même pendant les fortes chaleurs.

– Détenez-vous des informations confidentielles me concernant ?

– Je vais te relater la scène dans ses moindres détails, afin de te permettre d'apprécier la situation avec lucidité. Hier, Ramsès m'a convoqué. Un ordre brutal, sans appel. Toutes affaires cessantes, je me suis rendu au palais où il m'a fait attendre pendant plus d'une heure.

– N'étiez-vous pas... préoccupé ?

– Si, je l'avoue. Son Sarde, Serramanna, m'a fouillé sans ménagement, malgré mes protestations.

– Vous, le frère du roi ! Serions-nous tombés si bas ?

– Je le crains, Méba.

– Avez-vous protesté auprès du roi ?

– Il ne m'a pas laissé parler. Sa sécurité ne passe-t-elle pas avant le respect de ses proches ?

– Séthi aurait condamné cette attitude.

– Hélas, mon père n'est plus de ce monde, et Ramsès lui a succédé.

– Les hommes passent, les institutions demeurent. Un dignitaire de votre valeur accédera un jour à la fonction suprême.

– Les dieux en décideront, Méba.

– Ne désiriez-vous pas évoquer... mon cas personnel ?

– J'y arrive. Alors que je tremblais de honte et d'indignation après cette ignoble fouille, Ramsès m'a annoncé qu'il me nommait ministre des Affaires étrangères.

Méba pâlit.

– Vous, à ma place ? C'est incompréhensible !

– Tu comprendras mieux quand tu sauras que je ne suis, à ses yeux, qu'un homme de paille, encadré par ses sbires qui ne m'accorderont aucune initiative. Tu n'aurais pas eu l'échine assez souple, mon cher Méba, et moi, je ne suis qu'un prête-nom. Les gouvernements étrangers seront honorés de voir l'intérêt que Ramsès accorde à ce ministère en y nommant son frère, sans savoir que je suis pieds et poings liés.

Méba était abattu.

– Je ne suis donc plus rien...

– Tout comme moi, malgré les apparences.

– Ce roi est un monstre.

– Beaucoup d'hommes de qualité le découvriront, peu à peu. C'est pourquoi nous ne devons pas céder au découragement.

– Que proposez-vous ?

– Souhaites-tu prendre ta retraite ou lutter à mes côtés ?

– Je peux nuire à Ramsès.

– Fais semblant de te retirer et attends mes instructions.

Méba sourit.

– Ramsès a peut-être tort de vous sous-estimer. À la tête de ce ministère, même très encadré, des opportunités se présenteront.

– Tu es très perspicace, cher ami. Si tu me parlais du fonctionnement de ce grand corps d'État que tu as dirigé avec tant de talent ?

Méba ne se fit pas prier. Chénar omit de lui signaler qu'il avait un allié précieux, lui offrant la maîtrise de la situation. La trahison d'Âcha devait rester son secret le mieux gardé.

Tenant Lita par la main, le mage Ofir avançait à pas lents dans la rue principale de la cité du soleil, la capitale abandonnée d'Akhénaton, le pharaon hérétique, et de son épouse Néfertiti. Aucun bâtiment n'avait été détruit, mais le sable s'engouffrait par les portes et les fenêtres, lorsque le vent du désert soufflait en rafales.

Située à plus de quatre cents kilomètres au nord de Thèbes, la ville était déserte depuis une cinquantaine d'années. Après la mort d'Akhénaton, la cour avait quitté ce site grandiose de Moyenne-Égypte pour regagner la cité d'Amon. Les cultes traditionnels avaient été restaurés, les dieux anciens s'étaient de nouveau imposés, au détriment d'Aton, le disque solaire, incarnation du dieu unique.

Akhénaton n'était pas allé assez loin ; ce disque lui-même trahissait la vérité. Dieu était au-delà de toute représentation et de tout symbole ; Lui résidait au ciel, l'espèce humaine sur terre. En y faisant vivre les dieux, l'Égypte s'opposait à l'adoption universelle du Dieu unique. L'Égypte devait être détruite.

Ofir était le descendant d'un conseiller libyen d'Akhénaton, qui avait passé de longues heures en compagnie du monarque. Akhénaton lui avait dicté des poèmes mystiques, l'étranger s'était engagé à les diffuser dans tout le Proche-Orient et même parmi les tribus du Sinaï, et notamment chez les Hébreux.

C'était le général Horemheb, le véritable fondateur de la dynastie à laquelle appartenaient Séthi et Ramsès, qui avait fait supprimer l'ancêtre d'Ofir, considéré comme un redoutable agitateur et un mage noir, coupable d'avoir influencé Akhénaton en lui faisant oublier les devoirs de sa charge.

Oui, telles avaient bien été les intentions du Libyen : effacer les humiliations subies par son peuple, affaiblir l'Égypte, profiter de la santé défaillante d'Akhénaton pour le convaincre d'abandonner toute politique de défense.

La manœuvre avait été près d'aboutir.

Aujourd'hui, Ofir reprenait le flambeau. N'avait-il pas hérité de la science de son prédécesseur et de ses talents de sorcier ? Il détestait l'Égypte autant que lui et puiserait dans sa haine la capacité de la terrasser. Vaincre l'Égypte, c'était abattre le pharaon. Abattre Ramsès.

Le regard de Lita demeurait vide. Pourtant, Ofir lui décrivait un à un tous les bâtiments officiels, une à une les villas des nobles, lui faisait découvrir les quartiers des artisans et des commerçants, le parc zoologique où Akhénaton avait rassemblé des espèces rares. Pendant des heures, Ofir et Lita avaient erré à travers le palais vide où le roi et Néfertiti avaient joué avec leurs filles, dont la grand-mère de la jeune femme.

Pendant cette nouvelle visite de la cité du soleil, qui se dégradait année après année, Ofir jugea Lita plus attentive, comme si son intérêt pour le monde extérieur s'éveillait enfin. Elle s'attarda dans la chambre à coucher d'Akhénaton et de Néfertiti, se pencha sur un berceau désarticulé et pleura.

Lorsque ses larmes se tarirent, Ofir la prit par la main et l'emmena jusqu'à un atelier de sculpteur. Dans des caisses, plusieurs têtes de femmes en plâtre qui avaient servi de modèles avant la réalisation du portrait dans une pierre noble.

Le mage les sortit l'une après l'autre.

Soudain, Lita caressa l'une des têtes en plâtre, un visage d'une sublime beauté.

– Néfertiti, murmura-t-elle.

Puis la main se déplaça vers une autre tête, plus petite, aux traits d'une remarquable finesse.

– Mérit-Aton, l'aimée d'Aton, ma grand-mère. Et ici, sa sœur, là son autre sœur... ma famille, ma famille oubliée ! Elle est de nouveau près de moi, si près !

Lita serra les têtes en plâtre contre sa poitrine mais en lâcha une qui se brisa en tombant sur le sol.

Ofir redouta une crise de nerfs, mais la jeune femme ne poussa même pas un cri de surprise et demeura immobile pendant une longue minute. Puis elle jeta les autres têtes contre un mur et piétina les morceaux.

– Le passé est mort, et j'achève de le tuer, déclara-t-elle, les yeux fixes.

– Non, objecta le mage, le passé ne meurt jamais. Ta grand-mère et ta mère ont été persécutées parce qu'elles croyaient en Aton. C'est moi qui t'ai recueillie, Lita, c'est moi qui t'ai arrachée à l'exil et à une mort certaine.

– C'est vrai, je me souviens... Ma grand-mère et ma mère sont enterrées là-bas, dans les collines, et j'aurais dû les rejoindre depuis longtemps. Mais tu t'es comporté comme un père.

– Le temps de la vengeance est venu, Lita. Si tu n'as connu que malheur et souffrance au lieu de vivre une enfance heureuse, c'est à cause de Séthi et de Ramsès. Le premier est mort, le second opprime un peuple entier. Nous devons le punir, tu dois le châtier.

– Je veux me promener dans ma ville.

Lita toucha les pierres des temples et les murs des maisons, comme si elle prenait possession de la cité défunte. Au coucher du soleil, elle monta sur la terrasse du palais de Néfertiti et contempla son royaume fantomatique.

– Mon âme est vide, Ofir, et ta pensée la remplit.

– Je souhaite te voir régner, Lita, afin que tu imposes la croyance dans le Dieu unique.

– Non, Ofir, ce n'est qu'un discours. Une seule force te conduit : la haine, car le mal est en toi.

– Refuses-tu de m'aider ?

– Mon âme est vide, tu l'as remplie de ton désir de nuire. Tu m'as patiemment façonnée, comme l'instrument de ta vengeance et de la mienne : aujourd'hui, je suis prête à combattre, telle une épée tranchante.

Ofir s'agenouilla et remercia Dieu. Ses prières seraient exaucées.

21

La taverne était animée par les ébats sensuels d'une troupe de danseuses professionnelles, où se mêlaient des Égyptiennes du Delta et des Nubiennes à la peau d'ébène. Leur souplesse fascina Moïse, attablé au fond de l'établissement devant une coupe de vin de palme. Après une journée difficile, au cours de laquelle il avait évité de justesse deux accidents, l'Hébreu éprouvait le besoin d'être seul au milieu d'un groupe bruyant, de regarder vivre autrui sans être lui-même impliqué dans cette comédie.

Non loin de lui, un couple étrange.

La jeune femme était jeune, blonde, potelée, attirante. L'homme, beaucoup plus âgé qu'elle, avait un faciès inquiétant : maigre, les pommettes saillantes, le nez proéminent, des lèvres très minces, le menton prononcé, il évoquait un oiseau de proie. À cause du bruit, Moïse ne pouvait entendre leur conversation ; ne lui parvenaient que des bribes incohérentes d'un lent discours prononcé par la voix monocorde de l'homme.

Les Nubiennes convièrent les clients à danser; l'un d'eux, un quinquagénaire aviné, posa la main sur l'épaule droite de la femme blonde et l'invita. Surprise, elle le repoussa. Irrité, l'ivrogne insista. L'ami de la femme tendit la main droite en direction de l'importun qui recula d'un bon mètre, comme frappé par un violent coup de poing. Affolé, il bredouilla quelques mots d'excuse et n'insista pas.

Le geste de l'homme au faciès inquiétant avait été rapide et discret, mais Moïse ne s'était pas trompé. Le curieux personnage semblait disposer de pouvoirs extraordinaires.

Quand l'homme et la femme sortirent de la taverne, Moïse les suivit. Ils se dirigèrent vers le sud de l'agglomération thébaine avant de disparaître dans un quartier populaire, formé de maisons à un étage que séparaient d'étroites ruelles. Quelques instants, l'Hébreu crut les avoir perdus, mais il entendit le pas décidé de l'homme.

Au milieu de la nuit, l'endroit était désert ; un chien aboya, des chauves-souris le frôlèrent. Plus Moïse progressait, plus sa curiosité s'éveillait. Il aperçut de nouveau le couple qui se faufilait entre des masures, promises à une destruction prochaine pour céder la place à des logements neufs. Personne n'habitait ici.

La femme poussa une porte dont le grincement troubla le silence de la nuit. L'homme avait disparu.

Moïse hésita.

Devait-il entrer et l'interroger, lui demander qui ils étaient, pourquoi ils se comportaient de la sorte ? Il perçut le caractère grotesque de sa démarche. Non seulement il n'appartenait pas à la police, mais encore il n'avait pas à s'immiscer dans la vie privée de ces gens. Quel mauvais génie l'avait poussé à entreprendre cette stupide filature ? Furieux contre lui-même, il rebroussa chemin.

L'homme au profil d'oiseau de proie se dressa devant lui.

– Tu nous suivais, Moïse ?

– Comment connais-tu mon nom ?

– Il m'a suffi de le demander à la taverne ; l'ami de Ramsès est un personnage célèbre.

– Et toi, qui es-tu ?

– Pourquoi nous suivais-tu ?

– Une impulsion irraisonnée...

– Pauvre explication.

– C'est pourtant la vérité.

– Je ne te crois pas.

– Laisse-moi passer.

L'homme tendit la main.

Devant Moïse, le sable remua. Apparut une vipère à cornes, dardant une langue furieuse.

– Ce n'est qu'un tour de magie !

– Ne t'en approche pas, elle est bien réelle. Je me suis contenté de l'éveiller.

L'Hébreu se retourna.

Un autre reptile le menaçait.

– Si tu veux survivre, entre dans la maison.

La porte grinçante s'ouvrit.

Dans l'espace étroit de la ruelle, Moïse n'avait aucune chance d'échapper aux reptiles. Et Séatou ne se trouvait pas à proximité. Il pénétra dans une pièce au plafond bas et au sol de terre battue. L'homme le suivit et ferma la porte.

– Ne tente pas de t'enfuir, les vipères te mordraient. Quand je le déciderai, je les endormirai.

– Que désires-tu ?

– Parler.

– Je pourrais t'assommer d'un seul coup de poing.

L'homme sourit.

– Souviens-toi de la scène de l'auberge et ne t'y risque pas.

La jeune femme blonde était tassée sur elle-même, dans un angle de la pièce ; une pièce d'étoffe cachait son visage.

– Est-elle malade ?

– Elle ne supporte pas l'obscurité ; dès le lever du soleil, elle se porte mieux.

– Me diras-tu enfin qui tu es et ce que tu attends de moi ?

– Mon nom est Ofir, je suis né en Libye, et je pratique la magie.

– Dans quel temple officies-tu ?

– Dans aucun.

– Alors, tu es dans l'illégalité.

– Cette jeune femme et moi nous cachons et nous déplaçons sans cesse.

– Quel autre délit avez-vous commis ?

– Celui de ne pas partager la foi de Séthi et de Ramsès.

Moïse fut abasourdi.

– Je ne comprends pas...

– Cette jeune femme fragile et blessée se nomme Lita. Elle est la petite-fille de Mérit-Aton, l'une des six filles du grand Akhénaton, mort voici cinquante-cinq ans dans sa cité du soleil et supprimé des annales royales pour avoir tenté d'imposer à l'Égypte la conception d'un dieu unique, Aton.

– Aucun de ses partisans n'a été persécuté !

– L'oubli n'est-il pas le pire des châtiments ? La reine Akhésa, épouse de Toutankhamon et héritière du trône d'Égypte, fut injustement condamnée à mort [1], et la dynastie impie fondée par Horemheb s'est emparée des Deux Terres. Si la justice existait, Lita devrait monter sur le trône.

– Comploterais-tu contre Ramsès ?

Ofir sourit de nouveau.

– Je ne suis qu'un vieux mage, Lita est faible et désespérée ; le puissant pharaon d'Égypte n'a rien à craindre de nous. C'est une véritable puissance qui l'anéantira et imposera sa loi.

– Qui donc ?

– Le vrai Dieu, Moïse, le Dieu unique dont la colère s'abattra bientôt sur tous les peuples qui ne se prosterneront pas devant lui !

Les inflexions très graves de la voix d'Ofir avaient fait trembler les murs de la masure. Moïse ressentit une peur étrange, à la fois horrible et attirante.

---

1. Son destin est évoqué dans mon roman *La Reine Soleil* (Julliard et Pocket).

– Tu es un Hébreu, Moïse.

– Je suis né en Égypte.

– Comme moi, tu n'es qu'un exilé. Nous sommes à la recherche d'une terre pure, que n'auront pas souillée des dizaines de divinités ! Tu es hébreu, Moïse, ton peuple souffre, il veut ressusciter la religion de ses pères, renouer avec le grand dessein d'Akhénaton.

– Les Hébreux sont heureux en Égypte ; ils sont bien payés et bien nourris.

– La matérialité ne leur suffit plus.

– Puisque tu en es convaincu, deviens leur prophète !

– Je ne suis qu'un Libyen et ne possède ni ton autorité ni ton rayonnement.

– Tu n'es qu'un dément, Ofir ! Transformer les Hébreux en faction hostile à Ramsès serait les conduire à leur anéantissement. Aucun d'eux ne désire se révolter et quitter ce pays, et moi, je suis l'ami d'un pharaon promis à un grand règne.

– Un feu brûle en toi, Moïse, comme il brûlait dans le cœur d'Akhénaton. Ceux qui partageaient son idéal n'ont pas disparu et commencent à se regrouper.

– Vous n'êtes donc pas isolés, Lita et toi.

– Nous devons nous montrer très prudents, mais nous gagnons chaque jour des amitiés précieuses. La religion d'Akhénaton est celle de l'avenir.

– Ce n'est probablement pas l'avis de Ramsès.

– Puisque tu es son ami, Moïse, à toi de le convaincre.

– Le suis-je moi-même ?

– Les Hébreux imposeront la suprématie du Dieu unique au monde entier, et tu deviendras leur chef.

– Ta prophétie est ridicule !

– Elle se réalisera.

– Je n'ai pas la moindre intention de m'opposer au roi.

– Qu'il s'écarte de notre route et il sera épargné.

– Cesse de divaguer, Ofir, et rentre dans ton pays.

– La terre nouvelle n'existe pas encore, c'est toi qui la créeras.

– J'ai d'autres projets.

– Tu crois en un seul Dieu, n'est-ce pas ?

Moïse fut troublé.

– Je n'ai pas à te répondre.

– Ne fuis pas ton destin.

– Disparais, Ofir.

Moïse se dirigea vers la porte ; le mage n'intervint pas.

– Les serpents sont rentrés dans leur trou, déclara-t-il. Tu peux sortir sans crainte.

– Adieu, Ofir.

– À bientôt, Moïse.

22

Peu avant l'aube, le prêtre Bakhen sortit de sa demeure de fonction, lava son corps épilé, se vêtit d'un pagne blanc et, porteur d'un vase, se dirigea vers le lac sacré que survolaient des dizaines d'hirondelles annonçant la renaissance du jour. Le grand lac, auquel on accédait par des escaliers de pierre disposés aux quatre angles, contenait l'eau du *Noun*, inépuisable océan d'énergie d'où jaillissaient toutes les formes de vie. Bakhen y puiserait un peu du précieux liquide, lequel serait utilisé pour les nombreux rites de purification célébrés dans le temple couvert.

– Te souviens-tu de moi, Bakhen ?

Le prêtre tourna la tête dans la direction de l'homme qui s'adressait à lui, vêtu comme un simple « prêtre pur ».

– Ramsès...

– Quand tu étais mon instructeur, à l'armée, nous nous sommes battus, et nous avons eu le dessus, tour à tour.

Bakhen s'inclina.

– Mon passé a disparu, Majesté ; aujourd'hui, j'appartiens à Karnak.

L'ex-contrôleur des écuries, cavalier émérite au visage carré et ingrat, à la voix rauque, à l'aspect rébarbatif, semblait pénétré de sa nouvelle fonction.

– Karnak n'appartient-il pas au roi ?

– Qui prétend le contraire ?

– Je regrette de troubler ta quiétude, Bakhen, mais je dois savoir si tu es un ami ou un ennemi.

– Pourquoi serais-je l'adversaire de Pharaon ?

– Le grand prêtre d'Amon me combat, l'ignores-tu ?

– Les querelles de la hiérarchie...

– Ne t'abrite pas derrière des mots creux, Bakhen. Il n'existe pas de place pour deux maîtres, dans ce pays.

L'ex-instructeur sembla désemparé.

– Je viens de franchir les premiers grades et je...

– Si tu es mon ami, Bakhen, tu dois être aussi mon allié dans le combat que je mène.

– De quelle manière ?

– Ce temple doit être un lieu de rectitude, comme tous les autres sanctuaires d'Égypte. Si tel n'était pas le cas, quelle serait ta réaction ?

– Aussi vrai que j'ai dressé des chevaux, je tannerais le cuir des coupables !

– C'est l'aide que je te demande, Bakhen. Apporte-moi la certitude que personne, ici, ne trahit la loi de Maât.

Ramsès s'éloigna, longeant le lac sacré d'un pas aussi régulier que celui des autres prêtres purs qui venaient remplir leurs vases de l'eau purificatrice.

Bakhen fut incapable de prendre une décision immédiate. Karnak était devenu sa demeure, le monde où il aimait vivre. Mais la volonté de Pharaon n'était-elle pas la valeur sacrée par excellence ?

À Thèbes, le marchand syrien Raia avait acquis trois belles échoppes au centre de la ville. Les cuisiniers des familles nobles venaient y acheter des conserves de viandes de qualité supérieure, leurs patronnes jetant leur dévolu sur des vases asiatiques, élégants et de bonne facture.

Depuis la fin du deuil, les affaires avaient repris. Courtois, jouissant d'une excellente réputation, Raia pouvait compter sur une clientèle fidèle, de plus en plus nombreuse. Aussi ne manquait-il pas de féliciter et d'augmenter ses employés qui, à leur tour, ne tarissaient pas d'éloges sur le Syrien.

Après le départ du barbier, qui avait retaillé la pointe de sa fine barbe, Raia s'était penché sur ses comptes, exigeant qu'on ne le dérangeât point.

Le marchand s'épongea le front. Il supportait mal la chaleur de l'été et plus encore l'échec qu'il venait d'essuyer en payant un blondinet grec pour s'introduire dans le bureau de Ramsès et inventorier les dossiers que le jeune monarque comptait traiter en priorité. Échec prévisible, en vérité ; Raia souhaitait surtout tester les mesures de sécurité prises par Ramsès et Serramanna. Malheureusement, elles paraissaient efficaces. Obtenir des informations fiables ne serait pas facile, quoique la corruption demeurât une arme décisive.

Le Syrien colla l'oreille contre la porte de son bureau. Aucun bruit dans l'antichambre, personne ne l'espionnait. Par précaution, il monta sur un tabouret et colla l'œil droit à un trou minuscule percé dans la cloison.

Rassuré, il entra dans la réserve où s'accumulaient de petits vases d'albâtre en provenance de Syrie du Sud, alliée de l'Égypte. Les belles dames en étant friandes, Raia ne les mettait en vente qu'un à un.

Il chercha celui qui était marqué d'un point rouge très discret, sous le col. À l'intérieur, une tablette de bois oblongue portant les caractéristiques de l'objet : hauteur, largeur au sommet, au milieu et à la base, dimensions, valeur.

Autant de chiffres codés que Raia traduisit en langage clair.

Le message de ses employeurs hittites était explicite : lutter contre Ramsès, soutenir Chénar.

– Magnifique pièce, estima Chénar en passant une main amoureuse sur la panse du vase que Raia lui proposait, au vu et au su d'une clientèle fortunée qui n'oserait pas surenchérir sur l'offre du frère aîné de Ramsès.

– C'est le chef-d'œuvre d'un vieil artisan, jaloux de ses secrets.

– Je t'en propose cinq vaches laitières de la meilleure race, un lit en bois d'ébène, huit chaises, vingt paires de sandales et un miroir en bronze.

Raia s'inclina.

– Vous êtes généreux, seigneur. Me ferez-vous l'honneur d'apposer votre sceau sur mon registre ?

Le marchand invita Chénar à s'avancer dans l'arrière-boutique. Là, ils pourraient parler à voix basse sans être entendus.

– J'ai une excellente nouvelle : nos amis étrangers apprécient beaucoup votre démarche et sont décidés à vous encourager.

– Leurs conditions ?

– Ni conditions, ni restrictions.

– Me racontes-tu un rêve ?

– Nous négocierons plus tard. Pour le moment, il s'agit d'un accord de principe ; considérez-le comme une grande victoire. Félicitations, seigneur : j'ai le sentiment de parler au futur maître du pays, même si la route à parcourir est encore longue.

Chénar se sentit pris d'une sorte d'ivresse. Cette alliance secrète avec les Hittites était aussi efficace et dangereuse qu'un poison mortel ; à lui de savoir l'utiliser pour détruire Ramsès sans se nuire à lui-même et sans trop affaiblir l'Égypte. Une expérience d'équilibriste au-dessus d'un abîme, dont il se savait capable.

– Quel est votre nouveau message ? demanda Raia.

– Transmettez ma gratitude et indiquez que je travaille d'arrache-pied... comme ministre des Affaires étrangères.

L'étonnement s'inscrivit sur le visage du Syrien.

– Vous avez obtenu ce poste !

– Sous étroite surveillance.

– Mes amis et moi comptons sur vous pour en faire bon usage.

– Que tes amis n'hésitent pas à mener des raids dans les protectorats égyptiens les plus faibles, qu'ils achètent les princes et les tribus que croit contrôler l'Égypte et qu'ils répandent un maximum de fausses rumeurs.

– De quel ordre ?

– Conquêtes territoriales imminentes, annexion de la totalité de la Syrie, invasion des ports libanais, perte de moral des soldats égyptiens résidant à l'étranger... Il faut affoler Ramsès et lui faire perdre son sang-froid.

– Permettez-moi d'approuver humblement votre stratégie.

– J'ai beaucoup d'autres idées, Raia ; en me choisissant, tes amis ne se sont pas trompés.

– J'ai la faiblesse de supposer que mes modestes recommandations ne furent pas inutiles.

– À mon paiement officiel s'ajoutera un sac d'or de Nubie.

Chénar sortit de l'arrière-boutique ; son rang ne l'autorisait pas à discuter plus longtemps avec un marchand, même si sa passion pour les vases exotiques était connue de tous.

Fallait-il informer le diplomate Âcha de cette alliance secrète avec l'ennemi hittite ? Non, ce serait une erreur. Chénar jugea préférable de cloisonner au maximum son réseau de partisans ; ainsi, il manœuvrerait avec davantage d'efficacité et pallierait d'éventuelles déficiences.

Sous l'ombre douce d'un sycomore, la reine Touya écrivait la chronique du règne de Séthi. Elle se remémorait les hauts faits d'une époque bénie pendant laquelle l'Égypte avait connu le bonheur et la paix. Chacune des pensées de son mari, chacun de ses gestes s'était gravé dans sa mémoire ; elle avait été attentive à ses espoirs comme à ses angoisses et avait préservé le souvenir des moments d'intimité au cours desquels leurs âmes s'unissaient.

En sa frêle silhouette, Séthi survivait.

Lorsqu'elle vit Ramsès venir vers elle, Touya perçut la puissance intacte du roi défunt. Dans la personne du jeune pharaon, aucune des fêlures qui affectaient la plupart des êtres ; il avait été taillé dans un seul bloc, comme un obélisque, et semblait capable de résister à n'importe quelle tempête. La force de la jeunesse ajoutait encore à cette apparence d'invulnérabilité.

Ramsès embrassa les mains de sa mère et s'assit à sa droite.

– Tu écris la journée durant.

– Et même la nuit ; me pardonnerais-tu, si j'oubliais un seul détail ? Tu as l'air soucieux.

Touya le déchiffrait toujours aussi vite.

– Le grand prêtre d'Amon défie l'autorité du roi.

– Séthi l'avait prévu. Tôt ou tard, ce conflit était inévitable.

– Comment aurait-il agi ?

– L'ignores-tu ? Il n'existe qu'une seule ligne de conduite possible.

– Néfertari ne s'exprime pas autrement.

– Elle est reine d'Égypte, Ramsès, et, comme toute reine, gardienne de la Règle.

– Ne prônes-tu pas la modération ?

– Quand il faut préserver la cohérence du pays, la modération n'est plus de mise.

– Démettre un grand prêtre d'Amon provoquera de terribles remous.

– Qui règne, mon fils : toi ou lui ?

23

Les ânes franchirent en procession l'enceinte de Karnak, sous la direction d'un vieux grison qui connaissait chaque grain de poussière du chemin menant de la fabrique de tissu au temple et avait appris à ses subordonnés à marcher d'un pas égal et digne.

La livraison étant abondante, Bakhen avait été réquisitionné avec un autre prêtre pour en accuser réception dans les entrepôts. Chaque pièce de lin, destinée à la fabrication des vêtements rituels, recevrait un numéro noté sur un registre, avec l'indication de la provenance et de la qualité.

– C'est de la belle marchandise, apprécia le collègue de Bakhen, un petit homme à l'air chafouin. Tu es nouveau, ici ?

– Quelques mois.

– La vie te plaît, à Karnak ?

– C'est celle que j'attendais.

– Quel est ton métier, en dehors de ton service au temple ?

– Mon passé est oublié, et j'ai demandé à servir de manière permanente.

– Moi, je fais des périodes de deux mois dans les entrepôts et je retourne en ville, comme préposé au contrôle des bacs. Ce n'est pas fatigant... Ici, au contraire, on n'arrête pas !

– Pourquoi t'imposer cette charge ?

– Ça me regarde. Je m'occupe des tissus de première catégorie, toi des autres.

Dès qu'un âne était déchargé, des magasiniers posaient avec précaution la pièce de lin sur un traîneau recouvert d'étoffe. Bakhen l'examinait et l'enregistrait sur une tablette de bois, sans omettre la date de livraison. Il lui sembla que son collègue travaillait peu et passait le plus clair de son temps à regarder autour de lui, comme s'il craignait d'être épié.

– J'ai soif, dit-il ; tu veux boire ?

– Volontiers.

Le prêtre à l'air chafouin s'absenta. Comme il avait posé sa tablette sur le dos du vieux grison, Bakhen y jeta un œil.

Elle ne portait que quelques signes hiéroglyphiques tout à fait fantaisistes, sans aucun rapport avec la livraison de lin de première qualité.

Quand le prêtre revint, avec une outre d'eau fraîche, Bakhen s'était remis à l'ouvrage.

– Prends, elle est bonne.... Nous faire travailler par cette chaleur, c'est inhumain.

– Les ânes ne se plaignent pas.

– Tu es un plaisantin, toi !

– Tu as bientôt terminé, non ?

– Ne crois pas ça ! Après, il faut surveiller le rangement dans les bons entrepôts.

– Que faisons-nous des tablettes ?

– Tu me confies la tienne, et je la remets avec la mienne au bureau de l'enregistrement.

– Est-il éloigné des entrepôts ?

– Pas trop, mais il faut quand même marcher un peu.

– Répartissons-nous les tâches ; j'irai porter les tablettes.

– Non, non ! Ils ne te connaissent pas, à l'enregistrement.

– Ce sera l'occasion de me présenter.

– Ils ont leurs habitudes et n'aiment pas en changer.

– La routine n'est-elle pas nuisible ?

– Merci pour ta proposition, mais je me débrouillerai.

Le collègue de Bakhen parut très troublé et se plaça de côté, de manière que ce dernier ne le vît pas écrire.

– Une crampe, l'ami ?

– Non, je vais bien.

– Ôte-moi d'un doute : sais-tu écrire ?

Piqué au vif, le prêtre se retourna vers Bakhen.

– Pourquoi cette question ?

– J'ai vu ta tablette, sur l'âne.

– Tu es bien curieux...

– On le serait à moins. Si tu le désires, je grave les inscriptions correctes ; sinon, ta tablette sera refusée et tu auras des ennuis.

– Ne fais pas semblant de ne pas comprendre, Bakhen.

– Que devrais-je comprendre ?

– Ah, ça suffit ! Tu veux en croquer, toi aussi... C'est bien normal, mais tu ne perds pas de temps.

– Explique-toi.

Le prêtre au visage chafouin s'approcha de Bakhen et parla à voix basse.

– Ce temple est riche, très riche ; nous, on se débrouille. Quelques belles pièces de lin en moins ne ruineront pas Karnak, et nous, en les vendant à de bons clients, on réalise une excellente affaire. Vu ?

– Le bureau de l'enregistrement est dans la combine ?

– Juste un scribe et deux magasiniers. Comme les pièces de lin ne sont pas enregistrées, elles n'existent pas, et nous pouvons les négocier en toute discrétion.

– Tu ne crains pas d'être pris ?

– Sois tranquille.

– La hiérarchie...

– La hiérarchie a d'autres soucis. Qui te dit qu'elle ne ferme pas les yeux ? Alors, quel pourcentage désires-tu ?

– Eh bien... le meilleur possible.

– Toi, tu es un coriace ! Nous allons former une bonne équipe. Dans quelques années, nous serons à la tête d'une jolie petite fortune et n'aurons même plus besoin de venir travailler ici. On termine cette livraison ?

Bakhen approuva d'un signe de tête.

Néfertari posa la tête sur l'épaule de Ramsès. Le soleil se levait, inondant leur chambre de la puissante clarté du matin. L'un et l'autre vénéraient ce miracle quotidien, cette victoire sans cesse renouvelée de la lumière sur les ténèbres. Par la célébration des rites, le couple royal s'associait au voyage de la barque solaire dans les espaces souterrains et au combat de l'équipage divin contre le dragon gigantesque qui tentait de détruire la création.

– J'ai besoin de ta magie, Néfertari. Cette journée s'annonce difficile.

– Ta mère partage-t-elle mon avis ?

– J'ai le sentiment que vous êtes complices.

– Notre vision est identique, avoua-t-elle en souriant.

– Vos arguments m'ont convaincu ; aujourd'hui, je démettrai de sa fonction le grand prêtre d'Amon.

– Pourquoi as-tu attendu ?

– Il me fallait une preuve du mauvais fonctionnement de son administration.

– L'aurais-tu obtenue ?

– Bakhen, mon instructeur militaire devenu prêtre, a découvert un trafic de pièces de lin dans lequel sont impliqués plusieurs employés de Karnak. Ou bien le grand prêtre est lui-même corrompu, ou bien il ne contrôle plus son personnel. Dans un cas comme dans l'autre, il ne mérite plus d'être à la tête de sa hiérarchie.

– Ce Bakhen est-il un homme sérieux ?

– Il est jeune, mais Karnak est devenu toute sa vie. La découverte de ce vol l'a plongé dans un véritable désespoir. Il estimait ne pas avoir le droit de se taire, mais j'ai dû lui arracher les mots l'un après l'autre afin d'obtenir la vérité. Bakhen n'est ni un délateur ni un ambitieux.

– Quand verras-tu le grand prêtre ?

– Ce matin même. L'affrontement sera sévère, il niera toute responsabilité et criera à l'injustice.

– Que redoutes-tu ?

– Qu'il paralyse l'activité économique du temple et désorganise, au moins pendant quelque temps, les circuits alimentaires. Tel est le prix à payer pour éviter une tentative de division du pays.

La gravité de Ramsès impressionna Néfertari. Il n'était pas un tyran désireux de se débarrasser d'un rival encombrant, mais un pharaon conscient de la nécessité de l'union des Deux Terres et décidé à la préserver, quels que fussent les risques encourus.

– J'ai un aveu à te faire, dit-elle, rêveuse.

– As-tu mené ta propre enquête sur Karnak ?

– Rien de tel.

– Alors, c'est ma mère, et elle parle par ta voix !

– Non plus.

– Cet aveu concerne-t-il mon entrevue avec le grand prêtre ?

– Non, mais il n'est peut-être pas étranger à la conduite de l'État.

– Me feras-tu languir ?

– Encore quelques mois... Je suis enceinte.

Ramsès prit doucement Néfertari dans ses bras, sa force devint protectrice.

– J'exige que les meilleurs médecins du royaume s'occupent de toi à chaque seconde.

– Ne sois pas inquiet.

– Comment ne le serais-je pas ? J'espère que notre enfant sera beau et vigoureux, mais ta vie et ta santé m'importent plus que tout.

– Aucun soin ne me manquera.

– Puis-je t'ordonner de ralentir dès à présent ton rythme de travail ?

– Tolérerais-tu une reine paresseuse ?

Ramsès s'impatientait. Le retard du grand prêtre d'Amon devenait insultant. Quelle excuse inventerait le prélat pour justifier son absence ? S'il avait eu vent des révélations de Bakhen, sans doute cherchait-il à étouffer l'enquête administrative en détruisant les preuves et en éloignant coupables et témoins à charge. Ces manœuvres dilatoires se retournaient contre lui.

Alors que le soleil s'approchait du zénith, le quatrième prophète d'Amon demanda audience. Le roi le reçut aussitôt.

– Où se trouve le premier prophète et grand prêtre d'Amon ?

– Il vient de mourir, Majesté.

24

Sur l'ordre de Pharaon, un conclave fut réuni. Il comprenait les deuxième, troisième et quatrième prophètes d'Amon de Karnak, les grands prêtres et les grandes prêtresses des principaux sanctuaires d'Égypte. Manquaient à l'appel ceux de Dendera et d'Athribis, le premier trop âgé pour voyager et le second retenu dans sa résidence du Delta par la maladie. À leur place, deux délégués munis d'un pouvoir de représentation.

Ces hommes et ces femmes d'âge mûr, chargés d'accomplir les rites au nom du roi dans leurs sanctuaires respectifs, avaient été réunis dans l'une des salles du temple de Thoutmosis III, qui portait le nom de « Celui dont le monument rayonne comme la lumière ». Là étaient initiés les grands prêtres d'Amon, là étaient révélés les devoirs de leur charge.

– J'ai besoin de vous consulter, déclara Ramsès, pour choisir le nouveau chef de la hiérarchie religieuse de Karnak.

Beaucoup approuvèrent d'un hochement de tête ; le nouveau pharaon n'était peut-être pas aussi impulsif qu'on le prétendait.

– Cette fonction ne revient-elle pas de droit au deuxième prophète ? demanda le grand prêtre de Memphis.

– Je ne retiens pas l'ancienneté comme un critère suffisant.

– Puis-je mettre Votre Majesté en garde contre l'incompétence ? intervint le troisième prophète d'Amon. Dans le domaine profane, il est sans doute possible de confier des responsabilités à des hommes nouveaux, mais ce serait une erreur dans la cadre de la gestion de Karnak. L'expérience et l'honorabilité doivent primer.

– Parlons-en, de cette honorabilité ! Saviez-vous qu'il existe un fructueux trafic de pièces de lin de première qualité, dont la source se trouve à l'intérieur même de Karnak ?

Les paroles du roi semèrent un trouble profond.

– Les responsables ont été arrêtés et condamnés à travailler dans les ateliers de tissage. Plus jamais ils ne seront admis dans un temple, même à titre temporaire.

– La responsabilité du défunt serait-elle engagée ?

– Il ne semble pas, mais vous comprendrez pourquoi il m'apparaît préférable de ne pas choisir son successeur dans la hiérarchie actuelle du temple.

Un long silence succéda aux déclarations inattendues de Ramsès.

– Un nom est-il déjà présent dans l'esprit de Votre Majesté ? interrogea le grand prêtre d'Héliopolis.

– J'attends de ce conclave une proposition sérieuse.

– Combien de temps nous accordez-vous ?

– Conformément à la coutume, je dois à présent rendre visite à un certain nombre de villes et de temples, en compagnie de la reine et de plusieurs membres de la cour. Dès que je serai de retour, vous me donnerez le résultat de vos délibérations.

Avant le départ pour le traditionnel tour d'Égypte qui devait s'effectuer pendant la première année de règne, Ramsès se rendit au temple de Gournah, sur la rive occidentale de Thèbes, où était vénéré le *ka* de Séthi, sa puissance immortelle. Chaque jour, des prêtres spécialisés garnissaient les autels de viande, de pain, de légumes et de fruits, et récitaient des litanies qui maintenaient présente sur terre l'âme du roi défunt.

Le roi contempla l'un des reliefs montrant son père, éternellement jeune face aux divinités. Il l'implora de sortir de la pierre, de jaillir de ce mur et de lui donner l'accolade qui lui transmettrait la force d'un monarque devenu étoile.

Plus les jours passaient, plus Ramsès vivait intensément l'absence de Séthi comme une épreuve et un appel. Épreuve, car il ne pouvait plus demander conseil à un guide sûr et généreux ; appel, car la voix du pharaon défunt habitait chacune de ses pensées, l'enjoignant à accomplir un pas supplémentaire, quels que fussent les obstacles.

La même question revenait sans cesse dans les conversations des habitants de Thèbes, nobles fortunés, artisans ou mères de famille papotant sur le seuil de leur maison : quels membres de la cour Ramsès et Néfertari emmèneraient-ils avec eux pour parcourir les Deux Terres et sceller l'alliance de Pharaon avec l'ensemble des divinités ?

Chacun détenait une information confidentielle qu'il tenait d'une personne autorisée ou d'un employé du palais. De source sûre, on croyait savoir que la flottille royale prendrait d'abord la direction du sud, jusqu'à Assouan, puis celle du nord, afin de descendre le Nil jusqu'au Delta. Les équipages étaient prévenus : il faudrait avancer vite, les efforts seraient intenses et les escales de courte durée. Mais chacun se réjouissait de l'accomplissement de ce voyage rituel au cours duquel le couple royal prendrait possession de la terre d'Égypte afin de la maintenir en harmonie avec Maât, la Règle éternelle.

Dès le départ, Améni soumit à Ramsès une énorme quantité de dossiers que le roi devrait connaître dans le détail avant de rencontrer les chefs de province, les supérieurs des temples et les maires des principales agglomérations. Le secrétaire particulier du roi lui remit une biographie de chaque personnage important, précisant les étapes de sa carrière, sa situation de famille, les ambitions avouées, les amitiés avec les autres notables. Lorsque les renseignements étaient peu sûrs ou provenaient de rumeurs non vérifiées, Améni le signalait.

– Combien de jours et de nuits as-tu passés à recueillir ce trésor ? demanda Ramsès.

– Je ne compte pas. Mon unique souci est la précision de l'information ; sans elle, comment gouverner ?

– Une lecture rapide m'a prouvé que les partisans de Chénar sont nombreux, riches et influents.

– Est-ce une surprise ?

– À ce point-là, oui.

– Autant d'esprits à conquérir.

– Tu es bien optimiste.

– Tu es le roi et tu dois régner. Le reste n'est que bavardage.

– Ne te reposes-tu jamais ?

– La mort sera assez longue pour dormir ; tant que je serai ton porte-sandales, j'aplanirai ton chemin. Es-tu content de ton siège de camp ?

Le pliant en bois de Pharaon se composait d'un siège de cuir à l'armature solide et aux pieds robustes se terminant par des têtes de canard incrustées d'ivoire. Lors des cérémonies officielles et des audiences, le roi bénéficierait de ce confort.

– J'ai passé au crible les membres du harem d'escorte, affirma Améni ; pendant le voyage, tu ne manqueras de rien. Les repas seront de même qualité qu'au palais.

– Es-tu toujours aussi sobre ?

– D'une part, bien manger est un gage de longue vie ; d'autre part, peu boire préserve l'énergie et la concentration. Par courrier rapide, j'ai ordonné aux maires et aux grands prêtres des villes où nous nous arrêterons de faire préparer des locaux pour les membres de notre expédition. Bien entendu, la reine et toi disposerez d'un palais.

– T'es-tu préoccupé de Néfertari ?

– Question inutile ; la grossesse de ton épouse est une affaire d'État. Sa cabine est ventilée, elle s'y détendra en toute quiétude. Cinq médecins se relaieront et tu auras un rapport quotidien sur sa santé. Ah ! Une inquiétude subsiste.

– À son propos ?

– Non, à propos des débarcadères. Je dispose de notes alarmantes qui prétendent que certains sont en mauvais état, mais je suis sceptique ; à mon avis, quelques chefs de province tentent d'obtenir des subsides supplémentaires pour l'entretien de leurs équipements. C'est de bonne guerre, en raison de ta visite, mais il ne faudra pas te laisser influencer. Chaque notable tentera d'obtenir le maximum, et tu devras te montrer équitable en privilégiant l'intérêt national.

– Quels sont tes rapports avec les vizirs du Nord et du Sud ?

– De leur point de vue, détestables ; du mien, excellents. Ce sont de bons fonctionnaires, mais trop timorés, et vivant dans la crainte d'être limogés. Garde-les, ils ne te trahiront pas.

– Je songeais...

– À me nommer vizir ? Surtout pas ! Ma position actuelle est plus avantageuse pour toi. Je peux agir dans l'ombre, sans être étouffé par le poids d'un énorme service administratif.

– Quelles sont les réactions, parmi mes invités ?

– Ravis d'être du voyage, un peu moins d'être suspectés et fouillés par Serramanna qui les considère tous comme des criminels en puissance. J'écoute les plaintes et les oublie aussitôt ; ce Sarde remplit sa fonction avec vigilance.

– Tu oublies mon lion et mon chien.

– Rassure-toi, ils sont bien nourris et forment ta meilleure garde privée.

– Comment se comporte Romé ?

– Il fait l'unanimité, on jurerait qu'il est ton intendant depuis toujours ! Grâce à lui, la gestion de ta maisonnée est assurée à la perfection. Ton instinct ne t'a pas trompé.

– En est-il de même pour Nedjem ?

– Ton nouveau ministre de l'Agriculture prend son rôle très au sérieux. Deux heures par jour, il m'assaille de questions administratives, puis s'enferme avec les conseillers techniques de l'ancien ministre qui lui apprennent son métier... Pendant ce voyage, il ne verra guère de paysages !

– Et mon bien-aimé frère ?

– Le bateau de Chénar est un palais flottant. Le nouveau ministre des Affaires étrangères tient table ouverte et promet à l'Égypte de Ramsès un brillant avenir.

– Me prendrait-il pour un incurable naïf ?

– La réalité est plus complexe, estima Améni ; l'obtention de ce poste semble l'avoir réellement comblé.

– Irais-tu jusqu'à penser que Chénar devient un allié ?

– Au fond de lui-même, certes pas ; mais l'homme est astucieux et constate ses limites. Tu as eu l'intelligence de combler sa soif de pouvoir et de lui permettre de continuer à occuper le devant de la scène. Ne s'endormira-t-il pas sur un siège de notable riche et adulé ?

– Les dieux t'entendent !

– Tu devrais dormir ; demain sera une rude journée : pas moins de dix entretiens et de trois réceptions. Es-tu satisfait de ton lit ?

« On le serait à moins », pensa le roi : un chevet pour la tête, un sommier fait d'écheveaux de chanvre croisés, fixés au cadre monté avec tenons et mortaises, quatre pieds à pattes de lion, un cale-pieds orné de bleuets, de mandragores et de lotus afin que le sommeil fût fleuri.

– Il ne manque plus que des coussins moelleux, estima le secrétaire particulier du roi.

– Un seul me suffira.

– Bien sûr que non ! Regarde cette misère...

Améni s'empara du coussin disposé à la tête du lit.

Tétanisé, il recula.

Un scorpion noir, dérangé, était en position d'attaque.

25

Ramsès dut lui-même réconforter Serramanna. Le chef de sa garde privée ne comprenait pas comment le scorpion avait été introduit dans la chambre du souverain. Un interrogatoire serré des domestiques n'aboutit à aucun résultat.

– Ils ne sont pas coupables, constata le Sarde ; il faut interroger votre intendant.

Ramsès ne s'y opposa pas.

Romé n'appréciait guère Serramanna, mais n'émit aucune protestation quand le monarque lui demanda de répondre sans détour aux questions du Sarde.

– Combien de personnes sont autorisées à entrer dans cette chambre ?

– Cinq. Enfin... Cinq permanents.

– Qu'est-ce que ça signifie ?

– Parfois, à certaines escales, j'engage un ou deux intérimaires.

– Et à la dernière escale ?

– J'en ai engagé un, en effet, pour transporter les draps et les apporter au blanchisseur.

– Son nom ?

– Il est écrit sur le registre des salaires.

– Inutile, jugea le roi ; cet homme aura donné un faux nom et nous n'avons pas le loisir de retourner en arrière pour tenter de le retrouver.

– J'ignorais ces pratiques ! tonna Serramanna. Elles réduisent à néant mes mesures de sécurité !

– Que s'est-il passé ? questionna Romé, étonné.

– Vous n'avez pas à le savoir ! À l'avenir, je veux fouiller toute personne qui montera sur le bateau de Sa Majesté, qu'il s'agisse d'un général, d'un prêtre ou d'un balayeur !

Romé se tourna vers Ramsès, qui approuva d'un hochement de tête.

– Et... pour les repas ?

– Un de vos cuisiniers goûtera les plats en ma présence.

– À votre guise.

Romé sortit de la cabine du roi. Furieux, Serramanna tapa du poing sur une poutre qui émit un long gémissement.

– Ce scorpion ne vous aurait pas tué, Majesté, estima Serramanna, mais vous auriez eu une très forte fièvre.

– Et je n'aurais pu continuer ce voyage... Un échec dû à la défaveur des dieux. Tel était l'objectif visé.

– Ce genre d'incident ne se reproduira plus, promit le Sarde.

– Je crains que si, tant que nous n'aurons pas identifié le vrai coupable.

Serramanna fit la moue.

– As-tu des soupçons ? demanda le roi.

– Les hommes sont parfois ingrats.

– Parle clair.

– Ce Romé... S'il avait menti et agi lui-même ?

– Ton travail ne consiste-t-il pas à l'établir ?

– Comptez sur moi.

Étape après étape, le voyage rituel du couple royal se transforma en triomphe. L'autorité de Ramsès et le charme de Néfertari séduisirent les chefs de province, les grands prêtres, les maires et autres notables, surpris par la prestance des nouveaux maîtres de l'Égypte. Ramsès ne manqua pas de mettre en valeur son frère aîné que beaucoup de dignitaires connaissaient et dont la nomination à la tête du ministère des Affaires étrangères calmait bien des angoisses. D'une part, la famille royale restait unie, et les deux frères avançaient main dans la main ; d'autre part, le patriotisme de Chénar et sa volonté de grandeur garantiraient la permanence de la politique de défense, indispensable pour préserver la civilisation des assauts de la barbarie.

À chaque escale, le couple royal rendit hommage à la reine mère Touya dont la seule présence inspirait émotion et respect. Frêle, silencieuse, demeurant en retrait, Touya incarnait la tradition et la continuité sans lesquelles le règne de son fils eût paru illégitime.

À l'approche d'Abydos, le prestigieux sanctuaire d'Osiris, Ramsès convoqua son ami Âcha à la proue du bateau. Quels que fussent le jour et l'heure, le jeune diplomate était toujours aussi élégant et racé.

– Ce voyage te satisfait-il, Âcha ?

– Ta Majesté prend possession des cœurs, et c'est bien ainsi.

– N'y a-t-il pas beaucoup d'hypocrisie dans l'attitude des uns et des autres ?

– Sans doute, mais l'essentiel n'est-il pas qu'ils reconnaissent ton autorité ?

– Que penses-tu de la nomination de Chénar ?

– Elle paraît surprenante.

– Autrement dit, elle t'a choqué.

– Rien ne m'autorise à critiquer les décisions de Pharaon.

– Juges-tu mon frère incompétent ?

– Dans les circonstances présentes, la diplomatie est un art difficile.

– Qui oserait défier la puissance égyptienne ?

– Ton triomphe personnel, dans ton pays, ne doit pas masquer la réalité extérieure. L'ennemi hittite ne demeure pas inactif ; sachant que tu n'es pas un souverain de pacotille, il tentera de renforcer ses positions avant d'envisager, peut-être, une action plus belliqueuse.

– Des faits précis ?

– Il ne s'agit encore que de suppositions.

– Vois-tu, Âcha, Chénar est mon frère aîné et un personnage représentatif, très à l'aise lors des réceptions et des banquets. Il charmera les ambassadeurs étrangers avec des discours creux et se prendra à son propre jeu. Mais d'autres distractions pourraient le tenter, comme la malveillance ou le complot. Sa volonté affichée de coopérer avec moi et d'être un bon serviteur de l'État me paraît suspecte. C'est pourquoi ton rôle sera essentiel.

– Qu'attends-tu de moi ?

– Je te nomme chef des services secrets de Haute et de Basse-Égypte. Comme tes prédécesseurs, ta fonction apparente consistera à diriger le service du courrier diplomatique, donc à examiner les documents que rédigera Chénar.

– Tu m'ordonnes donc de l'espionner ?

– C'est l'une de tes missions, en effet.

– Chénar ne me soupçonnera-t-il pas ?

– Je lui ai fait comprendre qu'il ne disposerait d'aucune liberté d'action. Se sachant surveillé en permanence, il sera moins tenté de commettre de regrettables écarts.

– S'il échappait à ma vigilance ?

– Tu as trop de talent, mon ami.

Lorsque Ramsès vit la terre sacrée d'Abydos, son cœur se serra. Tout ici rappelait la présence de Séthi. Lui, l'homme du dieu Seth, incarnation de la puissance du cosmos et assassin de son frère Osiris, avait fait construire un sanctuaire prodigieux pour célébrer les mystères du dieu mort et ressuscité. Ramsès et Néfertari y avaient été initiés, gravant au plus profond de leur être la révélation et la certitude de la survie qu'ils avaient le devoir de partager avec leur peuple.

Sur les rives du canal menant au débarcadère, personne. Certes, sur ce territoire sacré, la liesse n'était de mise que pour les fêtes de la résurrection d'Osiris ; mais l'indifférence et l'atmosphère pesante qui présidaient à l'accueil de la flottille royale étonnèrent les voyageurs.

Épée en main, Serramanna fut le premier à débarquer, bientôt entouré de la garde rapprochée de Pharaon.

– Je n'aime pas ça, marmonna le Sarde.

Ramsès posa le pied sur le débarcadère ; au loin, derrière un rideau d'acacias, le temple d'Osiris.

– Ne prenez aucun risque, recommanda Serramanna. Laissez-moi explorer les environs.

Des factieux en Abydos ! Le roi ne pouvait croire à un tel sacrilège.

– Les chars, ordonna-t-il. Je prends la tête.

– Majesté...

Le Sarde comprit qu'il était inutile d'insister. Comment assurer la sécurité d'un monarque si déraisonnable ?

Le char royal parcourut à vive allure le trajet entre le débarcadère et l'enceinte du temple. À sa grande surprise, le premier portail d'accès était ouvert. Mettant pied à terre, Ramsès pénétra dans la cour à ciel ouvert.

La façade du temple était encombrée d'échafaudages ; sur le sol, une statue couchée de son père en Osiris. Çà et là, des outils éparpillés. Pas un seul artisan au travail.

Interloqué, le pharaon entra dans le sanctuaire. Les autels étaient vides d'offrandes, aucun prêtre ne récitait les liturgies.

À l'évidence, le temple avait été abandonné.

Ramsès ressortit et interpella Serramanna, immobile sur le seuil.

– Amène-moi sur-le-champ les responsables du chantier.

Rassuré, le Sarde bondit.

La colère de Ramsès monta jusqu'au ciel limpide d'Abydos.

Dans la grande cour du temple avaient été rassemblés prêtres, fonctionnaires, artisans et ritualistes chargés de l'entretien et du fonctionnement du sanctuaire. Ensemble, ils s'inclinèrent, plièrent les genoux et touchèrent le sol du nez, terrifiés par la voix puissante du monarque qui leur reprochait leur paresse et leur incurie.

Ramsès n'avait admis aucune excuse. Comment le personnel d'Abydos avait-il pu se comporter de manière si scandaleuse, sous prétexte que la mort de Séthi l'empêchait de prendre une quelconque initiative ? Ainsi, le désordre et l'inertie s'emparaient des esprits à la moindre occasion, et personne ne songeait plus à son devoir.

Chacun redoutait de sévères sanctions, mais le jeune pharaon se contenta d'exiger le doublement des offrandes au *ka* de Séthi. Il donna l'ordre de créer un verger, de planter des arbres, de dorer les portes, de poursuivre la construction du temple et d'achever les statues, d'accomplir les rites chaque jour, et annonça qu'une barque serait construite pour la célébration des mystères d'Osiris. Les paysans travaillant sur les terres du sanctuaire seraient exemptés de charges, et le temple lui-même pourvu de nombreuses richesses, à condition qu'il ne fût plus jamais négligé de la sorte.

La grande cour se vida en silence. On se félicita de la mansuétude du roi et l'on se jura de ne plus provoquer son courroux.

Apaisé, Ramsès entra dans la chapelle centrale, le « ciel » d'Abydos, là où la lumière secrète brillait dans les ténèbres, et communia avec l'âme de son père, unie aux étoiles, tandis que la barque du soleil poursuivrait son éternel voyage.

26

Chénar jubilait.

Certes, le scorpion introduit dans la chambre de Ramsès avait échoué ; et le frère aîné du roi ne croyait guère au plan proposé par Sary, l'ex-nourricier du souverain, que la haine aveuglait. Amoindrir Ramsès et le priver de sa puissance physique ne serait pas une tâche aisée. L'expérience, cependant, prouvait qu'il existait toujours une faille dans les mesures de sécurité les plus strictes.

Chénar jubilait, parce que Âcha, à la fin d'un dîner très réussi, venait de lui apprendre une fabuleuse nouvelle. À la poupe du bateau glissant sur le Nil, les deux hommes ne seraient pas entendus des derniers convives, lesquels avaient abusé du vin. Le médecin du bord soignait un haut fonctionnaire qui vomissait, captant l'attention des fêtards.

– Chef des services secrets... Je ne rêve pas ?

– Ma nomination est effective.

– Vous êtes également chargé de m'espionner, je suppose ?

– Exactement.

– En apparence, je n'aurai donc pas les coudées franches et me contenterai d'être un personnage mondain, sans consistance.

– Tel est bien le souhait du souverain.

– Exauçons-le, mon cher Âcha ! Je jouerai mon rôle à la

perfection. Si je comprends bien, vous deviendrez la principale source d'information du roi en ce qui concerne la politique hittite.

– C'est probable.

– Notre alliance vous convient-elle ?

– Plus que jamais. Ramsès est un tyran, j'en suis persuadé ; il méprise autrui et ne croit qu'en lui-même. Sa vanité conduira le pays au désastre.

– Nos analyses continuent à converger, mais êtes-vous décidé à prendre tous les risques ?

– Ma position n'a pas varié.

– Pourquoi détestez-vous Ramsès à ce point ?

– Parce qu'il est Ramsès.

Situé au cœur d'une campagne verdoyante, Dendera, le temple de la belle et souriante déesse Hathor, était un hymne à l'harmonie entre le ciel et la terre. De grands sycomores plantés près de l'enceinte ombrageaient l'édifice et ses annexes qui comprenaient, notamment, une école de musique. En tant que souveraine des prêtresses d'Hathor, initiées aux mystères de la danse des étoiles, Néfertari se réjouissait de cette étape au cours de laquelle elle espérait méditer quelques heures dans le sanctuaire. La flottille royale, après l'épisode d'Abydos, avait été contrainte de repartir vers le sud, mais la reine tenait à cette escale.

Ramsès lui parut soucieux.

– À quoi penses-tu ? demanda-t-elle.

– À la nomination du grand prêtre d'Amon. Améni m'a soumis les dossiers des principaux candidats, mais aucun ne me satisfait.

– En as-tu parlé à Touya ?

– Elle partage mon avis. Ce sont des hommes qu'avait écartés Séthi et qui tentent de profiter de la situation.

Néfertari contempla les visages d'Hathor dessinés dans

la pierre avec une grâce stupéfiante. Soudain, le regard de la reine fut habité d'une étrange lumière.

– Néfertari...

Elle ne répondit pas, absorbée par une vision. Ramsès prit sa main, craignant qu'elle ne lui échappât à jamais, enlevée dans les cieux par la déesse au doux visage. Mais la reine, comme apaisée, se blottit contre Pharaon.

– J'étais partie loin, si loin... Un océan de lumière et une voix chantante dont j'écoutais le message.

– Que disait-elle ?

– Ne choisis aucun des hommes qui te sont proposés. À nous de partir à la recherche du futur grand prêtre d'Amon.

– Je n'ai guère de temps.

– Écoute l'au-delà ; n'est-ce pas lui qui guide l'action du pharaon, depuis la naissance de l'Égypte ?

Le couple royal fut accueilli par la supérieure des musiciennes et des chanteuses qui lui offrit un concert dans le jardin du temple. Néfertari goûta ces moments délicieux, Ramsès bouillait d'impatience ; faudrait-il attendre une autre révélation pour découvrir un grand prêtre d'Amon dépourvu d'ambition personnelle ?

Ramsès serait volontiers retourné au bateau pour en discuter avec Améni, mais ne put se soustraire à la visite du temple, de ses ateliers et de ses entrepôts. Partout régnaient l'ordre et la beauté.

Au bord du lac sacré, Ramsès oublia ses soucis ; la sérénité du lieu, la tendresse des parterres d'iris et de bleuets, la lente procession des prêtresses venant puiser un peu d'eau pour le rituel du soir eussent apaisé l'esprit le plus tourmenté.

Un vieil homme arrachait des mauvaises herbes qu'il fourrait dans un sac. Ses gestes étaient lents mais précis ; un genou en terre, il tournait le dos au couple royal. Cette attitude irrévérencieuse eût mérité un blâme, mais le vieillard semblait si absorbé par sa tâche que le roi ne le troubla pas.

– Vos fleurs sont admirables, dit Néfertari.

– Je leur parle avec amour, répondit l'homme d'une voix bourrue. Sinon, elles pousseraient de travers.

– J'ai constaté ce phénomène, moi aussi.

– Ah ? Vous, une si belle jeune femme, vous vous occupez de jardinage ?

– À mes heures, lorsque mon emploi du temps me le permet.

– Seriez-vous si occupée ?

– Ma fonction me laisse peu de loisirs.

– Êtes-vous une supérieure de prêtresses ?

– Cette tâche fait partie de mes attributions.

– En auriez-vous d'autres ? Ah, pardon... Je n'ai aucune raison de vous importuner de la sorte. Communier dans l'amour des fleurs est une merveilleuse façon de se rencontrer sans avoir besoin d'en savoir plus.

Le vieil homme grimaça de douleur.

– Ce maudit genou gauche... par moments, il me torture et j'éprouve des difficultés à me relever.

Ramsès offrit son bras au jardinier.

– Merci, mon prince... Car vous devez au moins être prince ?

– Est-ce le grand prêtre de Dendera qui vous impose d'entretenir ainsi ce jardin ?

– C'est lui, en effet.

– On le dit sévère, malade et incapable de voyager.

– Exact. Aimez-vous les fleurs, comme cette jeune femme ?

– Planter des arbres est ma distraction favorite. J'aimerais m'entretenir avec le grand prêtre.

– Pour quelle raison ?

– Parce qu'il ne s'est pas rendu au conclave, à l'issue duquel ses collègues doivent proposer à Ramsès le nom du futur grand prêtre d'Amon.

– Et si vous laissiez ce vieux serviteur des dieux s'occuper de ses fleurs ?

Ramsès n'en doutait plus : le grand prêtre tentait de se dissimuler sous les habits d'un jardinier.

– Malgré son genou douloureux, il ne m'apparaît pas incapable de monter sur un bateau et d'aller jusqu'à Thèbes.

– L'épaule droite n'est pas en meilleur état, le poids des ans pèse très lourd, le...

– Le grand prêtre de Dendera serait-il mécontent de son sort ?

– Au contraire, Majesté ; il désire qu'on le laisse finir ses jours en paix dans l'enceinte de ce temple.

– Et si Pharaon en personne lui demande de se rendre au conclave pour faire profiter ses collègues de son expérience ?

– Si Pharaon, malgré son jeune âge, possède déjà quelque expérience, il épargnera de telles fatigues à un vieil homme. Ramsès consentira-t-il à me donner ma canne, qui est posée sur le muret ?

Le roi s'exécuta.

– Vous voyez bien, Majesté : le vieux Nébou marche avec peine. Qui oserait le contraindre à sortir de son jardin ?

– En tant que grand prêtre de Dendera, acceptez-vous au moins de donner un conseil au roi d'Égypte ?

– À mon âge, il est préférable de se taire.

– Ce n'est pas l'avis du sage Ptah-hotep dont les maximes nous nourrissent depuis le temps des pyramides. Votre parole devient très précieuse et j'aimerais la recueillir. Qui serait le plus qualifié, selon vous, pour occuper le poste de grand prêtre d'Amon ?

– J'ai passé toute mon existence à Dendera et ne suis jamais allé à Thèbes. Ces problèmes de hiérarchie ne sont pas mon fort. Que Votre Majesté me pardonne, mais j'ai pris l'habitude de me coucher tôt.

Néfertari et Ramsès passèrent une partie de la nuit sur la terrasse du temple, en compagnie des astronomes. Dans le ciel nocturne se révélaient des milliers d'âmes et la cour des étoiles impérissables, réunies autour de la Polaire par laquelle passait l'axe reliant le visible à l'invisible.

Puis le couple royal se retira dans un palais dont les fenêtres donnaient sur la campagne ; quoique de petite taille et meublé de manière rustique, il fut le paradis d'une brève nuit que dissipèrent les chants des oiseaux. Néfertari s'était endormie dans les bras de Ramsès, et ils avaient partagé leur rêve de bonheur.

Après avoir dirigé les rites de l'aube, dégusté un copieux petit déjeuner et s'être baignés dans le bassin jouxtant le palais, Ramsès et Néfertari se préparèrent à partir. Les membres du clergé les saluèrent. Soudain, Ramsès s'écarta de la voie processionnelle et se rendit au jardin, près du lac sacré.

Nébou était agenouillé et surveillait sa plantation de soucis et de pieds-d'alouette.

– Appréciez-vous la reine, Nébou ?

– Quelle réponse espérez-vous, Majesté ? Elle est la beauté et l'intelligence.

– Donc, ses pensées ne vous apparaîtront pas vaines.

– Quelles sont-elles ?

– Je suis désolé de vous arracher à votre quiétude, mais je dois vous emmener à Thèbes. C'est ce que désire la reine.

– Dans quelle intention, Majesté ?

– Celle de vous nommer grand prêtre de Karnak.

27

Lorsque la flottille royale illumina les eaux du Nil en accostant le débarcadère du temple de Karnak, tout Thèbes fut en ébullition. Que signifiait le retour précoce de Ramsès ? Les bruits les plus contradictoires se répandirent à la vitesse d'un cheval au galop. Pour les uns, le roi voulait supprimer le clergé d'Amon et réduire la ville au rang de bourgade provinciale ; pour les autres, il était tombé malade pendant son voyage et venait agoniser dans son palais, face à la montagne du silence. L'ascension du jeune pharaon n'avait-elle pas été trop rapide ? Le ciel châtiait ses excès.

Raia, l'espion syrien à la solde des Hittites, se morfondait. Pour la première fois, il ne disposait d'aucune information sérieuse. Pourtant, grâce à son réseau de marchands, à la fois ambulants et sédentaires, installés tout au long du fleuve dans les principales agglomérations, il pouvait, sans quitter Thèbes, suivre les déplacements du roi et connaître rapidement ses décisions.

Il ignorait la raison du retour précipité de Ramsès vers la capitale du Sud. Comme prévu, le roi s'était arrêté à Abydos, mais, au lieu de continuer son voyage vers le nord, avait rebroussé chemin et séjourné quelques heures à Dendera.

Ramsès semblait imprévisible. Il agissait vite, sans se confier à des conseillers dont les bavardages et les indiscrétions seraient parvenus aux oreilles du Syrien. Raia enragea ;

le jeune monarque serait un adversaire de taille, difficile à contrôler. Chénar devrait faire preuve de beaucoup de talent pour utiliser au mieux les armes dont il disposait. En cas de conflit ouvert, Ramsès risquait de se montrer beaucoup plus dangereux qu'il ne l'avait imaginé ; aussi la passivité n'était-elle plus de mise. À Raia de réagir vite et avec force en éliminant de son réseau les incapables et les apathiques.

Coiffé de la couronne bleue, revêtu d'une longue robe de lin plissée, le sceptre de commandement dans la main droite, Ramsès était la majesté même. Quand il pénétra dans la salle du temple où s'étaient réunis les membres du conclave, les discussions cessèrent.

– Avez-vous un nom à me proposer ?

– Majesté, déclara le grand prêtre d'Héliopolis, nous continuons à délibérer.

– Vos délibérations sont terminées. Voici le nouveau grand prêtre d'Amon.

S'appuyant sur sa canne, Nébou fit son entrée dans la salle du conclave.

– Nébou ! s'exclama la grande prêtresse de Saïs. Je te croyais malade et incapable de te déplacer !

– Je le suis, mais Ramsès a fait un miracle.

– À votre âge, protesta le deuxième prophète d'Amon, n'envisagez-vous pas une retraite paisible ? La gestion de Karnak et de Louxor est une tâche écrasante !

– Vous avez raison, mais qui s'opposera à la volonté du roi ?

– Mon décret est déjà gravé sur la pierre, révéla Ramsès ; plusieurs stèles proclameront la nomination de Nébou. L'un de vous l'estime-t-il indigne d'occuper cette haute fonction ?

Personne ne protesta.

Ramsès donna à Nébou une bague en or et un bâton en électrum, mélange d'or et d'argent, symboles de son pouvoir.

– Tu es désormais le grand prêtre d'Amon dont les trésors et les greniers sont sous ton sceau. En tant que supérieur de son temple et de ses domaines, sois scrupuleux, honnête et vigilant. Ne travaille pas pour toi-même, mais pour accroître le *ka* de la divinité. Amon sonde les âmes et perce les cœurs, il connaît ce qui est caché dans chaque être. S'il est satisfait de toi, il te maintiendra à la tête de la hiérarchie et t'accordera longue vie et vieillesse heureuse. T'engages-tu par serment à respecter la règle de Maât et à remplir tes devoirs ?

– Sur la vie de Pharaon, je m'y engage, déclara Nébou en s'inclinant devant Ramsès.

Le deuxième et le troisième prophète d'Amon étaient furieux et abattus. Non seulement Ramsès avait installé à la tête de leur clergé un vieillard qui lui obéirait au doigt et à l'œil, mais encore avait-il nommé un inconnu, Bakhen, quatrième prophète ! Ce séide du roi surveillerait le vieillard et serait le véritable maître de Karnak dont l'indépendance semblait perdue pour de longues années.

Les deux dignitaires n'avaient plus aucun espoir de régner un jour sur le domaine le plus riche d'Égypte. Pris au piège entre Nébou et Bakhen, ils seraient tôt ou tard contraints de démissionner, brisant eux-mêmes leur carrière. Désemparés, ils cherchèrent un allié. Le nom de Chénar leur vint à l'esprit, mais le frère du roi, en devenant l'un de ses ministres, ne s'était-il pas rallié à sa cause ?

Puisqu'il n'avait rien à perdre, le deuxième prophète rencontra Chénar au nom de tous les prêtres d'Amon hostiles à la décision de Ramsès. Il fut reçu au bord d'un étang poissonneux, à l'ombre d'une grande toile tendue entre deux piquets. Un serviteur lui offrit un jus de caroube et s'éclipsa. Chénar roula le papyrus qu'il consultait.

– Votre visage ne m'est pas inconnu...

– Je me nomme Doki et je suis le deuxième prophète d'Amon.

Le personnage ne déplut pas à Chénar. Petit, le crâne rasé, le front étroit, les yeux noisette, il avait un nez et un menton allongés et agressifs, qui évoquaient une mâchoire de crocodile.

– En quoi puis-je vous être utile ?

– Vous me jugerez sans doute malhabile, mais je n'ai guère l'habitude du protocole et des formules de politesse.

– Nous nous en passerons.

– Un vieillard, Nébou, vient d'être nommé grand prêtre, premier prophète d'Amon.

– En tant que deuxième prophète, vous étiez tout désigné pour obtenir ce poste, n'est-il pas vrai ?

– Le défunt grand prêtre ne me l'avait pas caché, mais le roi m'a ignoré.

– Critiquer ses décisions est dangereux.

– Nébou est incapable de diriger Karnak.

– Bakhen, l'ami de mon frère, en sera le maître occulte.

– Pardonnez-moi cette question directe, mais approuvez-vous de telles dispositions ?

– C'est la volonté de Pharaon qui devient réalité.

Doki fut déçu ; Chénar s'était rangé sous la bannière de Ramsès. Le prêtre se leva.

– Je ne vous importunerai pas plus longtemps.

– Un instant... Vous, vous refusez d'accepter le fait accompli.

– Le roi souhaite amoindrir la puissance du clergé d'Amon.

– Avez-vous les moyens de vous y opposer ?

– Je ne suis pas seul.

– Qui représentez-vous ?

– Une bonne partie de la hiérarchie et une majorité de prêtres.

– Avez-vous un plan d'action ?

– Seigneur Chénar ! Nous n'avons pas l'intention de devenir des séditieux !

– Vous êtes un tiède, Doki, et vous ne savez même pas ce que vous voulez.

– J'ai besoin d'aide.

– Faites d'abord vos preuves.

– Mais comment...

– À vous de trouver.

– Je ne suis qu'un prêtre, un...

– Ou bien vous êtes un ambitieux, ou bien un incapable. Si ressasser votre amertume est votre unique activité, vous ne m'intéressez pas.

– Et si je parvenais à discréditer les hommes de Pharaon ?

– Réussissez, et nous nous reverrons. Bien entendu, cette entrevue n'a jamais eu lieu.

Pour Doki, l'espoir renaissait. Il quitta la villa de Chénar en échafaudant quantité de projets irréalisables ; à force de chercher, l'inspiration viendrait.

Chénar était sceptique. L'individu ne manquait pas de qualités, mais il lui paraissait irrésolu et trop influençable. Effrayé par sa propre audace, il renoncerait sans doute à combattre Ramsès. Mais un allié éventuel n'était jamais à négliger ; aussi avait-il adopté la bonne stratégie pour connaître la véritable nature du deuxième prophète d'Amon.

Ramsès, Moïse et Bakhen parcouraient le chantier où travaillaient les artisans chargés de construire la gigantesque salle à colonnes rêvée par Séthi et que son fils réaliserait. La livraison des blocs ne souffrait d'aucun retard, la coordination des corps de métier s'accomplissait sans heurts, les tiges de pierre, symbolisant les papyrus surgis de l'océan primordial, s'élevaient une à une.

– Es-tu satisfait de tes équipes ? demanda Ramsès à Moïse.

– Sary n'est pas facile à manier, mais je crois l'avoir soumis.

– De quelle faute s'est-il rendu coupable ?

– Il traite les ouvriers avec un mépris inacceptable et tente de rogner sur leurs rations pour s'enrichir.

– Envoyons-le devant un tribunal.

– Ce ne sera pas nécessaire, estima l'Hébreu, amusé ; je préfère l'avoir sous la main. Dès qu'il dépasse les bornes, je m'en occupe moi-même.

– Si tu le bouscules trop, il portera plainte.

– Sois tranquille, Majesté : Sary est un lâche.

– N'a-t-il pas été votre nourricier ? demanda Bakhen.

– Si, répondit Ramsès, et un précepteur compétent. Mais une sorte de folie s'est emparée de lui ; en considérant ses forfaits, d'autres que moi l'eussent envoyé au bagne des oasis. J'espère que son travail lui permettra de recouvrer la raison.

– Les premiers résultats ne sont guère encourageants, déplora Moïse.

– Ta persévérance aboutira... mais pas ici. Dans quelques jours, nous partons pour le nord, et tu seras du voyage.

L'Hébreu parut contrarié.

– Cette salle à colonnes n'est pas terminée !

– Je confie cette tâche à Bakhen, quatrième prophète d'Amon, auquel tu donneras les conseils et les instructions nécessaires. Il mènera l'œuvre à son terme et se préoccupera aussi de l'agrandissement du temple de Louxor. Quelle merveille, lorsque la cour aux colosses, le pylône et les obélisques verront le jour ! Que les travaux avancent vite, Bakhen ; le destin m'a peut-être octroyé une brève existence, et je désire inaugurer ces splendeurs.

– Votre confiance m'honore, Majesté.

– Je ne nomme pas des hommes de paille, Bakhen. Le vieux Nébou remplira sa fonction, et toi, la tienne ; à lui la gestion de Karnak, à toi les grands chantiers. L'un comme l'autre devrez m'alerter en cas de difficulté. Mets-toi à l'œuvre et ne songe qu'à elle.

Pharaon et Moïse sortirent du chantier, empruntant une allée bordée de tamaris qui menait au sanctuaire de la déesse Maât, la Règle, la vérité et la justice.

– J'aime me recueillir en ce lieu, confia le roi; mon esprit s'y apaise et ma vision y est plus claire. Quelle chance ont ces prêtres, lorsqu'ils s'oublient eux-mêmes! Dans chaque pierre du temple est perceptible l'âme des dieux, dans chaque chapelle se révèle leur message.

– Pourquoi m'obliges-tu à quitter Karnak?

– Une formidable aventure nous attend, Moïse. Te souviens-tu, lorsque nous parlions de la vraie puissance avec Âcha, Améni et Sétaou? J'étais persuadé que seul Pharaon en disposait. Elle m'attirait, comme la flamme les insectes, et je m'y serais brûlé si mon père ne m'avait préparé à la vivre. Même lorsque je me repose, une puissance parle en moi, exige que je bâtisse.

– Quel projet as-tu conçu?

– Il est tellement gigantesque que je n'ose encore t'en parler; j'y réfléchirai pendant le voyage. S'il est possible de le mener à bien, tu y seras étroitement associé.

– Tu me surprends, je l'avoue.

– Pourquoi?

– J'étais persuadé que le roi oublierait ses amis et ne se soucierait que des courtisans, de la raison d'État et des impératifs du pouvoir.

– Tu m'avais mal jugé, Moïse.

– Changeras-tu, Ramsès?

– Un homme change en fonction du but qu'il désire atteindre; le mien est la grandeur de mon pays, et il ne variera pas.

28

Sary, l'ex-nourricier de Ramsès, ne décolérait pas. En être réduit à diriger une misérable équipe de briquetiers, lui qui avait éduqué les élites du royaume ! Et ce Moïse qui le menaçait sans cesse, profitant de sa puissance physique ! Jour après jour, il supportait de moins en moins les humiliations et les risées. Il avait tenté de soulever les ouvriers contre l'Hébreu, mais la popularité de ce dernier était telle que ses critiques n'avaient eu aucun écho.

Moïse n'était qu'un exécutant. Il fallait frapper à la tête, se venger de celui qui le plongeait dans le malheur et la déchéance.

– Je partage ta haine, admit son épouse Dolente, la sœur de Ramsès, alanguie sur des coussins. Mais la solution que tu proposes paraît effrayante, si effrayante...

– Que risquons-nous ?

– J'ai peur, chéri. Ce genre de pratique peut retomber sur ses auteurs.

– Et quand bien même ! Tu es oubliée, méprisée, et moi, je suis l'objet d'abominables sévices ! Comment continuer ainsi ?

– Je comprends, Sary, je comprends... Mais aller jusque-là...

– M'accompagneras-tu ou irai-je seul ?

– Je suis ta femme.

Il l'aida à se lever.

– As-tu bien réfléchi ?

– J'y pense chaque heure depuis plus d'un mois.

– Et si... on nous dénonce ?

– Aucun risque.

– Comment peux-tu en être sûr ?

– J'ai pris mes précautions.

– Seront-elles suffisantes ?

– Tu as ma parole.

– N'est-il pas possible d'éviter...

– Non, Dolente. Décide-toi.

– Partons.

Le couple, vêtu de manière modeste, se déplaça à pied et s'engagea dans une ruelle menant à un quartier populaire de Thèbes où vivaient de nombreux étrangers. Très mal à l'aise, la sœur de Ramsès marchait serrée contre son mari, hésitant sur le chemin à suivre.

– Sommes-nous perdus, Sary ?

– Bien sûr que non.

– Est-ce encore loin ?

– Encore deux pâtés de maisons.

On les dévisageait, on les considérait comme des intrus. Mais Sary avançait, obstiné, bien que son épouse tremblât de plus en plus.

– Voilà, c'est ici.

Sary frappa à une porte basse peinte en rouge, sur laquelle avait été cloué le cadavre d'un scorpion. Une vieille femme ouvrit, le couple descendit un escalier en bois aboutissant à une sorte de grotte humide où brûlaient une dizaine de lampes à huile.

– Il vient, annonça la vieille. Asseyez-vous sur les tabourets.

Dolente préféra rester debout, tant cet endroit l'effrayait. La magie noire était interdite en Égypte, mais certains praticiens n'hésitaient pas à proposer leurs services à des prix exorbitants.

Le Libanais, gras et obséquieux, se dirigea à petits pas vers ses clients.

– C'est prêt, annonça-t-il, avez-vous le nécessaire ?

Sary versa dans la main droite du magicien le contenu d'un petit sac en cuir : une dizaine de turquoises d'une parfaite pureté.

– L'objet que vous avez acheté se trouve au fond de la grotte ; à côté, vous trouverez une épine de poisson avec laquelle vous écrirez le nom de la personne que vous voulez envoûter. Ensuite, vous briserez l'objet, et cette personne tombera malade.

Pendant le discours du magicien, Dolente s'était voilé le visage avec un châle. Dès qu'elle fut seule avec son mari, elle lui agrippa les poignets.

– Partons, c'est trop horrible !

– Un peu de cran, c'est presque terminé.

– Ramsès est mon frère !

– Tu te trompes, il est devenu notre pire ennemi. À nous d'agir, sans crainte et sans remords. Nous ne risquons rien, il ne saura même pas d'où venait l'attaque.

– On pourrait peut-être...

– Il n'est plus temps de reculer, Dolente.

Au fond de la grotte, sur une sorte d'autel couvert de signes bizarres représentant des animaux monstrueux et des génies maléfiques, étaient posées une plaque de calcaire très mince et une épine de poisson, longue, épaisse et pointue. Des taches marron souillaient la plaque. Sans doute le magicien l'avait-il trempée dans du sang de serpent, afin d'augmenter son pouvoir nocif.

Sary prit l'épine et commença à graver, en hiéroglyphes, le nom de Ramsès. Épouvantée, sa femme ferma les yeux.

– À ton tour, ordonna-t-il.

– Non, je ne peux pas !

– Si l'envoûtement n'est pas accompli par un couple, il sera inefficace.

– Je ne veux pas tuer Ramsès !

– Il ne mourra pas, le magicien me l'a promis. Sa maladie l'empêchera de régner, Chénar deviendra régent, et nous retournerons à Memphis.

– Je ne peux pas...

Sary plaça l'épine de poisson dans la main droite de son épouse et lui fit serrer les doigts.

– Grave le nom de Ramsès.

Comme la main trembla, il l'aida. Maladroitement tracés, les hiéroglyphes composèrent le nom du roi.

Il ne restait plus qu'à briser la fine plaque de calcaire.

Sary s'en empara, Dolente se voila de nouveau la face. Elle refusait d'être le témoin de cette horreur.

Malgré la force qu'il déployait, Sary ne parvenait pas à ses fins. La plaque résistait, elle semblait aussi solide que du granit. Irrité, Sary ramassa l'un des cailloux parsemant le sol de la cave et tenta de fracasser le calcaire envoûté, mais ne parvint même pas à l'ébrécher.

– Je ne comprends pas... Cette plaque est mince, si mince !

– Ramsès est protégé ! hurla Dolente. Personne ne peut l'atteindre, pas même un magicien ! Partons, partons vite !

Le couple erra dans les ruelles du quartier populaire ; en proie à une panique qui lui nouait le ventre, Sary ne retrouvait plus son chemin. Des portes se fermaient à leur approche, des regards les épiaient derrière les volets entrouverts. Malgré la chaleur, Dolente continuait à masquer son visage avec un châle.

Un homme maigre, au profil d'oiseau de proie, les aborda. Ses yeux vert sombre brillaient d'une lueur inquiétante.

– Seriez-vous perdus ?

– Non, répondit Sary ; écartez-vous.

– Je ne suis pas un ennemi, je peux vous aider.

– Nous nous débrouillerons.

– On fait parfois de mauvaises rencontres, dans ce quartier.

– Nous saurons nous défendre.

– Contre une bande armée, vous n'aurez aucune chance. Ici, un homme qui possède des pierres précieuses est une proie très tentante.

– Nous ne possédons rien de tel.

– N'avez-vous pas payé le mage libanais avec des turquoises ?

Dolente se serra contre son mari.

– Des racontars, rien que des racontars !

– Vous êtes imprudents, l'un et l'autre ; n'auriez-vous pas oublié... ceci ?

L'homme maigre leur montra la fine plaque de calcaire portant le nom de Ramsès.

Dolente tourna de l'œil et s'affala dans les bras de son mari.

– Tout acte de magie noire contre Pharaon est puni de mort, l'ignorez-vous ? Mon intention n'est pas de vous dénoncer, soyez rassuré.

– Que... que voulez-vous ?

– Vous aider, je vous l'ai dit. Entrez dans la maison, sur votre gauche ; votre épouse a besoin de boire.

La demeure, au sol de terre battue, était modeste mais propre. Une jeune femme blonde, potelée, aida Sary à étendre Dolente sur une banquette en bois recouverte d'une natte et lui offrit de l'eau.

– Mon nom est Ofir, déclara l'homme maigre, et voici Lita, descendante d'Akhénaton et légitime héritière du trône d'Égypte.

Sary fut abasourdi. Dolente reprit conscience.

– Vous... vous plaisantez ?

– C'est la vérité.

Sary se tourna vers la jeune femme blonde.

– Cet homme ment-il ?

Lita hocha la tête négativement, s'écarta et s'assit dans un angle de la pièce, comme indifférente à ce qui s'y passait.

– Ne soyez pas choqué, recommanda Ofir. Elle a tant souffert que réapprendre à vivre sera long et difficile.

– Mais... que lui a-t-on fait ?

– On l'a menacée de mort, battue, enfermée, on lui a fait renier sa foi en Aton, le dieu unique, on lui a ordonné d'oublier son nom et ses parents, on a tenté de détruire son âme. Si je n'étais pas intervenu, elle ne serait plus qu'une pauvre folle.

– Pourquoi l'aidez-vous ?

– Parce que ma famille a été persécutée, comme la sienne. Nous n'avons qu'une raison de vivre : la vengeance. Une vengeance qui donnera le pouvoir à Lita et chassera les faux dieux de la terre d'Égypte.

– Ramsès n'est pas responsable de vos malheurs !

– Bien sûr que si. Il appartient à une dynastie maudite qui trompe le peuple et le tyrannise.

– Comment parvenez-vous à survivre ?

– Les partisans d'Aton nous cachent et nous nourrissent, avec l'espoir qu'il exaucera nos prières.

– Sont-ils encore nombreux ?

– Plus que vous ne l'imaginez, mais réduits au silence. Même s'il ne restait que Lita et moi, nous continuerions à nous battre.

– Cette époque est révolue, protesta la sœur de Ramsès. Ces rancœurs ne concernent que vous.

– Erreur, objecta Ofir ; à présent, vous êtes mes alliés.

– Quittons cette maison, Sary ; ces gens sont des déments.

– Je sais qui vous êtes, révéla Ofir.

– C'est faux !

– Vous êtes Dolente, la sœur de Ramsès ; cet homme

est votre mari, Sary, l'ex-nourricier de Pharaon. L'un et l'autre fûtes victimes de sa cruauté et désirez vous venger.

– C'est notre affaire.

– Je possède la plaque de calcaire envoûtée que vous avez utilisée. Si je la dépose au bureau du vizir en portant témoignage contre vous...

– C'est du chantage !

– Devenons alliés, et la menace disparaîtra.

– Quel serait notre intérêt ? demanda Sary.

– Utiliser la magie contre Ramsès est une bonne idée, mais vous n'êtes pas des spécialistes. L'envoûtement que vous avez choisi eût rendu malade un simple mortel, mais pas un roi. Pharaon, lors de son couronnement, a bénéficié de protections invisibles qui forment une enceinte autour de sa personne. Il faudra les détruire une à une. Moi et Lita, nous en sommes capables.

– Qu'exigez-vous en échange ?

– Le gîte, le couvert et un endroit discret pour nouer des contacts.

Dolente s'approcha de Sary.

– Ne l'écoute pas. Il est dangereux, il nous nuira.

Sary s'adressa au mage.

– Entendu. Nous sommes alliés.

29

Ramsès alluma les lampes à huile qui éclairèrent le naos de Karnak, la partie la plus secrète du temple où lui seul et son substitut en cas d'absence, le grand prêtre, avaient le pouvoir de pénétrer. Les ténèbres se dissipèrent ; apparut le Saint des saints, une chapelle en granit rose contenant l'image terrestre d'Amon, « le caché », dont nul être humain ne connaîtrait jamais la véritable forme. Des pastilles d'encens, se consommant avec lenteur, embaumaient ce lieu sacré entre tous où l'énergie divine s'incarnait dans l'invisible et le visible.

Le roi brisa le sceau d'argile apposé sur le naos, tira le verrou et ouvrit les portes du reliquaire.

– Éveille-toi en paix, puissance de l'origine qui crée à chaque instant. Reconnais-moi, je suis ton fils, mon cœur t'aime, je viens m'emplir de tes conseils afin d'accomplir ce qui te sera utile. Éveille-toi en paix et rayonne sur cette terre qui ne vit que par ton amour. Par l'énergie qui émane de toi, ressuscite tout ce qui est.

Le roi illumina la statue divine, ôta les bandelettes de lin colorées qui la recouvraient, la purifia avec l'eau du lac sacré, l'oignit avec des onguents et la vêtit avec de nouvelles bandes d'étoffe pure. Puis, en les faisant naître par sa voix, il lui présenta les offrandes que les prêtres, au même moment, déposaient sur les nombreux autels répartis dans le temple. Le même rituel s'accomplissait, chaque matin, dans chaque sanctuaire d'Égypte.

Vint enfin l'offrande suprême, celle de Maât, l'immortelle Règle de vie.

– Tu vis d'elle, dit le roi à la divinité, elle te vivifie par son parfum, te nourrit de sa rosée ; tes yeux sont la Règle, ton être entier est la Règle.

Pharaon embrassa fraternellement la Puissance, ferma les portes du naos, tira le verrou et posa un sceau d'argile. Demain, le grand prêtre Nébou répéterait les mêmes gestes en son nom.

Lorsque Ramsès sortit du naos, le temple entier était éveillé. Les prêtres ôtaient des autels la part de nourriture purifiée qui revenait aux humains, pains et gâteaux sortaient des boulangeries de Karnark, les bouchers préparaient la viande pour le repas de midi, les artisans se mettaient au travail, les jardiniers ornaient de fleurs les chapelles. La journée serait paisible et heureuse.

Précédé du char de Serramanna, celui de Ramsès roulait en direction de la Vallée des Rois. Malgré l'heure matinale, la chaleur était déjà torride. Bien qu'elle redoutât la fournaise de la vallée, Néfertari était sereine. Un linge mouillé sur la nuque et un parasol lui permettraient de supporter l'épreuve.

Avant de repartir vers le nord, Ramsès voulait revoir la tombe de son père et se recueillir devant le sarcophage dont le nom égyptien, « le maître de la vie », indiquait la fonction. Dans le mystère de la chambre de l'or, l'âme de Séthi ne cessait de se régénérer.

Les deux chars s'arrêtèrent devant l'étroite entrée de la Vallée. Ramsès aida Néfertari à descendre, pendant que Serramanna, en dépit de la présence de la police, inspectait les environs. Même ici, il n'était pas tranquille. Le Sarde dévisagea les policiers qui gardaient l'accès et ne nota rien d'anormal dans leur comportement.

À la surprise de Néfertari, Ramsès ne prit pas le sentier qui menait aux demeures d'éternité de Séthi et de leur ancêtre, le premier des Ramsès, qui reposaient côte à côte, mais bifurqua sur la droite, en direction d'un chantier. Des ouvriers piochaient la roche, laquelle se détachait par éclats, ramassés dans de petits paniers.

Sur plusieurs blocs polis et alignés, l'un des maîtres d'œuvre de la confrérie de Deir el-Médineh avait déroulé un papyrus. Il s'inclina devant le couple royal.

– Voici l'emplacement de ma tombe, révéla Ramsès à Néfertari.

– Tu as déjà songé à ce moment...

– Dès la première année de son règne, un pharaon doit concevoir le plan de sa demeure d'éternité et commencer les travaux.

Le voile de tristesse qui avait obscurci le regard de Néfertari se dissipa.

– La mort est notre compagne de chaque instant, tu as raison ; si nous savons la préparer, elle sera souriante.

– Ce lieu te paraît-il satisfaisant ?

La reine tourna très lentement sur elle-même, comme si elle prenait possession de l'espace et scrutait la roche et les profondeurs de la terre. Puis elle s'immobilisa, les yeux fermés.

– C'est ici que ton corps reposera, prédit-elle.

Ramsès la serra contre lui.

– Même si la Règle t'impose de résider dans la Vallée des Reines, nous ne nous quitterons jamais. Et je ferai de ta demeure d'éternité la plus belle jamais créée dans notre terre aimée des dieux. Les générations en garderont la mémoire et chanteront sa beauté pour les siècles des siècles.

La puissance de la Vallée et la gravité du moment unirent le couple royal avec un nouveau lien, dont les tailleurs de pierre, les carriers et le maître d'œuvre ressentirent l'intensité lumineuse. Au-delà d'une femme et d'un homme amoureux s'affirmait la présence d'un pharaon et d'une grande épouse royale dont la vie et la mort étaient marquées au sceau de l'éternel.

Le travail s'était interrompu, les outils faisaient silence. Chaque artisan eut conscience de participer au mystère de ces deux êtres dont la tâche était de régner, afin que le ciel reposât sur ses piliers et que la terre fût en fête. Sans eux, le Nil ne coulerait pas, les poissons ne bondiraient plus dans le flot, les oiseaux ne voleraient plus dans l'azur, l'humanité serait privée du souffle de vie.

Ramsès et Néfertari se séparèrent, sans que leurs regards se désunissent. Ils venaient de franchir la porte du véritable mariage.

Les artisans recommencèrent à piocher la roche, le roi s'approcha du maître d'œuvre.

– Montre-moi le plan que tu as conçu.

Le roi examina le dessin qui lui fut soumis.

– Tu allongeras le premier couloir, feras une première salle à quatre piliers, tu t'enfonceras davantage dans la roche et tu t'épanouiras dans la salle de Maât.

Prenant le pinceau que lui proposait le maître d'œuvre, le roi rectifia le tracé à l'encre rouge et précisa les dimensions qu'il exigeait.

– À partir de la salle de Maât, tu tourneras à angle droit ; un étroit et court passage conduira à la demeure de l'or, à huit piliers, au centre de laquelle sera déposé le sarcophage. Plusieurs chapelles, destinées à recevoir le mobilier funéraire, communiqueront avec elle. Quel est ton avis ?

– Aucune impossibilité technique, Majesté.

– Si des difficultés surviennent pendant les travaux, je veux être immédiatement averti.

– Mon devoir est de les résoudre.

Le couple royal et son escorte sortirent de la Vallée des Rois et reprirent la route en direction du Nil. Comme le roi n'avait pas indiqué sa destination à Serramanna, ce dernier ne cessait d'observer le sommet des collines. Assurer la sécurité de Ramsès relevait de l'exploit permanent, tant le jeune monarque était indifférent au danger. À trop jouer avec sa chance, il finirait par perdre.

À hauteur des cultures, le char royal bifurqua sur la droite, passa devant la nécropole des nobles et le temple funéraire de Thoutmosis III, l'illustre pharaon qui avait réussi à imposer la paix en Asie et à faire rayonner la civilisation égyptienne dans tout le Proche-Orient et même au-delà.

Ramsès s'arrêta sur un site inhabité, à la limite du désert et des champs, non loin du village des bâtisseurs. Serramanna déploya aussitôt ses hommes, redoutant qu'un agresseur ne se cachât dans les blés.

– Que penses-tu de cet endroit, Néfertari ?

Élegante, aérienne, la reine avait ôté ses sandales pour mieux percevoir l'énergie de la terre. Ses pieds nus effleurèrent le sable brûlant, elle alla de droite et de gauche, revint sur ses pas, s'assit sur une pierre plate, à l'ombre d'un palmier.

– La puissance réside ici, une puissance identique à celle qui habite ton cœur.

Ramsès s'agenouilla et massa doucement les pieds délicats de la reine.

– Hier, avoua-t-elle, j'ai éprouvé un sentiment étrange, presque effrayant.

– Peux-tu le décrire ?

– Tu te trouvais à l'intérieur d'une pierre allongée, protégé par elle ; quelqu'un cherchait à la briser, afin d'ôter cette protection et de te détruire.

– Y est-il parvenu ?

– Mon esprit a lutté contre cette force ténébreuse, il l'a repoussée. La pierre est demeurée intacte.

– Un mauvais rêve ?

– Non, j'étais éveillée, et cette image passait à travers ma pensée, telle une réalité lointaine mais présente, si présente...

– Ton trouble s'est-il dissipé ?

– Non, pas tout à fait. Une angoisse subsiste, comme si un adversaire se cachait dans l'ombre, hors de portée, avec la volonté de te nuire.

– J'ai beaucoup d'ennemis, Néfertari, mais faut-il s'en étonner ? Pour m'abattre, ils n'hésiteront pas à utiliser les armes les plus viles. Ou je me paralyse en redoutant leurs coups, ou j'avance sans m'en soucier. J'ai décidé d'avancer.

– J'ai donc le devoir de te protéger.

– Serramanna s'en charge.

– Il parera les attaques visibles, mais comment te garder des assauts invisibles ? Ce sera mon rôle, Ramsès ; par mon amour, j'entourerai ton âme d'une muraille que les démons ne franchiront pas. Mais il faut plus encore...

– À quoi songes-tu ?

– À un être qui n'existe pas encore et qui préservera ton nom et ta vie.

– Il naîtra ici, sur ce sol que tu as foulé de tes pieds nus. Moi aussi, j'ai songé à cet allié immense, au corps de pierre, à l'âme bâtie en matériaux d'éternité. Ici sera édifié mon temple des millions d'années, le Ramesseum. Je veux que nous le concevions ensemble, comme notre enfant.

30

Serramanna lissa ses moustaches, s'habilla d'une tunique violette à col évasé, se parfuma et vérifia sa coupe de cheveux dans un miroir. Étant donné ce qu'il comptait dire à Ramsès, il devait apparaître comme un personnage respectable et raisonnable dont les avis comptaient. Le Sarde avait beaucoup hésité avant d'entreprendre cette démarche ; mais ses déductions ne le trompaient pas, et il se sentait incapable de garder un poids trop lourd sur sa poitrine.

Il aborda le roi à la fin de sa toilette matinale. Frais et dispos, le monarque serait réceptif.

– Splendide, estima Ramsès ; renoncerais-tu à commander ma garde personnelle pour t'occuper de la dernière mode de Memphis ?

– J'avais pensé...

– Tu as pensé que le raffinement siérait mieux à de délicates déclarations.

– Qui vous a averti...

– Personne, rassure-toi ; ton secret est intact.

– Majesté, j'ai raison !

– Belle entrée en matière ! Et dans quel domaine ?

– Ce scorpion qui devait vous piquer et gâcher votre voyage... Quelqu'un l'a déposé dans votre chambre.

– Indéniable, Serramanna. Quoi d'autre ?

– Irrité par ma défaillance, j'ai mené une enquête.

– Et sa conclusion te perturbe.

– En effet, Majesté, en effet...

– Aurais-tu peur, Serramanna ?

L'injure fit pâlir le Sarde. Si Ramsès n'avait pas été le pharaon d'Égypte, le poing de Serramanna lui aurait fermé la bouche.

– Je dois assurer votre sécurité, Majesté, et ce n'est pas toujours facile.

– Me reprocherais-tu d'être imprévisible ?

– Si vous l'étiez moins...

– Tu t'ennuierais.

– Je suis un ancien pirate, mais j'aime le travail bien fait.

– Qui t'empêche de l'accomplir ?

– La protection passive, aucun problème ; mais ai-je le droit d'aller plus loin ?

– Sois plus clair.

– Je soupçonne l'un de vos proches. Pour faire déposer ce scorpion, il fallait connaître l'emplacement de votre cabine.

– Quantité de personnes étaient au courant !

– Possible, mais mon instinct m'affirme que j'ai une chance d'identifier le coupable.

– Avec quelles méthodes ?

– Les miennes.

– La justice est le fondement de la société égyptienne, Serramanna ; Pharaon est le premier serviteur de la Règle, et il ne se situe pas au-dessus des lois.

– Autrement dit, je ne recevrai pas d'ordre officiel.

– N'entraverait-il pas ta démarche ?

– Compris, Majesté !

– Je n'en suis pas certain, Serramanna. Suis ton chemin, mais respecte les êtres ; je n'admettrai aucune exaction. Ordre officiel ou non, je me considère comme responsable de tes actes.

– Je ne bousculerai personne.
– Ta parole.
– La parole d'un pirate a-t-elle une valeur ?
– Un homme courageux ne trahit pas la sienne.
– Quand je dis « bousculer », je...
– Ta parole, Serramanna.
– Bon, vous l'avez, Majesté !

La propreté du palais était l'une des obsessions de Romé, promu intendant de Ramsès, donc responsable du confort de Pharaon. Aussi les balayeurs, les laveurs de sol et autres manieurs de chiffons ne chômaient-ils pas, sous les ordres d'un scribe tatillon qui tenait à conforter sa position en plaisant à Romé. Il vérifiait le travail de ses équipes et n'hésitait pas à rappeler celle qui avait failli, en menaçant de baisser les salaires à la première récidive.

À la tombée de la nuit, le scribe sortit d'un palais lustré comme un miroir. Fatigué et assoiffé, il se dirigea à pas pressés vers une taverne où l'on servait une bière délicieuse. Alors qu'il passait dans une ruelle encombrée par des ânes chargés de sacs de blé, une poigne puissante l'agrippa par le col de sa tunique et l'obligea à entrer à reculons dans une échoppe obscure, dont la porte claqua. Saisi de frayeur, le fonctionnaire n'avait même pas crié.

Deux énormes mains serrèrent son cou.

– Tu vas parler, crapule !
– Laissez-moi... laissez-moi respirer...

Serramanna desserra un peu l'étreinte.

– Tu es le complice de ton patron, hein ?
– Patron... quel patron ?
– Romé, l'intendant.
– Mais... mon travail est impeccable !
– Romé déteste Ramsès, n'est-ce pas ?
– Je l'ignore... Non, non, je ne crois pas ! Et moi, je suis un fidèle serviteur du roi !

– Romé est un grand amateur de scorpions, j'en suis sûr.

– De scorpions, lui ? Ils le terrorisent !

– Tu mens.

– Non, je vous jure que non !

– Tu l'as vu les manipuler.

– Vous vous trompez...

Le Sarde commença à douter. D'ordinaire, ce genre de traitement donnait d'excellents résultats. Le scribe semblait dire la vérité.

– Vous cherchez... un amateur de scorpions ?

– Tu en connais un ?

– Un ami du roi, un nommé Sétaou... Il passe sa vie avec des serpents et des scorpions. On prétend qu'il parle leur langage et qu'ils lui obéissent.

– Où se trouve-t-il ?

– Parti pour Memphis, où il possède un laboratoire. Il a épousé une sorcière nubienne, Lotus, aussi redoutable que lui.

Serramanna lâcha le scribe, qui se frotta le cou, heureux de respirer.

– Je peux... je peux m'en aller ?

Le Sarde chassa le fonctionnaire d'un revers de main.

– Un instant... Je ne t'ai pas fait mal ?

– Non, non !

– Va-t'en et ne parle de cette conversation à personne. Sinon, mes bras deviendront des serpents et t'étoufferont.

Pendant que le scribe s'enfuyait, Serramanna quitta tranquillement l'échoppe et, pensif, partit dans la direction opposée.

Son instinct lui affirmait que l'intendant Romé, trop vite promu, était le mieux placé pour nuire au roi. Serramanna se méfiait de ce genre d'homme, habile à cacher l'ambition sous la jovialité. Mais il lui fallait sans doute admettre son erreur, une erreur profitable puisque le scribe lui avait peut-être offert la bonne piste : celle menant à Sétaou, l'un des amis du roi.

Le Sarde grimaça.

Ramsès avait le sens de l'amitié. Pour lui, une valeur sacrée. S'attaquer à Sétaou s'annonçait risqué, d'autant plus que le personnage disposait d'armes redoutables. Néanmoins, après avoir obtenu cette information, Serramanna ne pouvait demeurer inactif. De retour à Memphis, il accorderait une attention toute particulière au couple insolite qui cohabitait trop aisément avec les reptiles.

– Je n'ai reçu aucune plainte à ton sujet, constata Ramsès.

– J'ai tenu ma promesse, Majesté, affirma Serramanna.

– En es-tu bien sûr ?

– Tout à fait.

– Résultats de tes investigations ?

– Pour le moment, aucun.

– Échec total ?

– Une fausse piste.

– Tu ne renonces donc pas.

– Ma fonction consiste à vous protéger... Tout en respectant la loi.

– Me cacherais-tu un détail important, Serramanna ?

– M'en croyez-vous capable, Majesté ?

– Un pirate n'est-il pas capable de tout ?

– Je suis un ancien pirate. Cette existence me plaît trop pour que je prenne des risques inutiles.

Le regard de Ramsès se fit acéré.

– Ton suspect favori n'était pas le bon, mais tu persévères.

Serramanna esquissa un vague signe de tête.

– Désolé d'interrompre tes recherches.

Le Sarde ne cacha pas sa déception.

– J'ai été discret, je vous assure...

– Tu n'es pas en cause. Demain, nous partons pour Memphis.

31

Romé ne savait plus où donner de la tête, tant l'organisation du voyage de la cour, de Thèbes à Memphis, lui causait de soucis. Pas un pot à fard ne devait manquer aux élégantes, pas une chaise confortable aux notables, les repas à bord devaient être de même qualité que sur la terre ferme, le chien et le lion de Ramsès devaient disposer d'une nourriture copieuse et variée. Et ce cuisinier qui venait de tomber malade, et ce blanchisseur qui avait du retard, et cette tisserande qui s'était trompée dans sa livraison de linge de toilette !

Ramsès avait donné des ordres, ces ordres seraient exécutés. Romé, qui comptait passer une existence tranquille à peaufiner de succulentes recettes, s'était pris d'admiration pour ce jeune roi exigeant et pressé. Certes, il bousculait son entourage, apparaissait intolérant, brûlait d'un feu risquant de brûler ceux qui l'approchaient. Mais il était aussi fascinant que le faucon éperdu de grand ciel, chargé de le protéger. Romé avait envie de prouver ses qualités, même s'il devait y sacrifier sa quiétude.

L'intendant, portant lui-même un panier de figues fraîches, se présenta à la passerelle du bateau royal. Serramanna lui en barra l'accès.

– Fouille obligatoire.

– Je suis l'intendant de Sa Majesté !

– Fouille obligatoire, répéta le Sarde.

– Cherches-tu à provoquer un incident ?

– N'aurais-tu pas la conscience tranquille ?

Romé parut ébranlé.

– Que veux-tu dire ?

– Ou tu l'ignores, et tout ira bien pour toi ; ou tu le sais, et tu ne m'échapperas pas.

– Tu es devenu fou, le Sarde ! Puisque tu es si méfiant, porte toi-même ce panier au roi. Moi, j'ai encore mille choses à faire.

Serramanna ôta le linge blanc qui recouvrait le panier. Les figues étaient superbes, mais ne cachaient-elles pas un piège mortel ? Il les ôta une à une, d'une main inquiète, et les posa sur le quai. À chaque geste, il s'attendait à voir darder la queue agressive d'un scorpion.

Lorsque le panier fut vide, il ne lui resta plus qu'à le remplir en évitant d'écraser les fruits mûrs.

Iset la belle était ravissante.

Elle s'inclina devant Ramsès, telle une jeune noble de la cour qui rencontrait le roi pour la première fois et menaçait de défaillir.

Il la releva, à la fois vigoureux et tendre.

– Serais-tu devenue fragile ?

– Peut-être, Majesté.

Son visage paraissait grave, presque inquiet, mais ses yeux souriaient.

– Aurais-tu des soucis ?

– M'autorises-tu à te les confier ?

Ils s'assirent sur des sièges bas, proches l'un de l'autre.

– Je dispose de quelques instants pour une audience privée.

– Est-ce si prenant, le métier de roi ?

– Je ne m'appartiens plus, Iset ; il y a davantage de tâches que d'heures, et c'est bien ainsi.

– La cour retourne à Memphis.

– Exact.

– Tu ne m'as donné aucune directive... Dois-je partir avec toi ou rester à Thèbes ?

– Devines-tu la raison de mon silence ?

– Il me pèse, je te l'avoue.

– Je te laisse le choix, Iset.

– Pourquoi ?

– J'aime Néfertari.

– Tu m'aimes aussi, n'est-ce pas ?

– Tu devrais me haïr.

– Tu règnes sur un empire, mais comprends-tu le cœur d'une femme ? Néfertari est un être extraordinaire, pas moi. Mais ni elle, ni toi, ni les dieux ne pourront m'empêcher de t'aimer, quelle que soit la place que tu m'accorderas. Pourquoi une épouse secondaire n'aurait-elle pas droit au bonheur, si elle sait grappiller chacune des secondes qu'il lui offre ? Te voir, te parler, partager quelques instants ton existence sont des joies précieuses que je n'échangerais contre nulle autre.

– Que décides-tu ?

– Je pars pour Memphis, avec la cour.

Une quarantaine de bateaux quittèrent Thèbes sous les acclamations d'une foule nombreuse qui avait adopté Ramsès et Néfertari. La succession du grand prêtre d'Amon s'était déroulée sans heurts, le maire de la capitale du Sud avait conservé son poste, le vizir également, la cour avait organisé de fastueux banquets, le peuple se réjouissait d'une bonne crue qui garantirait la prospérité du pays.

Romé s'accorda quelques minutes de détente. À bord du navire royal, aucune fausse note, à l'exception de ce colosse sarde qui ne cessait de l'épier. N'avait-il pas exigé une fouille de toutes les cabines et de chaque membre d'équipage ? Un jour, cet étranger prendrait un mauvais coup, et personne ne s'en plaindrait. Son manque de respect envers d'éminentes personnalités lui valait déjà de solides inimitiés, et seul l'appui du roi préservait sa position. Mais serait-il durable ?

L'intendant, pris d'un doute, vérifia pour la dixième fois la qualité de la litière royale, la solidité des fauteuils, s'assura de l'excellence des mets qui seraient servis lors du repas du midi et courut sur le pont, porteur d'une outre d'eau fraîche destinée au lion et au chien, installés sous un dais, à l'abri du soleil.

D'une des fenêtres de la spacieuse cabine de Néfertari, Ramsès le regarda faire, amusé.

– Enfin, un intendant plus préoccupé de sa tâche que de ses privilèges ! Heureuse surprise, ne trouves-tu pas ?

Une ombre de fatigue voila le visage lumineux de Néfertari. Ramsès s'assit sur le lit et la serra contre lui.

– Serramanna ne semble pas de ton avis. Entre lui et Romé se développe une animosité certaine.

Le roi fut étonné.

– Quelle en est la cause ?

– Serramanna est soupçonneux, toujours en alerte.

– Suspecter Romé n'a aucun sens !

– Je l'espère.

– Douterais-tu de sa loyauté, toi aussi ?

– Nous le connaissons encore bien peu.

– Je lui ai offert le poste dont il rêvait !

– Il l'oubliera.

– Tu es pessimiste, aujourd'hui.

– Je souhaite que Romé me donne tort.

– As-tu observé un fait précis ?

– Rien d'autre que l'animosité de Serramanna.

– Ton regard est précieux, si précieux...

Elle posa la tête sur son épaule.

– Nul ne sera indifférent à ton égard, Ramsès ; ou bien l'on t'aidera, ou bien l'on te détestera. Ta puissance est telle que les êtres lui reprochent d'exister.

Le roi s'allongea sur le dos, Néfertari se lova contre lui.

– Mon père ne possédait-il pas une puissance supérieure à la mienne ?

– Vous êtes semblables et différents. Séthi imposait son autorité sans avoir besoin de prononcer un seul mot, sa force était secrète ; toi, tu es le feu et le torrent, tu ouvres un chemin sans te soucier des efforts à déployer.

– J'ai un projet, Néfertari, un immense projet.

– Un seul ?

– Celui-là est vraiment immense. Je le porte en moi depuis le couronnement, il m'est apparu comme une exigence à laquelle je ne pourrai me soustraire. Si je parviens à mes fins, le visage de l'Égypte sera bouleversé.

Néfertari caressa le front du roi.

– Ce projet a-t-il pris corps ou n'est-il encore qu'un rêve ?

– J'ai la capacité de transformer le rêve en réalité, mais j'attends un signe.

– Pourquoi cette hésitation ?

– Parce que le ciel doit m'approuver. Nul ne doit rompre le pacte conclu avec les dieux.

– Désires-tu garder le secret ?

– Le transcrire avec des mots, ce serait déjà l'incarner ; mais tu es la grande épouse royale et tu ne dois rien ignorer de mon âme.

Ramsès se confia, Néfertari écouta.

Immense... Oui, le projet de Pharaon était immense.

– Tu as raison de guetter un signe de l'au-delà, conclutelle, et je le guetterai à chaque seconde, à tes côtés.

– S'il ne vient pas...

– Il viendra. À nous de savoir le déchiffrer.

Ramsès se redressa et contempla Néfertari dont le surnom, « belle entre les belles », courait sur toutes les lèvres. Ne ressemblait-elle pas à la femme idéale des poèmes d'amour, aux membres de faïence et de turquoise, dont le corps souple et lisse avait la profondeur des eaux célestes ?

Le roi posa doucement l'oreille sur le ventre de son épouse.

– Sens-tu croître notre enfant ?

– Il naîtra, je te le promets.

Une bretelle de la robe de Néfertari avait glissé sur son épaule, dévoilant la naissance d'un sein. Ramsès mordit le fin tissu et dénuda le buste admirable de son épouse. Dans ses yeux se lisaient la fluidité du Nil céleste, la profondeur du désir et la magie de deux corps unis dans un amour sans limites.

32

Pour la première fois depuis son couronnement, Ramsès entra dans le bureau de son père, à Memphis. Aucun décor, des murs blancs, trois fenêtres *a claustra*, une grande table, un fauteuil à dossier droit pour le roi et des chaises paillées pour les visiteurs, une armoire à papyrus.

Une émotion intense lui serra la gorge.

L'esprit de Séthi animait encore cet endroit austère où il avait travaillé tant de jours et tant de nuits pour gouverner l'Égypte et la rendre heureuse. Ici, nulle trace de mort, mais la permanence d'une volonté implacable.

La tradition voulait qu'un fils bâtisse sa maison et crée son propre cadre de vie. Ramsès aurait dû donner l'ordre de détruire ce bureau et faire construire le sien à son image. Telle était l'intention du jeune pharaon, avant de redécouvrir la vaste pièce.

D'une des fenêtres, Ramsès contempla la cour intérieure qui abritait le char royal ; puis il toucha le bureau, ouvrit l'armoire contenant des papyrus vierges et s'assit sur le fauteuil à dossier droit.

L'âme de Séthi ne le repoussa pas.

Le fils avait succédé au père, le père acceptait son fils comme maître des Deux Terres. Ramsès conserverait son bureau intact, il y travaillerait lorsqu'il résiderait à Memphis et préserverait son dépouillement, aide précieuse pour former son jugement.

Sur la grande table, deux branches d'acacia très souples, reliées à leur extrémité par un fil de lin. La baguette de sourcier dont Séthi s'était servi afin de trouver de l'eau dans le désert. Comme cet instant avait compté dans l'éducation du prince Ramsès, encore inconscient de son destin ! Il avait compris que Pharaon luttait avec les éléments, avec le mystère de la création, allait au cœur de la matière et en faisait rayonner la vie secrète.

Gouverner l'Égypte, ce n'était pas seulement diriger un État, mais aussi dialoguer avec l'invisible.

De ses doigts parfois gourds à cause de l'âge, Homère malaxa des feuilles de sauge et les bourra dans le fourneau de sa pipe, une grosse coquille d'escargot qui commençait à se culotter de manière satisfaisante. Entre deux bouffées, il s'octroyait une gorgée d'un vin corsé, parfumé à l'anis et à la coriandre. Assis sur un fauteuil équipé d'un coussin moelleux, le poète grec goûtait la douceur du soir au pied de son citronnier, lorsque sa femme de chambre lui annonça la visite du roi.

En voyant Ramsès de plus près, Homère fut étonné de sa prestance.

Le poète se leva avec peine.

– Restez assis, je vous en prie.

– Majesté, comme vous avez changé !

– Majesté... Deviendriez-vous révérencieux, cher Homère ?

– Vous avez été couronné. Et lorsqu'un monarque possède votre allure, on lui doit le respect. À vous voir, il est clair que vous n'êtes plus l'adolescent exalté que je sermonnais... Mes paroles peuvent-elles atteindre les oreilles de Pharaon ?

– Je suis heureux de vous voir en bonne santé. Êtes-vous satisfait de vos conditions d'existence ?

– J'ai maté la femme de chambre, le jardinier est silencieux, le cuisinier a du talent et le scribe à qui je dicte mes poèmes fait semblant de les apprécier. Que demander de mieux ?

Hector, le chat blanc et noir, sauta sur les genoux du poète et ronronna.

Comme à son habitude, Homère s'était enduit le corps d'huile d'olive. Il n'existait pas, selon lui, de produit plus hygiénique et dégageant un meilleur parfum.

– Avez-vous avancé ?

– Je ne suis pas mécontent des paroles que Zeus adresse aux dieux : *Accrochez au ciel un câble d'or. Si je le tire fortement, j'entraînerai la terre et la mer ; je l'attacherai à l'Olympe, et ce monde demeurera suspendu dans les airs.*

– Autrement dit, mon règne n'est pas encore affirmé et mon royaume tangue sous l'effet des vents.

– Dans cette retraite, comment serais-je informé ?

– L'inspiration du poète et le bavardage des domestiques ne vous procurent-ils pas l'essentiel des événements ?

Homère gratta sa barbe blanche.

– C'est bien possible... Être immobile ne présente pas que des inconvénients. Votre retour à Memphis était souhaitable.

– Je devais résoudre un problème délicat.

– La nomination d'un nouveau grand prêtre d'Amon qui ne vous trahira pas dès votre entrée en fonction, je sais... Opération rondement menée et plutôt judicieuse. Le choix d'un vieillard sans ambition témoigne d'une rare habileté politique, de la part d'un jeune souverain.

– J'apprécie cet homme.

– Pourquoi pas ? L'essentiel est qu'il vous obéisse.

– Si le Nord et le Sud s'entre-déchiraient, l'Égypte serait ruinée.

– Curieux pays, mais si attachant. Peu à peu, j'ai le tort de m'habituer à vos coutumes au point de faire des infidélités à mon vin préféré.

– Prenez-vous soin de votre santé ?

– Cette Égypte est peuplée de médecins ! À mon chevet se sont succédé un dentiste, un ophtalmologiste et un généraliste ! Ils m'ont prescrit tant de potions que j'ai renoncé à les prendre. Va encore pour les collyres qui améliorent un peu ma vue... Si je les avais eus, en Grèce, mes yeux seraient peut-être restés valides. Je ne retournerai pas là-bas... Trop de factions, trop de conflits, trop de chefs de clan et de roitelets englués dans leurs rivalités. Pour écrire, il me faut du calme et du confort. Efforcez-vous de bâtir une grande nation, Majesté.

– Mon père avait commencé cette œuvre.

– J'ai écrit ces phrases : *À quoi bon les pleurs, qui font tressaillir l'âme, puisque tel est le sort que les dieux ont imposé aux mortels, condamnés à vivre dans la douleur ?* Vous n'échappez pas au lot commun et, pourtant, votre fonction vous situe au-delà de cette humanité soumise à la souffrance. N'est-ce pas à cause de Pharaon, et de la pérennité de l'institution depuis tant de siècles, que votre peuple croit au bonheur, le goûte avec gourmandise et parvient même à le bâtir ?

Ramsès sourit.

– Vous commencez à percevoir les mystères de l'Égypte.

– Ne regrettez pas votre père et ne tentez pas de l'imiter ; devenez, comme lui, un roi irremplaçable.

Ramsès et Néfertari avaient célébré les rituels dans tous les temples de Memphis et rendu hommage à l'action du grand prêtre de la ville, chargé de coordonner les travaux des collèges d'artisans, parmi lesquels figuraient des sculpteurs de génie.

Vint le moment tant redouté : celui de la pose. Le roi et la reine, assis sur un trône, couronnés, sceptres en main, durent rester immobiles pendant d'interminables heures pour permettre aux sculpteurs, « ceux qui donnent la vie », de graver dans la pierre l'image éternellement jeune du couple royal. Néfertari supporta l'épreuve avec dignité, tandis que Ramsès manifestait de nombreux signes d'impatience. Dès le deuxième jour, il fit venir Améni, incapable de rester inactif plus longtemps.

– La crue ?

– Convenable, répondit le secrétaire particulier du roi. Les agriculteurs espéraient mieux, mais le service des bassins de retenue est optimiste. Nous ne manquerons pas d'eau.

– Comment se comporte mon ministre de l'Agriculture ?

– Il me confie le travail administratif et ne met pas les pieds dans son bureau. Il va de champ en champ, d'exploitation en exploitation, et résout mille et une difficultés jour après jour. Ce n'est pas un comportement ministériel ordinaire, mais...

– Qu'il continue ! Des protestations, chez les paysans ?

– Les récoltes ont été bonnes, les greniers sont pleins.

– Les troupeaux ?

– Natalité en augmentation, mortalité en régression, d'après le dernier recensement. Les services vétérinaires ne m'ont communiqué aucun rapport alarmant.

– Et mon bien-aimé frère Chénar ?

– Un modèle de responsabilité. Il a réuni ses collaborateurs du ministère des Affaires étrangères, tressé tes louanges et demandé à chaque fonctionnaire de servir l'Égypte avec conscience et efficacité. Il prend son poste très au sérieux, commence à travailler tôt le matin, consulte ses conseillers et traite avec déférence notre ami Âcha. Chénar devient un homme de dossiers et un ministre responsable.

– Es-tu sérieux, Améni ?

– On ne plaisante pas avec l'administration.

– As-tu conversé avec lui ?

– Bien entendu.

– Comment t'a-t-il accueilli ?

– Avec courtoisie. Il n'a fait aucune objection lorsque je lui ai demandé de me fournir un rapport hebdomadaire sur ses activités.

– Surprenant... Il aurait dû t'éconduire.

– À mon avis, il se prend au jeu. Dans la mesure où tu le contrôles, que crains-tu ?

– Ne tolère aucune irrégularité de sa part.

– Recommandation inutile, Majesté.

Ramsès se leva, posa sceptres et couronne sur son trône et congédia le sculpteur dont l'esquisse prenait forme. Soulagée, Néfertari imita le roi.

– Poser est un supplice, avoua le monarque. Si l'on m'avait décrit ce traquenard, je l'aurais évité ! Par bonheur, notre portrait sera fixé une fois pour toutes.

– Chaque fonction a ses exigences : Ta Majesté ne peut s'y soustraire.

– Méfie-toi, Améni : tu seras peut-être statufié, si tu deviens un sage.

– Avec l'existence que Ta Majesté me fait mener, aucune chance !

Ramsès s'approcha de son ami.

– Que penses-tu de mon intendant, Romé ?

– Un homme efficace et tourmenté.

– Tourmenté ?

– Le moindre détail l'obsède et il recherche sans cesse la perfection.

– Donc, il te ressemble.

Vexé, Améni croisa les bras.

– Est-ce un reproche ?

– Je désire savoir si le comportement de Romé t'intrigue.

– Au contraire, il me rassure ! Si la hiérarchie entière agissait comme lui, je n'aurais plus aucun souci. Que lui reproches-tu ?

– Pour le moment, rien.

– Tu n'as rien à craindre de Romé. Si Ta Majesté ne me retient pas davantage, je cours au bureau.

Néfertari prit tendrement le bras de Ramsès.

– Améni est immuable.

– Il est un gouvernement à lui seul.

– Ce signe, l'as-tu perçu ?

– Non, Néfertari.

– Je le pressens.

– Quelle forme prendra-t-il ?

– Je l'ignore, mais il vient vers nous, tel un cheval bondissant.

33

En ces premiers jours de septembre, la crue était étale. L'Égypte ressemblait à un lac immense d'où émergeaient, çà et là, des buttes couronnées de villages. Pour ceux qui ne s'étaient pas engagés sur les chantiers de Pharaon, c'était le temps des vacances et des promenades en barque. Bien à l'abri sur des monticules de terre, le bétail se gavait du fourrage que lui apportaient les paysans ; dans les domaines où on labourait avant la crue, on pêchait !

À la pointe sud du Delta, un peu au-dessus de Memphis, le Nil s'étalait sur une largeur de vingt kilomètres ; à la frange nord, l'inondation se déployait sur plus de deux cents kilomètres, le fleuve s'unissait à la mer en la repoussant au large.

Papyrus et lotus proliféraient, comme si le pays revenait aux temps primordiaux, avant la présence de l'homme. Les eaux joyeuses purifiaient la terre, noyaient la vermine et déposaient le limon fertile qui apportait fécondité et prospérité.

Comme chaque matin depuis la mi-mai, un spécialiste descendit les marches de l'escalier du nilomètre de Memphis, dont les parois portaient des graduations en coudées [1] permettant de vérifier la hauteur de la crue et de calculer le rythme de la montée des eaux. À cette époque de l'année,

1. Une coudée = 0,52 mètre.

leur niveau commençait à baisser de manière presque imperceptible avant que la décrue ne s'amorce de manière nette, vers la fin du mois de septembre.

Le nilomètre se présentait comme une sorte de puits carré bâti en pierres de taille. Le spécialiste, craignant de glisser, descendit avec prudence. Dans la main gauche, il tenait une tablette de bois et une arête de poisson qui lui servirait à écrire ; de la droite, il s'appuyait contre le mur.

Son pied toucha l'eau.

Surpris, il s'immobilisa et scruta les marques sur le mur. Ses yeux devaient le tromper, il vérifia, vérifia encore et monta l'escalier en courant.

Le superviseur des canaux de la région de Memphis regarda avec étonnement le technicien affecté au nilomètre.

– Ton rapport est aberrant.

– Hier, je l'ai cru aussi; j'ai vérifié de nouveau aujourd'hui, il n'y a aucun doute !

– Connais-tu la date ?

– Nous sommes début septembre, je sais !

– Tu es un fonctionnaire sensé, bien noté et couché sur une liste d'avancement ; je consens à oublier cet incident, mais n'y reviens pas et rectifie ton erreur.

– Ce n'est pas une erreur.

– M'obligeras-tu à prendre une mesure disciplinaire ?

– Vérifiez à votre tour, je vous prie.

L'assurance du préposé au nilomètre troubla le superviseur des canaux.

– Tu sais bien que c'est impossible !

– Je ne comprends pas, mais c'est la vérité... La vérité que j'ai notée sur ma tablette, deux jours de suite !

Les deux hommes se rendirent au nilomètre.

Le superviseur constata par lui-même le phénomène extraordinaire : au lieu d'amorcer la décrue, les eaux montaient !

Seize coudées, la hauteur idéale de la crue. Seize coudées, ou « la joie parfaite ».

La nouvelle s'était répandue dans le pays à la vitesse d'un chacal en pleine course, et une clameur s'était élevée : Ramsès, pendant sa première année de règne, venait d'accomplir un miracle ! Les bassins de réserve seraient remplis au maximum, l'irrigation des cultures serait assurée jusqu'à la fin de la période sèche, les Deux Terres connaîtraient une période faste grâce à la magie royale.

Dans les cœurs, Ramsès succèda à Séthi. L'Égypte était gouvernée par un pharaon bienfaisant, doté de pouvoirs surnaturels, capable de contrôler la crue, de repousser le spectre de la famine et de nourrir les ventres.

Chénar enragea. Comment juguler la bêtise d'une populace qui transformait un phénomène naturel en manifestation de sorcellerie ? Ce maudit retour de crue, qu'aucun contrôleur de nilomètre n'avait jamais observé, était, certes, insolite, et pourrait même être qualifié d'hallucinant, mais ne devait rien à Ramsès ! Néanmoins, dans les villes et les villages, on organisa des fêtes en l'honneur du pharaon dont le nom fut célébré avec ferveur. Ne serait-il pas un jour l'égal des dieux ?

Le frère aîné du roi annula ses rendez-vous et octroya une journée de congé au personnel de son ministère, à l'instar de ses collègues du gouvernement. Se singulariser eût été une faute grave.

Pourquoi Ramsès bénéficiait-il d'autant de chance ? En quelques heures, sa popularité avait dépassé celle de Séthi. Nombre de ses adversaires étaient ébranlés, se demandant s'il était possible de le combattre. Au lieu d'aller de l'avant, Chénar devrait redoubler de prudence et tisser sa toile avec lenteur.

Son obstination vaincrait la chance de son frère. Infidèle

par nature, cette dernière finissait toujours par abandonner ses protégés. À l'instant où elle quitterait Ramsès, Chénar agirait. Encore fallait-il préparer des armes efficaces, afin de frapper fort et juste.

Des cris montèrent de la rue. Chénar crut à une altercation, mais le phénomène s'amplifia jusqu'à former un véritable vacarme : c'était tout Memphis qui poussait des exclamations ! Le ministre des Affaires étrangères n'eut que quelques marches à grimper pour monter sur la terrasse du bâtiment.

Le spectacle auquel il assista, comme des milliers d'Égyptiens, le pétrifia.

Un immense oiseau bleu, ressemblant à un héron, tournait au-dessus de la ville.

« Le phénix, pensa Chénar. C'est impossible, le phénix est revenu... » Le frère aîné de Ramsès ne pouvait chasser cette idée stupide et gardait le regard fixé sur l'oiseau bleu. La légende prétendait qu'il revenait de l'au-delà pour annoncer un règne radieux et ouvrir une nouvelle ère.

Un conte pour enfant, des sottises inventées par les prêtres, des balivernes pour amuser le bon peuple ! Mais le phénix tournoyait, dans un vol d'une amplitude magnifique, comme s'il découvrait Memphis avant de choisir sa direction.

S'il avait été archer, Chénar aurait abattu le volatile afin de prouver qu'il n'était qu'un oiseau migrateur affolé et désorienté. Donner l'ordre à un soldat ? Aucun n'aurait obéi et l'on aurait accusé le ministre de folie ! Tout un peuple communiait dans la vision du phénix. Soudain, la clameur s'atténua.

Chénar reprit espoir. Bien sûr, chacun savait ! Si cet oiseau bleu était le phénix, il ne se contenterait pas de survoler Memphis car, selon la légende, il avait une destination précise. Étant donné l'hésitation du héron, les illusions de la foule seraient vite dissipées, elle ne croirait plus en un second miracle de Ramsès et remettrait peut-être en cause le premier.

Cette chance, cette fameuse chance qui était déjà en train de tourner !

Encore quelques cris d'enfants, et ce fut le silence.

L'immense oiseau bleu continuait à tracer de grands cercles. Grâce à la pureté de l'air, on entendait le chant gracieux de son vol ; son battement d'ailes ressemblait au froissement d'une étoffe. À la joie succédaient l'amertume et les pleurs ; on n'avait pas eu le bonheur de voir le phénix, qui n'apparaissait qu'une fois tous les quinze siècles, mais un malheureux héron qui avait perdu son groupe et ne savait plus où aller.

Soulagé, Chénar regagna son bureau. Comme il avait raison de ne pas accorder foi à ces vieilles légendes destinées à abrutir les esprits faibles ! Ni un oiseau ni un homme ne vivaient pendant des millénaires, nul phénix ne venait rythmer le temps et consacrer la prédestination d'un pharaon. De cet événement, il fallait pourtant tirer une leçon : manipuler la foule était une nécessité pour qui voulait gouverner. Lui donner du rêve et de l'illusion était aussi important que de la nourrir. Si la popularité d'un chef d'État ne venait pas d'elle-même, il convenait donc de la fabriquer en utilisant la rumeur et les on-dit.

Les clameurs reprirent.

Sans doute le dépit d'une foule en colère, frustrée du prodige qu'elle espérait. Chénar perçut le nom de Ramsès, dont la défaite menaçait d'être de plus en plus cuisante.

Il retourna sur la terrasse et, stupéfait, vit une foule en liesse qui saluait l'envol du phénix en direction de la pierre primordiale, l'obélisque unique.

Fou de rage, Chénar comprit que les dieux proclamaient ainsi une ère nouvelle. L'ère de Ramsès.

– Deux signes, conclut Néfertari. Une crue inattendue et le retour du phénix ! Quel règne a débuté de manière plus éblouissante ?

Ramsès lisait les rapports qui venaient de lui parvenir. Cette incroyable montée des eaux, jusqu'au niveau idéal, était une bénédiction pour l'Égypte ; quant à l'immense oiseau bleu que toute la population de Memphis avait admiré, il s'était bien perché sur la pointe de l'obélisque du grand temple d'Héliopolis, rayon de lumière pétrifié.

Revenu de l'au-delà, le phénix ne bougeait plus et contemplait le pays aimé des dieux.

– Tu sembles perplexe, observa la reine.

– Qui ne serait pas étonné par la puissance de ces signes ?

– Te feraient-ils reculer ?

– Au contraire, Néfertari. Ils confirment que je dois avancer sans me soucier des critiques, des entraves et des difficultés.

– Ainsi, l'heure est venue de réaliser ton grand projet.

Il la prit dans ses bras.

– La crue et le phénix ont donné la réponse.

C'est un Améni essoufflé qui fit irruption dans la salle d'audience du couple royal.

– Le supérieur... de la Maison de Vie... Il souhaite te parler.

– Qu'il vienne.

– Serramanna veut le fouiller... Il va provoquer un scandale !

Ramsès se dirigea à pas pressés vers l'antichambre où se faisaient face le supérieur, un robuste sexagénaire au crâne rasé, vêtu d'une robe blanche, et le colosse sarde, casqué, cuirassé et armé.

Le supérieur s'inclina devant Pharaon dont Serramanna perçut le mécontentement.

– Pas d'exception, marmonna le Sarde. Sinon, votre sécurité n'est plus assurée.

– Que désirez-vous ? demanda Ramsès au supérieur.

– La Maison de Vie espère vous voir au plus vite, Majesté.

34

Quand Séthi avait emmené Ramsès à Héliopolis, il avait décidé de lui faire subir une épreuve dont dépendrait son avenir. Aujourd'hui, il franchissait en Pharaon la porte d'enceinte du grand temple de Râ, aussi vaste que celui d'Amon de Karnak.

Sur cet espace sacré, que desservait un canal, avaient été bâtis plusieurs édifices : le temple de la pierre primordiale, le sanctuaire d'Atoum, le Créateur, à l'ombre d'un sycomore, la chapelle du saule sur le tronc duquel étaient inscrites les dynasties, le mémorial de Djéser, créateur de la pyramide à degrés de Saqqara.

Héliopolis était un enchantement. Des allées, bordées de reposoirs en pierre pour les statues divines, traversaient des bois d'acacias, de saules et de tamaris, vergers et oliveraies prospéraient ; les apiculteurs faisaient d'abondantes récoltes de miel, les étables abritaient des vaches aux pis généreux, les ateliers formaient des artisans d'élite, et une centaine de villages travaillaient pour la ville sainte qui, en retour, assurait leur bien-être.

Ici avait pris forme la sagesse égyptienne, transcrite dans des rituels et des récits mythologiques passant de la bouche des maîtres aux oreilles des disciples ; des collèges de savants, de ritualistes et de magiciens y apprenaient leur art dans le silence et le secret.

Le supérieur de la Maison de Vie d'Héliopolis, la plus ancienne du pays et modèle de ses émules présentes dans chaque grand temple, n'avait pas coutume d'apparaître dans le monde profane. Voué à la méditation et à l'étude, il quittait rarement son domaine.

– Votre père a souvent séjourné parmi nous, révéla-t-il à Ramsès ; son vœu le plus cher était de se retirer du monde, mais il savait que ce rêve ne se réaliserait jamais. Vous, Majesté, vous êtes jeune, et d'innombrables projets se bousculent dans votre tête et dans votre cœur. Mais serez-vous digne du nom que vous portez ?

Ramsès contint sa colère à grand-peine.

– En douteriez-vous ?

– Le ciel répondra à ma place. Suivez-moi.

– Est-ce un ordre ?

– Vous êtes le maître du pays et je suis votre serviteur.

Le supérieur de la Maison de Vie n'avait pas baissé les yeux. Cet adversaire-là était plus redoutable que ceux qu'il avait déjà affrontés.

– Me suivez-vous ?

– Montrez-moi le chemin.

Le supérieur avança d'un pas égal et se dirigea vers le sanctuaire de la pierre primordiale d'où jaillissait un obélisque couvert de textes hiéroglyphiques.

À son sommet, le phénix, immobile.

– Acceptez-vous de lever la tête, Majesté, et de fixer cet oiseau ?

Le soleil de midi était si éblouissant que le phénix se noyait dans la lumière.

– Avez-vous l'intention de me rendre aveugle ?

– À vous de juger, Majesté.

– Le roi n'a pas à relever votre défi.

– Qui l'y contraindrait, sinon lui-même ?

– Expliquez-moi la raison de votre attitude.

– Vous portez un nom, Majesté, et ce nom est le

support de votre règne. Jusqu'à présent, il ne fut qu'un idéal ; le restera-t-il, ou bien oserez-vous l'accomplir, quel que soit le risque encouru ?

Ramsès regarda le soleil en face.

Le disque d'or ne lui brûla pas les yeux, il vit le phénix grandir, battre des ailes et monter vers le sommet du ciel. Pendant de longues minutes, le regard du monarque ne se détacha pas du rayonnement qui illuminait l'azur et créait le jour.

– Vous êtes bien Ramsès, le Fils de la lumière et l'enfant du soleil. Que votre règne proclame leur triomphe sur les ténèbres.

Ramsès comprit qu'il n'aurait jamais rien à craindre de ce soleil dont il était l'incarnation terrestre. En communiant avec lui, il se nourrissait de son énergie.

Sans mot dire, le supérieur se dirigea vers un édifice oblong, aux murs hauts et épais. Ramsès le suivit et entra dans la Maison de Vie d'Héliopolis. En son centre, un tertre abritait la pierre divine, recouverte d'une peau de bélier ; les alchimistes s'en servaient pour effectuer les transmutations, et des parcelles en étaient déposées dans les sarcophages des initiés afin de rendre possible le passage de la mort à la résurrection.

Le supérieur introduisit le roi dans une vaste bibliothèque où étaient conservés les ouvrages d'astronomie et d'astrologie, les prophéties et les annales royales.

– D'après nos annales, déclara le supérieur, le phénix n'était pas apparu à Héliopolis depuis mille quatre cent soixante et un ans. Sa venue, en l'an un de votre règne, marque le moment remarquable de la rencontre de deux calendriers établis par nos astronomes : celui de l'année fixe, qui perd un jour tous les quatre ans, et celui de l'année réelle, qui perd un quart de jour par an. À la minute même où vous êtes monté sur le trône, ces deux cycles cosmiques ont coïncidé. Une stèle sera gravée pour annoncer l'événement, si vous le décidez.

– Quel enseignement dois-je tirer de vos révélations ?
– Que le hasard n'existe pas, Majesté, et que votre destin appartient aux dieux.

Une inondation miraculeuse, le retour du phénix, une ère nouvelle... C'en était trop pour Chénar. Dépressif, la tête vide, il parvint cependant à faire bonne figure lors des cérémonies organisées en l'honneur de Ramsès, dont le règne, placé sous de tels auspices, s'annonçait remarquable. Nul ne doutait que les dieux avaient choisi cet homme jeune pour gouverner les Deux Terres, maintenir leur union et augmenter leur prestige.

Seul Serramanna affichait sa mauvaise humeur. Garantir la sécurité du roi relevait de l'exploit permanent ; de véritables meutes de dignitaires voulaient saluer Pharaon qui, de plus, avait circulé en char dans les rues principales de Memphis, sous les ovations de son peuple. Indifférent aux conseils de prudence du Sarde, il s'enivrait de sa popularité.

Non content de s'exposer ainsi dans la capitale, le roi s'aventura dans la campagne dont la majeure partie était recouverte par les eaux étales de l'inondation. Les paysans réparaient outils et charrues, consolidaient les greniers, pendant que les enfants apprenaient à nager en utilisant des flotteurs. Des grues au bec rouge et noir les survolaient, des troupeaux d'hippopotames irascibles paressaient dans le fleuve. En ne s'accordant que deux ou trois heures de sommeil par nuit, Ramsès parvint à visiter de nombreux villages. Il reçut les promesses de fidélité des chefs de province et des maires, et gagna la confiance des humbles.

Lorsqu'il revint à Memphis, la décrue commençait et les cultivateurs préparaient les semailles.

– Tu ne parais même pas épuisé, remarqua Néfertari.

– Comment subir la fatigue, lorsqu'on communie avec son peuple ? Toi, tu parais éprouvée.

– Un malaise...

– Qu'ont dit les médecins ?

– Que je devais m'aliter pour espérer un accouchement normal.

– Pourquoi es-tu debout ?

– En ton absence, je devais...

– Jusqu'à l'accouchement, je ne quitte plus Memphis.

– Et ton grand projet ?

Ramsès sembla contrarié.

– M'accorderas-tu... un bref voyage ?

La reine sourit.

– Que puis-je refuser à Pharaon ?

– Comme cette terre est belle, Néfertari ! En la parcourant, j'ai pris conscience qu'elle était un miracle du ciel, la fille de l'eau et du soleil. En elle s'accomplissent la force d'Horus et la beauté d'Hathor. Chaque seconde de notre vie doit lui être offerte ; toi et moi sommes nés non pour la gouverner, mais pour la servir.

– Je l'ai cru, moi aussi.

– Que veux-tu dire ?

– Servir est l'acte le plus noble qu'un être humain puisse accomplir. C'est par lui, et par lui seulement, que la plénitude peut être atteinte. *Hem*, « le serviteur »... Ce mot sublime ne désigne-t-il pas à la fois l'homme le plus modeste, le tâcheron sur un chantier ou l'ouvrier agricole, et l'homme le plus puissant, Pharaon, serviteur des dieux et de son peuple ? Depuis le couronnement, j'ai entrevu une autre réalité. Ni toi ni moi ne pouvons nous contenter de servir. Il nous faut aussi diriger, orienter, manier le gouvernail qui permettra au navire de l'État d'aller dans la bonne direction. Personne ne peut le faire à notre place.

Le roi s'assombrit.

– Quand mon père est mort, j'ai éprouvé ce même sentiment. Comme c'était bon de sentir la présence d'un être supérieur, capable de guider, de conseiller et d'ordonner !

Grâce à lui, aucune difficulté n'était insurmontable, aucun malheur irrémédiable.

– C'est ce que ton peuple attend de toi.

– J'ai contemplé le soleil en face, et il ne m'a pas brûlé les yeux.

– Le soleil est en toi, Ramsès ; il donne la vie, fait croître les plantes, les animaux et les humains, mais il peut aussi dessécher et tuer s'il devient trop violent.

– Le désert est brûlé par le soleil, mais la vie n'y manque pas !

– Le désert est l'au-delà sur terre, les humains n'y bâtissent pas leurs maisons. Seules y sont construites les demeures d'éternité qui franchiront les générations et fatigueront le temps. N'est-ce pas la tentation de Pharaon : immerger sa pensée dans le désert en oubliant les hommes ?

– Mon père était un homme du désert.

– Tout pharaon doit l'être, mais son regard doit également faire fleurir la Vallée.

Ramsès et Néfertari goûtèrent ensemble la paix du soir, alors que les rayons du couchant doraient l'obélisque unique d'Héliopolis.

35

Dès que les fenêtres de la chambre de Ramsès devinrent obscures, Serramanna quitta le palais, non sans avoir vérifié que les gardes qu'il avait lui-même choisis étaient bien à leur poste. Sautant sur le dos d'un superbe cheval noir, il traversa Memphis au galop et prit la direction du désert.

Les Égyptiens n'aimaient guère se déplacer la nuit. En l'absence du soleil, les démons sortaient de leurs tanières et agressaient les voyageurs imprudents. Le colosse sarde n'avait cure de ces superstitions et saurait se défendre contre une horde de bêtes monstrueuses. Quand il avait une idée en tête, personne ne l'arrêtait.

Serramanna avait espéré que Sétaou viendrait à la cour et participerait aux réjouissances en l'honneur de Ramsès. Mais le spécialiste des serpents, fidèle à sa réputation d'excentrique, n'avait pas quitté son laboratoire. Toujours à la recherche de celui qui avait introduit le scorpion dans la cabine de Ramsès, le Sarde posait des questions aux uns et aux autres, et tentait d'obtenir des renseignements plus ou moins confidentiels.

Personne n'aimait Sétaou. On craignait ses maléfices et les horribles créatures qu'il fréquentait, mais force était de reconnaître l'ampleur croissante de son négoce. En vendant du venin aux préparateurs de remèdes destinés à soigner des maladies graves, il commençait à faire fortune.

Bien qu'il persistât à se méfier de Romé, Serramanna était obligé d'admettre que Sétaou faisait un excellent suspect. Après son forfait manqué, il n'osait plus apparaître devant Ramsès et affronter le regard de son ami ; en se terrant dans son domaine, n'était-il pas passé aux aveux ?

Serramanna avait besoin de le voir. L'ex-pirate s'était habitué à juger ses adversaires sur leur mine et devait sa survie à sa perspicacité ; quand il aurait observé Sétaou, son opinion se forgerait. Et puisqu'il se cachait, le Sarde le débusquerait.

À la limite des cultures, Serramanna mit pied à terre et noua la laisse du cheval au tronc d'un figuier. Il murmura quelques mots à l'oreille de l'animal pour le rassurer et progressa sans bruit vers la ferme-laboratoire de Sétaou. Bien que la lune fût à peine croissante, la nuit était claire. Le rire d'une hyène ne troubla pas le Sarde, qui avait la sensation de partir à l'abordage d'un navire en le prenant par surprise.

Le laboratoire était illuminé. Et si un interrogatoire un peu poussé permettait d'obtenir la vérité ? Certes, Serramanna avait promis de ne pas bousculer les suspects, mais nécessité ne faisait-elle pas loi ? Prudent, il se courba, contourna un monticule et atteignit le bâtiment par l'arrière.

Le dos plaqué contre le mur, le Sarde écouta.

De l'intérieur du laboratoire parvenaient des gémissements. Quel malheureux le charmeur de serpent torturait-il ? Serramanna se déplaça en crabe, jusqu'à une ouverture, et jeta un œil. Des pots, des jarres, des filtres, des cages contenant scorpions et serpents, des couteaux de tailles diverses, des paniers... Tout un bric-à-brac disposé sur des planches et des établis.

Sur le sol, un homme et une femme, nus et enlacés. Une splendide Nubienne, au corps élancé et fiévreux, poussait des gémissements de plaisir. Son partenaire, aux cheveux noirs et à la tête carrée, était viril et trapu.

Le Sarde se détourna. S'il appréciait les femmes sans

modération, voir les autres faire l'amour ne l'intéressait pas ; pourtant, la beauté de cette Nubienne l'avait ému. Interrompre ces ébats passionnés eût été criminel ; aussi se résigna-t-il à patienter. Un Sétaou épuisé serait plus facile à interroger.

Amusé, il songea à la jolie Memphite avec laquelle il dînerait le lendemain soir ; d'après sa meilleure amie, elle appréciait les hommes forts et musclés.

Un bruit étrange, sur sa gauche.

Le Sarde tourna la tête et vit un énorme cobra dressé, prêt à attaquer. Mieux valait rompre le combat. Il recula, heurta le mur et s'arrêta net. Un second serpent, semblable au premier, lui barrait le passage.

– Arrière, sales bêtes !

Le poignard du colosse n'apeura pas les serpents, toujours aussi menaçants. S'il parvenait à en tuer un, l'autre le mordrait.

– Qu'est-ce qui se passe, ici ?

Nu, une torche à la main, Sétaou découvrit le Sarde.

– Tu venais voler mes produits... Mes fidèles chiens de garde m'évitent ce genre de désagrément. Ils sont vigilants et affectueux. L'ennui pour toi, c'est que leur baiser est mortel.

– Tu ne vas pas commettre un meurtre, Sétaou !

– Tiens, tu connais mon nom... Mais tu es quand même un voleur pris en flagrant délit, un poignard à la main. Légitime défense, conclura le juge.

– Je suis Serramanna, le chef de la garde personnelle de Ramsès.

– Ton allure ne m'était pas inconnue. Pourquoi cette tentative de vol ?

– Je désirais te voir, seulement te voir.

– À cette heure de la nuit ? Non seulement tu m'empêches de faire l'amour à Lotus, mais encore tu mens de manière grossière.

– Je dis la vérité.

– Et pourquoi cette envie subite ?

– Exigence de sécurité.

– Qu'est-ce que ça signifie ?

– Mon devoir est de protéger le roi.

– Moi, je menace Ramsès ?

– Je n'ai pas dit ça.

– Mais tu le penses, puisque tu es venu m'épier.

– Je n'ai pas le droit de me tromper.

Les deux cobras s'étaient rapprochés du Sarde. Les yeux de Sétaou étaient remplis de fureur.

– Ne commets pas de folie.

– Un ancien pirate redouterait-il la mort ?

– Celle-là, oui.

– Décampe, Serramanna, et ne m'importune plus jamais. Sinon, je ne retiendrai pas mes gardiens.

Sur un signe de Sétaou, les cobras s'écartèrent. Le Sarde, trempé de sueur, passa entre eux et marcha droit devant lui, jusqu'aux cultures.

Son opinion était forgée : ce Sétaou avait l'âme d'un criminel.

– Qu'est-ce qu'ils font ? demanda le petit Khâ en regardant des paysans qui poussaient un troupeau de moutons à progresser dans un terrain gorgé d'eau.

– Ils leur font enfoncer les graines qu'ils ont semées, répondit Nedjem, le ministre de l'Agriculture. La crue a déposé une énorme quantité de limon sur les rives et les cultures ; grâce à lui, le blé sera vigoureux et abondant.

– Ils sont utiles, ces moutons ?

– Comme les vaches et tous les animaux de la création.

La décrue avait commencé, les semeurs s'étaient mis à l'œuvre, heureux de fouler la boue fertile que le grand fleuve leur avait offerte en abondance. Ils travaillaient tôt le matin et n'avaient qu'assez peu de jours pour profiter de cette terre molle, facile à retourner. Après le passage de la houe, brisant les mottes gorgées d'eau, on recouvrait vite le sol qui venait d'être semé, et les animaux assistaient les hommes en enfouissant les graines.

– Elle est belle, ta campagne, dit Khâ, mais j'aime mieux les papyrus et les hiéroglyphes.

– Désires-tu voir une ferme ?

– Si tu veux.

Le ministre prit le bambin par la main. Il marchait de la même manière qu'il lisait et écrivait : avec un immense sérieux, tout à fait inhabituel pour son âge. Nedjem le doux s'était ému de l'isolement de l'enfant, qui ne réclamait ni jouet ni camarade, et avait prié sa mère, Iset la belle, de le laisser agir comme précepteur. Il lui paraissait indispensable de sortir le fils de Ramsès de sa prison dorée et de lui faire découvrir la nature et ses merveilles.

Khâ observait, non comme un enfant surpris par un spectacle insolite et nouveau, mais comme un scribe chevronné prêt à prendre des notes pour faire un rapport à son administration.

La ferme se composait de silos à grains, d'étables, d'une basse-cour, d'une boulangerie et d'un potager. Au seuil du domaine, Nedjem et Khâ furent invités à se laver les mains et les pieds. Puis le propriétaire les accueillit, ravi de la visite de si hauts personnages. Il leur fit voir ses plus belles vaches laitières, nourries et entretenues avec un soin extrême.

– Mon secret, confessa-t-il, consiste à les emmener paître au bon endroit ; elles n'ont pas trop chaud, mangent à satiété et prospèrent de semaine en semaine !

– La vache est l'animal de la déesse Hathor, déclara le petit Khâ ; c'est pourquoi elle est belle et douce.

Le fermier fut étonné.

– Qui vous a appris cela, prince ?

– Je l'ai lu dans un conte.

– Vous savez déjà lire ?

– Tu veux me faire plaisir ?

– Bien sûr !

– Donne-moi un morceau de calcaire et un bout de roseau.

– Oui, oui... tout de suite...

Le fermier consulta du regard Nedjem, qui approuva d'un clignement d'yeux. Muni de ses outils, le garçonnet s'aventura dans la cour de la ferme, puis dans les étables, sous la surveillance de paysans stupéfaits.

Une heure plus tard, il présenta à son hôte le morceau de calcaire, couvert de chiffres.

– J'ai bien compté, affirma Khâ ; tu possèdes cent douze vaches.

L'enfant se frotta les yeux et se réfugia contre la jambe de Nedjem.

– Maintenant, avoua-t-il, j'ai sommeil.

Le ministre de l'Agriculture le prit dans ses bras. Khâ dormait déjà.

« Un nouveau miracle de Ramsès », pensa Nedjem.

36

Aussi athlétique que Ramsès, les épaules larges, le front haut couronné d'une abondante chevelure, barbu, le visage buriné par le soleil, Moïse entra avec lenteur dans le bureau du roi d'Égypte.

Ramsès se leva, les deux amis se donnèrent l'accolade.

– C'est ici que travaillait Séthi, n'est-ce pas ?

– Je n'ai rien modifié, Moïse. Cette pièce est imprégnée de sa pensée ; puisse-t-elle m'inspirer pour gouverner.

Une douce lumière pénétrait par les trois fenêtres *a claustra* dont la disposition assurait une agréable circulation d'air. La chaleur de l'été finissant devenait agréable.

Ramsès abandonna le fauteuil royal à dossier droit et s'assit sur une chaise paillée, en face de son ami.

– Comment te portes-tu, Moïse ?

– Ma santé est excellente, ma force inoccupée.

– Nous n'avons plus guère le temps de nous voir, et j'en suis responsable.

– Tu sais que l'oisiveté, même luxueuse, m'horripile. J'appréciais mon travail, à Karnak.

– La cour de Memphis manquerait-elle de séduction ?

– Les courtisans m'ennuient. Ils ne cessent de tresser tes louanges et ne tarderont pas à t'élever au rang de divinité. C'est stupide et méprisable.

– Critiquerais-tu mon action ?

– La crue miraculeuse, le phénix, l'ère nouvelle... Ce sont des faits indiscutables qui expliquent ta popularité. Possèdes-tu des pouvoirs surnaturels, es-tu un prédestiné ? Ton peuple en est persuadé.

– Et toi, Moïse ?

– Peut-être est-ce la vérité. Mais tu n'es pas le vrai Dieu.

– L'ai-je prétendu ?

– Prends garde, Ramsès ; la flatterie de ton entourage pourrait te conduire à une vanité incommensurable.

– Tu connais mal le rôle et la fonction de Pharaon. De plus, tu me prends pour un médiocre.

– Je ne cherche qu'à t'aider.

– Je vais t'en donner l'occasion.

Le regard de Moïse brilla de curiosité.

– Tu me renvoies à Karnak ?

– J'ai une tâche beaucoup plus importante à t'attribuer, si tu en es d'accord.

– Plus importante que Karnak ?

Le roi se leva et s'adossa à la fenêtre.

– J'ai conçu un immense projet que j'ai confié à Néfertari. Elle et moi avons estimé qu'il fallait attendre un signe avant de le concrétiser. La crue et le phénix... Le ciel m'a offert deux signes, la Maison de Vie m'a confirmé que s'ouvrait bien une nouvelle ère, selon les lois de l'astronomie. Certes, je terminerai l'œuvre commencée par mon père, à Karnak comme à Abydos ; mais ce temps nouveau doit être marqué par des créations nouvelles. Est-ce vanité, Moïse ?

– Chaque pharaon se doit d'agir ainsi, selon la tradition.

Ramsès sembla soucieux.

– Le monde est en train de changer, les Hittites constituent une menace permanente. L'Égypte est un pays riche et convoité. Voici les vérités qui m'ont amené à concevoir mon projet.

– Augmenter la puissance de l'armée ?

– Non, Moïse, mais déplacer le centre vital de l'Égypte.

– Veux-tu dire...

– Bâtir une nouvelle capitale.

L'Hébreu fut abasourdi.

– N'est-ce pas... une folie ?

– Le sort de notre pays se jouera à sa frontière nord-est. C'est donc dans le Delta que devra résider mon gouvernement afin d'être immédiatement informé du moindre événement qui surviendrait au Liban, en Syrie et dans nos protectorats que menacent les Hittites. Thèbes demeurera la cité d'Amon, une cité splendide où se dressent l'immense Karnak et l'admirable Louxor que j'embellirai. Sur la rive ouest, la montagne du silence veille à jamais sur les Vallées des Rois et des Reines, et les demeures d'éternité des êtres de rectitude.

– Mais... Memphis ?

– Memphis est la balance des Deux Terres, à la jonction du Delta et de la vallée du Nil ; elle restera notre capitale économique et notre centre de régulation interne. Mais il faut aller plus au nord et plus à l'est, Moïse, ne pas se camper dans notre superbe isolement, ne pas oublier que nous avons déjà été envahis, et que l'Égypte se présente comme une proie tentante.

– La ligne de forteresses ne suffit-elle pas ?

– En cas de danger, je dois réagir très vite. Plus je serai proche de la frontière, moins les informations mettront de temps à me parvenir.

– Créer une capitale est une entreprise périlleuse. Akhénaton n'a-t-il pas essuyé un échec ?

– Akhénaton a commis des erreurs impardonnables. Le site qu'il a choisi, en Moyenne-Égypte, était condamné dès la pose de la première pierre. Il ne cherchait pas le bonheur de son peuple, mais la réalisation de son rêve mystique.

– Ne s'est-il pas opposé aux prêtres d'Amon, comme toi ?

– Si le grand prêtre d'Amon est fidèle à la Règle et au roi, pourquoi le combattrais-je ?

– Akhénaton croyait en un dieu unique et il a bâti une ville à sa gloire.

– Il a presque ruiné le pays prospère que lui avait légué son père, le grand Amenhotep ; Akhénaton était un faible et un indécis, perdu dans ses prières. Sous son règne, les puissances hostiles à l'Égypte ont conquis nombre de territoires que nous contrôlions. Tiens-tu à prendre sa défense ?

Moïse hésita.

– Aujourd'hui, sa capitale est abandonnée.

– La mienne sera construite pour plusieurs générations.

– Tu me fais presque peur, Ramsès.

– Reprends courage, ami !

– Combien d'années faudra-t-il pour faire surgir une cité du néant ?

Ramsès sourit.

– Elle ne surgira pas du néant.

– Explique-toi.

– Pendant mes années de formation, Séthi m'a fait découvrir des sites essentiels. À chaque voyage, il me transmettait un enseignement que je tentais de percevoir ; à présent, ces pèlerinages prennent un sens. L'un de ces sites fut Avaris.

– Avaris, la cité maudite, la capitale des envahisseurs hyksos ?

– Séthi portait le nom de Seth, l'assassin d'Osiris, car sa puissance était telle qu'il a su pacifier la force de destruction, en extraire la lumière cachée et l'utiliser pour bâtir.

– Et toi, tu voudrais transformer Avaris en ville de Ramsès ?

– *Pi-Ramsès*, « la cité de Ramsès », capitale de l'Égypte, sera effectivement son nom.

– C'est une folie !

– Pi-Ramsès sera magnifique et accueillante, les poètes chanteront sa beauté.

– Dans combien d'années ?

– Je n'avais pas oublié ta question ; c'est même à cause d'elle que je t'ai convoqué.

– Je crains de comprendre...

– Il me faut un homme de confiance pour superviser les travaux et empêcher tout retard. Je suis pressé, Moïse ; Avaris devra être transformée aussi vite que possible en Pi-Ramsès.

– As-tu envisagé un délai ?

– Moins d'un an.

– Impossible !

– Grâce à toi, non.

– Me croirais-tu capable de déplacer des pierres à la vitesse d'un faucon et de les assembler par la seule force de ma volonté ?

– Des pierres, non ; des briques, oui.

– Alors, tu as songé...

– Aux Hébreux qui travaillent en nombre dans ce secteur. Ils sont actuellement dispersés dans plusieurs agglomérations ; en les rassemblant, tu formeras une formidable équipe d'ouvriers qualifiés, capable de mener à bien une gigantesque entreprise !

– Les temples ne doivent-ils pas être bâtis en pierre ?

– Je ferai agrandir ceux qui existent déjà, la construction s'étalera sur plusieurs années. Avec les briques, nous édifierons les palais, les bâtiments administratifs, les villas des nobles, les maisons grandes et petites. Dans moins d'un an, Pi-Ramsès sera habitable et fonctionnera comme capitale.

Moïse parut dubitatif.

– Je maintiens que c'est impossible. À lui seul, le plan...

– Le plan est dans ma tête ! Je le dessinerai moi-même sur papyrus et tu en surveilleras personnellement l'exécution.

– Les Hébreux sont des gens plutôt frondeurs ; chaque clan a son chef.

– Je ne te demande pas de devenir le roi d'une nation, mais chef de travaux.

– M'imposer ne sera pas facile.

– J'ai confiance.

– Dès que le projet sera connu, d'autres Hébreux tenteront de prendre ma place.

– Crois-tu qu'ils aient la possibilité de l'obtenir ?

Moïse sourit à son tour.

– Dans les délais que tu imposes, nous n'avons aucune chance de réussir.

– Nous bâtirons Pi-Ramsès, elle resplendira sous le soleil du Delta et illuminera l'Égypte de sa beauté. Au travail, Moïse.

37

Abner le briquetier ne supportait plus l'injustice dont l'accablait Sary. Parce qu'il était l'époux de la sœur de Ramsès, l'Égyptien traitait les ouvriers avec mépris et dureté. Il sous-payait les heures supplémentaires, trichait sur les rations de nourriture et refusait des congés sous prétexte que le travail était mal fait.

Lorsque Moïse résidait à Thèbes, Sary avait dû battre en retraite ; depuis son départ, il redoublait d'agressivité. La veille, il avait frappé un garçon de quinze ans à coups de bâton, l'accusant de ne pas transporter assez vite les briques de la fabrique au bateau.

Cette fois, la coupe débordait.

Quand Sary se présenta à l'entrée de la fabrique, les Hébreux étaient assis en cercle. Seul Abner se tenait debout, devant les couffins vides.

– Debout et au travail ! ordonna Sary, dont la maigreur s'était accentuée.

– Nous voulons des excuses, déclara Abner avec calme.

– Quel mot as-tu employé ?

– Le garçon que tu as frappé injustement est alité. À lui comme à nous, tu dois des excuses.

– As-tu perdu, l'esprit, Abner ?

– Tant que nous n'aurons pas obtenu satisfaction, nous ne reprendrons pas le travail.

Le rire de Sary fut féroce.

– Tu es ridicule, mon pauvre Abner !

– Puisque tu te moques de nous, nous porterons plainte.

– Tu es ridicule et stupide. Sur mon ordre, la police a mené une enquête et constaté que ce jeune tâcheron avait été victime d'un accident, par sa propre faute.

– Mais... c'est un mensonge !

– Sa déclaration a été enregistrée par un scribe, en ma présence. S'il revient sur ses dires, c'est lui qui sera accusé de mensonge.

– Comment oses-tu dénaturer ainsi la vérité ?

– Si vous ne reprenez pas immédiatement le travail, les sanctions seront lourdes. Vous devez livrer des briques pour la nouvelle demeure du maire de Thèbes, et il ne supporte pas les retards.

– Les lois...

– Ne parle pas des lois, l'Hébreu. Tu es incapable de les comprendre. Si tu oses porter plainte, ta famille et tes proches en pâtiront.

Abner eut peur de l'Égyptien. Lui et les autres ouvriers reprirent le travail.

Dolente, l'épouse de Sary, était de plus en plus fascinée par l'étrange personnalité d'Ofir, le mage libyen. Malgré son visage inquiétant et son profil d'oiseau de proie, il prononçait des paroles apaisantes et parlait du disque solaire, Aton, avec une chaleur communicative. Hôte discret, il avait accepté de recevoir de nombreux amis de la sœur de Ramsès, d'évoquer l'injuste persécution infligée à Akhénaton et la nécessité de promouvoir le culte d'un dieu unique.

Ofir envoûtait. Personne ne sortait indifférent de ces entretiens ; certains étaient ébranlés, d'autres persuadés que le mage voyait juste. Peu à peu se tissait une toile dans laquelle il retenait des proies dignes d'intérêt. Au fil des semaines, le réseau des partisans d'Aton et du règne de Lita avait pris de l'ampleur, même s'il semblait loin de pouvoir jouer un rôle quelconque dans la conquête du trône. Un mouvement d'idées prenait corps.

Lita assistait aux conversations, mais demeurait muette. La dignité de la jeune femme, son maintien, sa retenue emportèrent la conviction de plusieurs notables. Elle appartenait bien à une lignée royale qui méritait d'être prise en considération. Ne devait-elle pas, tôt ou tard, retrouver un rang à la cour ?

Ofir ne critiquait pas, n'exigeait rien. D'une voix grave et persuasive, il rappelait les convictions profondes d'Akhénaton, la beauté des poèmes qu'il avait lui-même composés en l'honneur d'Aton, son amour de la vérité. L'amour et la paix : n'était-ce pas le message du roi persécuté et de sa descendante, Lita ? Et ce message annonçait un avenir magnifique, un avenir digne de l'Égypte et de sa civilisation.

Lorsque Dolente présenta au mage l'ex-ministre des Affaires étrangères, Méba, elle fut fière d'elle. Fière de sortir de son apathie habituelle, fière de servir une noble cause. Ramsès l'avait abandonnée, le mage donnait un sens à son existence.

Le visage large et rassurant, l'allure noble et imposante, l'ancien diplomate ne cacha pas sa défiance.

– Je cède devant votre insistance, ma chère, mais uniquement pour vous être agréable.

– Soyez remercié, Méba ; vous ne le regretterez pas.

Dolente conduisit Méba auprès du mage, assis sous un perséa. Il nouait deux fils de lin afin de confectionner une cordelette qui servirait de support à une amulette.

Il se leva et s'inclina.

– C'est un très grand honneur, pour moi, de recevoir un ministre.

– Je ne suis plus rien, déclara Méba, acide.

– L'injustice peut frapper n'importe qui à n'importe quel moment.

– Ce n'est pas une consolation.

La sœur de Ramsès intervint.

– J'ai tout expliqué à mon ami Méba ; peut-être acceptera-t-il de nous aider.

– Ne nous illusionnons pas, ma chère ! Ramsès m'a enfermé dans une retraite dorée.

– Vous désirez vous venger de lui, affirma le mage d'une voix posée.

– N'exagérons pas, protesta Méba. Il me reste quelques amis influents qui...

– Ils s'occuperont de leur propre carrière, non de la vôtre. Moi, j'ai un autre but : prouver la légitimité de Lita.

– C'est une utopie. Ramsès possède une personnalité d'une force exceptionnelle, et il n'abandonnera le pouvoir à personne. De plus, les miracles qui ont marqué sa première année de règne l'ont rendu très populaire. Croyez-moi, il est hors d'atteinte.

– Pour vaincre un adversaire de cette taille, il ne faut pas le combattre sur son propre terrain.

– Quel est votre plan ?

– Vous intéresse-t-il ?

Gêné, Méba palpa l'amulette qu'il portait au cou.

– Eh bien...

– Par ce geste, vous venez de donner l'une des réponses : la magie. J'ai la capacité de briser les protections dont Ramsès s'entoure. Ce sera long et difficile, mais j'y parviendrai.

Effrayé, le diplomate recula d'un pas.

– Je suis incapable de vous prêter assistance.

– Je ne vous le demande pas, Méba. Mais il est un autre terrain sur lequel il faut attaquer Ramsès : celui des idées.

– Je ne vous suis pas.

– Les partisans d'Aton ont besoin d'un chef respecté et

respectable. Lorsque Aton éliminera les autres dieux, cet homme-là jouera un rôle de premier plan et renversera Ramsès affaibli et incapable de réagir.

– C'est... c'est très risqué !

– Akhénaton a été persécuté, non Aton. Aucune loi n'interdit son culte, ses adorateurs sont nombreux et décidés à l'imposer. Akhénaton a échoué, nous réussirons.

Méba était troublé ; ses mains tremblaient.

– Je dois réfléchir.

– N'est-ce pas exaltant ? interrogea la sœur du roi. C'est un monde nouveau qui s'ouvre devant nous, un monde où nous aurons notre véritable place !

– Oui, sans doute... Je réfléchirai.

Ofir était fort satisfait de cet entretien. Diplomate prudent et peureux, Méba n'avait pas l'envergure d'un chef de clan. Mais il détestait Ramsès et rêvait de reconquérir son rang. Incapable d'agir, il exploiterait pourtant cette opportunité en consultant son guide et son ami, Chénar, l'homme qu'Ofir voulait manipuler. Dolente lui avait longuement parlé du nouveau ministre des Affaires étrangères, naguère jaloux de son frère. S'il n'avait pas changé, Chénar avançait masqué, animé du même désir de détruire Ramsès. Par le biais de Méba, le mage finirait par entrer en contact avec ce puissant personnage et en ferait son principal allié.

Après une épuisante et interminable journée de travail, le gros orteil du pied droit de Sary était rouge et gonflé, déformé par l'arthrite. Il conduisit à grand-peine son char de fonction, la station debout lui était insupportable. Sa seule satisfaction avait été de prendre des mesures disciplinaires contre les Hébreux, lesquels avaient enfin compris qu'il était inutile de se révolter contre lui. Grâce à ses relations dans la police thébaine et à l'appui du maire de la ville, il pouvait traiter les briquetiers à sa guise et passer ses nerfs sur cette racaille.

La présence du mage et de son égérie silencieuse commençait à l'importuner. Certes, les deux étranges personnages demeuraient discrets, mais ils influençaient un peu trop Dolente dont la dévotion envers Aton devenait exaspérante. À force de se perdre dans son mysticisme et de boire les paroles d'Ofir comme une eau de source, ne négligerait-elle pas son devoir conjugal ?

La grande et lascive femme brune l'attendait sur le seuil de leur villa.

– Va chercher de l'onguent pour me masser, ordonna-t-il ; la douleur est intolérable.

– N'es-tu pas trop douillet, chéri ?

– Moi, douillet ? Tu méconnais le poids de mes journées ! La compagnie de ces Hébreux me déprime.

Dolente le prit par le bras et l'emmena dans leur chambre. Sary s'allongea sur des coussins, son épouse lui lava les pieds, les parfuma et enduisit d'onguent l'orteil gonflé.

– Ton mage est encore là ?

– Méba lui a rendu visite.

– L'ex-ministre des Affaires étrangères ?

– Ils se sont bien entendus.

– Méba, partisan d'Aton ? C'est un froussard !

– Il possède encore de nombreuses relations, beaucoup de notables le respectent. S'il consent à aider Ofir et Lita, nous progresserons.

– N'attaches-tu pas trop d'importance à ces deux illuminés ?

– Sary ! Comment oses-tu parler ainsi ?

– Ça va, ça va... Je n'ai rien dit.

– Ils sont notre seule chance de reconquérir notre rang. Et puis cette croyance en Aton est si belle, si pure... Ne sens-tu pas ton cœur s'attendrir lorsque Ofir parle de sa foi ?

– Ton mari ne compte-t-il pas davantage que ce mage libyen ?

– Mais... Il n'y a pas de comparaison possible !

– Lui, il t'observe la journée durant ; moi, je surveille les Hébreux fainéants. Une blonde et une brune sous le même toit... Il a bien de la chance, ton Ofir !

Dolente cessa de masser l'orteil malade.

– Tu délires, Sary ! Ofir est un sage et un homme de prières. Voilà longtemps qu'il ne songe plus à...

– Et toi, y songes-tu encore ?

– Tu me dégoûtes !

– Ôte ta robe, chérie, et recommence à me masser. Moi, les prières, je m'en moque.

– Ah, j'oubliais !

– Quoi donc ?

– Un messager royal a déposé une lettre à ton intention.

– Apporte-la-moi.

Dolente s'éclipsa. L'orteil de Sary était déjà moins douloureux. Que voulait l'administration ? Sans doute le nommer à un autre poste plus honorifique où, cette fois, il éviterait le contact avec les Hébreux.

La grande femme brune réapparut avec la missive. Sary décacheta le papyrus, le déroula et le lut.

Son visage se crispa, ses lèvres furent privées de sang.

– Une mauvaise nouvelle ?

– Je suis convoqué à Memphis avec mon équipe de briquetiers.

– C'est... c'est merveilleux !

– La lettre est signée de Moïse, superviseur des chantiers royaux.

38

Aucun briquetier hébreu ne manquait à l'appel. Lorsque les lettres de Moïse étaient parvenues dans les différentes agglomérations où ils travaillaient, l'enthousiasme avait été général. Depuis son séjour à Karnak, la réputation de Moïse avait fait le tour de l'Égypte. Chacun savait qu'il défendait ses frères de race et ne tolérait aucune oppression. Être l'ami de Ramsès lui donnait un avantage remarquable ; et voici qu'il était nommé superviseur des chantiers royaux ! Pour beaucoup, un immense espoir naissait. Le jeune Hébreu n'améliorerait-il pas les salaires et les conditions de travail ?

Lui-même ne s'attendait pas à un tel succès. Quelques chefs de clan étaient contrariés, mais les ordres de Pharaon ne pouvaient être discutés ; aussi se placèrent-ils sous l'autorité de Moïse qui parcourait le camp de tentes établi au nord de Memphis et s'assurait du confort et de l'hygiène.

Sary lui barra le passage.

– Quelle est la raison de ta convocation ?

– Tu l'apprendras bientôt.

– Je ne suis pas hébreu, moi !

– Plusieurs chefs d'équipe égyptiens sont présents ici.

– Oublierais-tu que mon épouse est la sœur du roi ?

– Moi, je suis le superviseur de ses chantiers. Autrement dit, tu me dois obéissance.

Sary se mordit les lèvres.

– Mon troupeau d'Hébreux est très indiscipliné. J'ai pris l'habitude de manier le bâton et n'ai pas l'intention de changer.

– Bien manié, le bâton ouvre l'oreille qui est sur le dos; en cas d'injustice, c'est le manieur de bâton qui doit être frappé. Je m'en chargerai moi-même.

– Ton arrogance ne m'effraie pas.

– Sois plus méfiant, Sary; j'ai la capacité de te démettre. Ne ferais-tu pas un excellent briquetier?

– Jamais tu n'oseras...

– Ramsès m'a donné les pleins pouvoirs. Souviens-t'en.

Moïse écarta Sary, qui cracha dans les traces de pas de l'Hébreu.

Ce retour à Memphis, dont Dolente se réjouissait tant, menaçait d'être un enfer. Bien qu'il eût été officiellement informé de la présence de sa sœur aînée qui accompagnait son mari, Ramsès n'avait pas réagi. Le couple s'était installé dans une villa de taille moyenne où il abritait le mage Ofir et Lita, présentés comme des domestiques. Le trio, malgré la relative désapprobation de Sary, était bien décidé à recommencer à Memphis ce qu'il avait entrepris à Thèbes. En raison du grand nombre d'étrangers qui résidaient dans la capitale économique du pays, la propagation de la religion d'Aton serait plus facile que dans le Sud, traditionaliste et hostile aux évolutions religieuses. Dolente voyait là un signe très favorable au succès de leur entreprise.

Sary demeurait sceptique et se préoccupait surtout de son propre sort. Quel serait le contenu du discours que Moïse allait prononcer devant des milliers d'Hébreux enfiévrés?

À l'entrée du ministère des Affaires étrangères veillait une statue de Thot, sous forme d'un énorme babouin de granit rose. Le maître des hiéroglyphes, incarné dans ce redoutable animal capable de mettre un fauve en fuite, n'avait-il pas séparé les langues lors de la création des races humaines ? À son exemple, les diplomates devaient pratiquer plusieurs idiomes, car l'exportation des signes sacrés, que les Égyptiens gravaient dans la pierre, était interdite. Lors de leur séjour à l'étranger, ambassadeurs et messagers parlaient la langue du pays où ils se trouvaient.

Comme les autres hauts fonctionnaires du ministère, Âcha se recueillit dans la chapelle située à gauche de l'entrée du bâtiment et déposa des narcisses sur l'autel de Thot. Avant de se pencher sur les dossiers complexes dont dépendait la sécurité du pays, il était bon d'implorer les faveurs du scribe divin.

Le rite accompli, l'élégant et brillant diplomate traversa plusieurs salles où des fonctionnaires s'affairaient, et demanda à être reçu par Chénar qui occupait, à l'étage, un bureau spacieux.

– Âcha, enfin ! Où étiez-vous ?

– J'ai passé une nuit quelque peu frivole et dormi plus longtemps que d'habitude. Mon léger retard vous aurait-il causé préjudice ?

Le visage de Chénar était rouge et boursouflé ; sans nul doute, le frère aîné de Ramsès était en proie à une violente émotion.

– Un incident grave ?

– Avez-vous entendu parler du rassemblement de briquetiers hébreux au nord de Memphis ?

– Je n'y ai guère prêté attention.

– Moi non plus, et nous avons eu tort tous les deux !

– En quoi ces gens nous concernent-ils ?

La tête allongée et fixe, la voix onctueuse, Âcha n'éprouvait qu'un profond dédain à l'égard d'ouvriers qu'il n'avait pas l'occasion de fréquenter.

– Connaissez-vous l'identité de l'homme qui les a convoqués là et qui porte désormais le titre de superviseur des chantiers royaux ? Moïse !

– Quoi d'étonnant ? Il a déjà surveillé un chantier à Karnak et bénéficie d'une promotion.

– Si ce n'était que cela... Hier, Moïse s'est adressé aux Hébreux et leur a révélé le projet de Ramsès : construire une nouvelle capitale dans le Delta !

Un long silence succéda à cette révélation. Âcha, d'ordinaire si sûr de lui, accusait le choc.

– Êtes-vous certain...

– Oui, Âcha, tout à fait certain ! Moïse exécute les ordres de mon frère.

– Une nouvelle capitale... C'est impossible.

– Pas pour Ramsès !

– Est-ce un simple projet ?

– Pharaon a lui-même tracé le plan et choisi l'emplacement. Un emplacement incroyable : Avaris, la cité honnie des occcupants hyksôs dont nous eûmes tant de mal à nous débarrasser !

Soudain, le visage lunaire de Chénar s'éclaira.

– Et si... si Ramsès était devenu fou ? Son entreprise étant vouée à l'échec, il faudra faire appel à des hommes raisonnables.

– Ne soyez pas trop optimiste. Ramsès court des risques énormes, certes, mais son instinct est un bon guide. Il n'y avait pas de meilleure décision à prendre ; en implantant la capitale si loin au nord-est du pays et si près de la frontière, il donnera un avertissement clair aux Hittites. Au lieu de se replier sur elle-même, l'Égypte se montre consciente du danger et ne cédera pas un pouce de terrain. Le roi sera très vite informé des agissements de ses ennemis et réagira sans délai.

Chénar s'assit, désabusé.

– C'est une catastrophe. Notre stratégie s'effondre.

– Ne soyez pas trop pessimiste. D'une part, le désir de Ramsès ne deviendra peut-être pas réalité ; d'autre part, pourquoi renoncer à nos plans ?

– N'est-il pas évident que mon frère prend en main la politique étrangère ?

– Ce n'est pas une surprise, mais il reste dépendant des informations qu'il recevra et à partir desquelles il appréciera la situation. Laissons-le minimiser notre rôle et obéissons-lui avec déférence.

Chénar reprit confiance.

– Vous avez raison, Âcha ; une nouvelle capitale ne sera pas un rempart infranchissable.

La reine mère Touya avait retrouvé avec émotion le jardin de son palais de Memphis. Comme les promenades en compagnie de Séthi avaient été rares, combien brèves les années passées auprès de lui ! Elle se souvenait de chacune de ses paroles, de chacun de ses regards, avait souvent rêvé d'une vieillesse longue et paisible au cours de laquelle ils égrèneraient leurs souvenirs. Mais Séthi était parti sur les beaux chemins de l'au-delà, et elle marchait seule, dans ce jardin merveilleux, peuplé de grenadiers, de tamaris et de jujubiers. De part et d'autre de l'allée, des bleuets, des anémones, des lupins et des renoncules. Un peu lasse, Touya s'assit près du bassin aux lotus, sous un pavillon couvert de glycine.

Quand Ramsès se dirigea vers elle, sa tristesse s'effaça.

En moins d'un an de règne, son fils avait pris tant d'assurance que le doute semblait à jamais chassé de son esprit. Il gouvernait avec la même vigueur que son père, comme si une force inépuisable l'habitait.

Ramsès embrassa sa mère avec tendresse et respect, et s'assit à sa droite.

– J'ai besoin de te parler.

– C'est pourquoi je suis ici, mon fils.

– Approuves-tu le choix des hommes qui composent mon gouvernement ?

– Te rappelles-tu le conseil de Séthi ?

– C'est lui qui m'a guidé : « Scrute l'âme des hommes, recherche des dignitaires au caractère ferme et droit, capables d'émettre un jugement impartial tout en ne trahissant pas leur serment d'obéissance. » Ai-je réussi ? Seules les prochaines années le diront.

– Redoutes-tu déjà la révolte ?

– Je vais vite, elle est donc inévitable. Des susceptibilités seront froissées, des intérêts contrariés. Quand l'idée de cette nouvelle capitale m'est venue, ce fut une fulgurance, un trait de lumière qui traversa ma pensée et s'imposa à moi comme une vérité indestructible.

– Ceci se nomme *sia*, l'intuition directe, sans raisonnement et sans analyse. Séthi a pris de nombreuses décisions grâce à elle, il estimait qu'elle se transmettait de cœur de Pharaon à cœur de Pharaon.

– Approuves-tu la construction de Pi-Ramsès, ma ville ?

– Puisque *sia* a parlé en ton cœur, pourquoi as-tu besoin de mon avis ?

– Parce que mon père est présent en ce jardin, et que toi et moi entendons sa voix.

– Les signes sont apparus, Ramsès ; avec ton règne s'ouvre une ère nouvelle. Pi-Ramsès sera ta capitale.

Les mains de Ramsès s'unirent à celles de sa mère.

– Tu verras cette cité, ma mère, et elle te réjouira.

– Ta protection me cause du souci.

– Serramanna est vigilant.

– Je veux parler de ta protection magique. Songes-tu à bâtir ton temple des millions d'années ?

– Son site est choisi, mais Pi-Ramsès est ma priorité.

– N'oublie pas ce temple. Si les forces des ténèbres se déchaînaient contre toi, il serait ton meilleur allié.

39

L'endroit était magnifique.

Une terre fertile, de vastes champs, des herbages abondants, des sentiers bordés de fleurs, des pommiers dont les fruits avaient le goût de miel, une oliveraie aux arbres vigoureux, des étangs remplis de poissons, des marais salants, des étendues de papyrus hauts et drus : telle se présentait la campagne d'Avaris, la cité détestée, réduite à quelques maisons et à un temple du dieu Seth.

C'est là que Séthi avait confronté Ramsès à *la* puissance. C'était là que Ramsès bâtirait sa capitale.

La beauté et la luxuriance du lieu surprirent Moïse ; les Hébreux et les contremaîtres égyptiens faisaient partie de l'expédition que guidait Ramsès en personne, accompagné de son lion et de son chien. L'œil aux aguets, Serramanna et une dizaine d'éclaireurs avaient précédé le monarque pour s'assurer qu'aucun danger ne le menaçait.

La bourgade d'Avaris sommeillait sous le soleil. Elle n'abritait que des fonctionnaires sans avenir, des paysans aux gestes lents et des cueilleurs de papyrus. Le site semblait voué à l'oubli et au rythme éternel des saisons.

L'expédition, partie de Memphis, avait fait halte dans la ville sainte d'Héliopolis où Ramsès avait fait offrande à son protecteur, Râ. Puis elle était passée par Bubastis, cité de la déesse de la douceur et de l'amour, Bastet, qui s'incarnait dans une chatte, et avait longé la branche pélusiaque [1] du Nil que l'on baptisait « les eaux de Râ ». Proche du lac Menzaleh, Avaris se trouvait à l'extrémité occidentale du « chemin d'Horus », une piste menant en Syro-Palestine par le littoral du Sinaï.

– Un emplacement stratégique de première importance, constata Moïse en regardant le plan que lui avait confié Ramsès.

– Comprends-tu les raisons de mon choix ? Prolongées par un canal, les « eaux de Râ » nous permettront de communiquer avec les grands lacs bordant l'isthme d'El-Qantara. Par bateau, en cas d'urgence, nous atteindrons rapidement la forteresse de Silé et les fortins de la frontière. Je renforcerai la protection de l'est du Delta, contrôlerai la route des invasions, et serai vite informé du moindre trouble survenant dans nos protectorats. Ici, l'été sera agréable ; les garnisons ne souffriront pas de la chaleur et seront, à tout moment, prêtes à intervenir.

– Tu vois loin et grand, estima Moïse.

– Comment réagissent tes hommes ?

– Ils paraissent heureux de travailler sous mes ordres. Mais la meilleure motivation n'est-elle pas la substantielle augmentation de salaire que tu leur as accordée ?

– Il n'y a pas de victoire sans générosité. Je veux une ville splendide.

Moïse se pencha de nouveau sur le plan. Quatre temples majeurs seraient construits : à l'occident, celui d'Amon, « le caché » ; au midi, celui de Seth, le maître du lieu ; à l'orient, celui d'Astarté, la déesse syrienne ; au nord, celui d'Ouadjet, « la verdoyante », garante de la prospérité du site. Près du temple de Seth, un grand port fluvial, relié aux « eaux de Râ » et aux « eaux d'Avaris », deux larges canaux qui enca-

---

1. La branche « pélusiaque », l'un des trois grands bras du Delta, est ainsi nommée parce qu'elle aboutit à Péluse (près de Tell Farameh), cité située à l'extrémité orientale du Delta.

draient la ville et lui assuraient une parfaite alimentation en eau potable. Autour du port, des entrepôts, des greniers, des fabriques et des ateliers. Plus au nord, au centre de la cité, le palais royal, les bâtiments administratifs, les villas des nobles et les quartiers d'habitation, où se côtoieraient les grands et les humbles. Du palais partirait l'artère principale, desservant en ligne droite le temple de Ptah, le Créateur, alors que deux grandes allées mèneraient, sur la gauche, vers celui d'Amon et, sur la droite, vers celui de Râ. Le sanctuaire de Seth était plus isolé, de l'autre côté du canal reliant les « eaux de Râ » et les « eaux d'Avaris ».

Quant à l'armée, elle bénéficierait de quatre casernes, l'une entre la branche pélusiaque et les bâtiments officiels, les trois autres le long des « eaux d'Avaris », la première derrière le temple de Ptah, la deuxième jouxtant des quartiers populaires, et la troisième proche des temples de Râ et d'Astarté.

– Des spécialistes ouvriront dès demain des ateliers de fabrication de tuiles vernissées, révéla Ramsès ; de la maison la plus modeste à la salle de réception du palais régneront des couleurs éclatantes. Encore faut-il que les édifices existent ; tel est ton rôle, Moïse.

De l'index de la main droite, Moïse identifia un à un les bâtiments dont les dimensions avaient été précisées par le monarque.

– L'œuvre est gigantesque mais enthousiasmante. Pourtant...

– Pourtant ?

– N'en déplaise à Ta Majesté, il manque un temple. Je le verrai bien dans l'espace libre, entre les sanctuaires d'Amon et de Ptah.

– À quelle divinité serait-il dédié ?

– À celle qui crée la fonction de Pharaon. N'est-ce pas dans ce temple que tu célébreras ta fête de régénération ?

– Pour que ce rite soit accompli, un pharaon doit avoir régné trente ans. Entreprendre dès aujourd'hui la construction d'un tel temple serait une injure au destin.

– Tu as quand même laissé la place libre.

– Ne pas y songer eût été une injure à ma chance. En l'an trente de mon règne, lors de cette fête, tu seras au premier rang des dignitaires, en compagnie de nos amis d'enfance.

– Trente années... Quel sort Dieu nous réserve-t-il ?

– Pour l'heure, il nous enjoint de créer ensemble la capitale de l'Égypte.

– J'ai réparti les Hébreux en deux groupes. Le premier acheminera les blocs de pierre jusqu'aux chantiers des temples où ils travailleront sous la direction des maîtres d'œuvre égyptiens. Le second fabriquera des milliers de briques destinées à ton palais et aux bâtiments civils. La coordination entre les groupes de production sera malaisée ; je crains que ma popularité ne soit rapidement battue en brèche. Sais-tu comment m'appellent les Hébreux ? *Masha*, « le sauvé des eaux » !

– Aurais-tu accompli un miracle, toi aussi ?

– C'est une vieille légende babylonienne qui leur plaît beaucoup ; ils ont fait un jeu de mots avec mon véritable nom, Moïse, « Celui qui est né », car ils estiment que moi, un Hébreu, je suis béni des dieux. N'ai-je pas reçu l'éducation des nobles et ne suis-je pas l'ami de Pharaon ? Dieu m'a sauvé des « eaux » de la misère et de l'infortune. Un homme qui bénéficie d'autant de chance mérite d'être suivi ; c'est pourquoi les briquetiers m'accordent leur confiance.

– Qu'ils ne manquent de rien. Je te donne pouvoir d'utiliser des greniers royaux, en cas de nécessité.

– Je bâtirai ta capitale, Ramsès.

Portant une courte perruque noire maintenue par un bandeau blanc et laissant les oreilles dégagées, adeptes de la moustache et de la barbe courte, le front bas, la lèvre inférieure épaisse, les briquetiers hébreux formaient une corporation jalouse de son savoir-faire. Syriens et Égyptiens tentaient de rivaliser avec eux, mais les meilleurs spécialistes étaient hébreux et le resteraient. Le travail était dur, étroitement surveillé par des contremaîtres égyptiens, mais correctement payé et entrecoupé de nombreux jours de congé. De plus, en Égypte, la nourriture était bonne et abondante, et l'on se logeait sans trop de peine, les plus courageux parvenant même à se construire d'agréables demeures avec des matériaux de récupération.

Moïse n'avait pas dissimulé que, sur les chantiers de Pi-Ramsès, le rythme de travail serait plus intense qu'à l'ordinaire ; mais l'importance des primes compenserait ce désagrément. Participer à la construction de la nouvelle capitale enrichirait plus d'un Hébreu, à condition qu'il ne fût pas économe de sa sueur. Trois ouvriers, en cadence normale, pouvaient fabriquer huit ou neuf cents briques de petite taille par jour ; à Pi-Ramsès, il faudrait mouler des pièces de taille considérable [1] qui serviraient d'assises pour la pose des autres briques, de dimensions plus modestes et produites en série. Ces assises relevaient de la responsabilité des maîtres d'œuvre et des tailleurs de pierre, non de celle des briquetiers.

Dès le premier jour, les Hébreux comprirent que la vigilance de Moïse ne se relâcherait pas. Ceux qui avaient espéré s'octroyer de longues siestes sous un arbre déchantèrent et se rendirent à l'évidence : le rythme serait soutenu jusqu'à l'inauguration officielle de la capitale. Comme ses collègues, Abner se résolut à faire couler sa sueur pour mélanger du limon du Nil avec de la paille hachée et obtenir, grâce à un tour de main, le bon mélange. Plusieurs aires [2] avaient été mises à disposition des ouvriers qui humectaient le limon avec de l'eau puisée dans une tranchée reliée à un canal puis, avec un bel entrain nourri par des chants, travaillaient le matériau à la houe et à la pioche afin de rendre les futures briques plus résistantes.

---

1. 38 × 18 × 12 centimètres.
2. De 6 000 m^2 chacune environ.

Abner était énergique et habile ; dès que l'argile lui semblait de bonne qualité, il en remplissait un couffin qu'un manœuvre portait sur l'épaule jusqu'à l'atelier où on la versait dans un moule rectangulaire en bois. Le démoulage était une opération délicate à laquelle Moïse en personne assistait parfois. Les briques étaient disposées sur un sol très sec et séchaient pendant quatre jours, avant d'être empilées et transportées vers les divers chantiers, en commençant par les plus claires.

Modeste matériau, la brique de limon du Nil bien fabriquée se révélait d'une résistance remarquable ; lorsque les lits étaient correctement posés, elle pouvait même défier les siècles.

Parmi les Hébreux naquit une véritable émulation ; il y avait l'augmentation de salaire et les primes, certes, mais aussi la fierté de participer à une entreprise colossale et de gagner le pari qui leur était imposé. Dès que l'ardeur faiblissait, Moïse redonnait l'impulsion, et des milliers de briques parfaites sortaient des moules.

Pi-Ramsès naissait, Pi-Ramsès jaillissait du rêve de Ramsès pour entrer dans la réalité. Maîtres d'œuvre et tailleurs de pierre, respectant le plan du roi, édifiaient de solides assises ; inlassables, les tâcherons apportaient les briques que fabriquaient les Hébreux.

Sous le soleil, une ville prenait corps.

Abner, à la fin de chaque journée, admirait Moïse. Le chef des Hébreux allait d'un groupe à l'autre, vérifiait la qualité de la nourriture, envoyait au repos les malades et les ouvriers trop fatigués. Contrairement à ce qu'il avait envisagé, sa popularité ne cessait de croître.

Grâce aux primes qu'il avait déjà amassées, Abner offrirait une belle demeure à sa famille, ici même, dans la nouvelle capitale.

– Content de toi, Abner ?

Le visage maigre de Sary était empreint d'une joie malsaine.

– Que me veux-tu ?

– Je suis ton chef d'équipe. L'as-tu oublié ?

– Je fais mon travail.

– Mal.

– Comment, mal ?

– Tu as raté plusieurs briques.

– C'est faux !

– Deux contremaîtres ont constaté tes erreurs et rédigé un rapport. Si je le remets à Moïse, tu seras renvoyé et sans doute condamné.

– Pourquoi ces inventions, pourquoi ces mensonges ?

– Il te reste une solution : acheter mon silence avec tes gains. Ainsi, ta faute sera effacée.

– Tu es un chacal, Sary !

– Tu n'as pas le choix, Abner.

– Pourquoi me détestes-tu ?

– Tu es un Hébreu, parmi tant d'autres ; tu paies pour les autres, voilà tout.

– Tu n'as pas le droit !

– Ta réponse, tout de suite.

Abner baissa les yeux. Sary était le plus fort.

40

À Memphis, Ofir se sentait plus à l'aise qu'à Thèbes. La grande cité abritait de nombreux étrangers, la plupart parfaitement intégrés à la population égyptienne. Parmi eux, des adeptes de la doctrine d'Akhénaton dont le mage ranima la foi défaillante, en leur promettant qu'elle leur donnerait, dans un proche avenir, bonheur et prospérité.

Ceux qui eurent la chance de voir Lita, toujours silencieuse, furent très impressionnés. Nul ne douta que du sang royal coulait dans ses veines et qu'elle était bien l'héritière du roi maudit. Le discours patient et persuasif du mage faisait merveille, et la villa memphite de la sœur de Ramsès servait de cadre à de fructueux entretiens qui, jour après jour, permettaient d'augmenter le nombre des partisans du dieu unique.

Ofir n'était pas le premier étranger à propager des idées originales, mais le seul à tenter de ressusciter l'hérésie rejetée par les successeurs d'Akhénaton. Sa capitale et sa sépulture avaient été abandonnées, aucun courtisan n'avait été inhumé dans la nécropole proche de la cité d'Aton. Et chacun savait que Ramsès, après avoir soumis à sa volonté la hiérarchie de Karnak, ne tolérerait aucun trouble religieux. Aussi Ofir prit-il soin de distiller à doses infinitésimales des critiques contre le roi et sa politique, sans provoquer la réprobation.

Le mage progressait.

Dolente lui apporta du jus de caroube frais.

– Vous semblez fatigué, Ofir.

– Notre tâche réclame une ardeur de tous les instants. Comment se porte votre mari ?

– Il est très mécontent. D'après sa dernière lettre, il passe son temps à morigéner des Hébreux fainéants et menteurs.

– Pourtant, on prétend que la construction de la capitale avance vite.

– De l'avis général, elle sera splendide !

– Mais dédiée à Seth, seigneur du mal et des puissances ténébreuses ! Ramsès tente d'étouffer la lumière et d'occulter le soleil. Nous devons l'empêcher de réussir.

– J'en suis persuadée, Ofir.

– Votre appui m'est nécessaire, vous le savez. M'autorisez-vous à utiliser les ressources de ma science pour empêcher Ramsès de détruire l'Égypte ?

La grande femme brune et lascive se mordilla les lèvres.

– Ramsès est mon frère !

Ofir prit doucement les mains de Dolente.

– Il nous a déjà fait tant de mal ! Bien entendu, je respecterai votre décision, mais pourquoi hésiter plus longtemps ? Ramsès avance, lui ! Et plus il avance, plus ses protections magiques se renforcent. Si nous différons notre intervention, parviendrai-je à les anéantir ?

– C'est grave, si grave...

– Soyez consciente de vos responsabilités, Dolente. Je peux encore agir mais, bientôt, il sera trop tard.

La sœur du roi hésitait à prononcer une condamnation définitive. Ofir lâcha ses mains.

– Il existe peut-être un autre moyen.

– À quoi pensez-vous ?

– La rumeur prétend que la reine Néfertari est enceinte.

– Ce n'est plus une rumeur ! Il suffit de la regarder.

– Éprouvez-vous de l'affection pour elle ?

– Pas la moindre.

– Cette nuit, l'un de mes compatriotes m'apportera le nécessaire.

– Je m'enfermerai dans ma chambre ! cria Dolente, avant de disparaître.

L'homme arriva au milieu de la nuit. La villa était silencieuse, Dolente et Lita dormaient. Ofir ouvrit la porte de la demeure, prit le sac que lui tendait le marchand et le paya avec deux draps de lin que Dolente avait donnés au mage.

La transaction ne dura que quelques instants.

Ofir s'enferma dans une petite pièce de la villa dont il avait bouché les ouvertures. Une seule lampe à huile dispensait une faible lumière.

Sur une table basse, le mage disposa le contenu du paquet : une statuette de singe, une main en ivoire, une grossière figurine de femme nue, un minuscule pilier, et une autre figurine de femme tenant des serpents dans les mains. Le singe lui offrirait la technique du dieu Thot ; la main, la capacité d'agir ; la femme nue, celle de frapper les organes génitaux de la reine ; le pilier rendrait son attaque durable ; la femme aux serpents distillerait le venin de la magie noire dans le corps de Néfertari.

La tâche d'Ofir ne s'annonçait pas facile. La reine possédait une forte personnalité et, lors de son couronnement, avait bénéficié de protections invisibles, analogues à celles de Ramsès. Mais la grossesse rendait ses défenses moins efficaces. Une autre vie se nourrissait de celle de Néfertari et la privait peu à peu de ses forces.

Il faudrait au moins trois jours et trois nuits pour que l'envoûtement ait une chance de réussir. Ofir était un peu déçu de ne pas s'attaquer directement à Ramsès, mais la défection de sa sœur l'en empêchait. Quand il aurait conquis le cerveau de Dolente, il poursuivrait un but plus ambitieux. Dans l'immédiat, il affaiblissait l'adversaire.

Abandonnant la gestion des affaires courantes à Améni et à ses ministres, Ramsès se rendait fréquemment sur le chantier de Pi-Ramsès. Grâce à l'impulsion de Moïse et à une rigoureuse organisation du travail, l'œuvre progressait à pas de géants.

La gaieté régnait parmi les ouvriers ; non seulement la nourriture demeurait excellente et abondante, mais encore les primes annoncées étaient-elles versées avec régularité, tenant compte de l'effort de chacun. Les plus courageux amasseraient un joli pécule et pourraient s'installer soit dans la nouvelle capitale, soit dans une autre agglomération où ils achèteraient un peu de terrain. De plus, un service de santé bien équipé s'occupait des malades et distribuait des soins gratuits ; contrairement à d'autres chantiers, celui de Pi-Ramsès ne souffrait pas de la présence de simulateurs qui tentaient d'obtenir un congé en prétextant des maux imaginaires.

Le roi se souciait de la sécurité ; plusieurs contremaîtres y veillaient en permanence. On n'avait eu à déplorer que quelques blessés légers lors de la mise en place de blocs de granit sur le site du temple d'Amon. Grâce au roulement des équipes observé avec minutie, les hommes n'allaient pas jusqu'au bout de leurs forces ; tous les six jours, deux journées de repos leur permettaient de se détendre et de récupérer.

Seul Moïse ne s'accordait aucun loisir. Il vérifiait, évitait des conflits, prenait des décisions urgentes, réorganisait des équipes défaillantes, demandait du matériel manquant, rédigeait des rapports, dormait une heure après le déjeuner et trois heures par nuit. Découvrant un chef d'une vitalité exceptionnelle, les briquetiers hébreux lui obéissaient au doigt et à l'œil ; jamais ils n'avaient été placés sous la gouverne d'un homme qui défendait aussi bien leurs intérêts.

Abner aurait bien parlé à Moïse des avanies que lui faisait subir Sary, mais il redoutait des représailles, à cause des bonnes relations de l'Égyptien avec la police. Si Abner était désigné comme perturbateur, il serait expulsé du pays et ne reverrait jamais sa femme et ses enfants. Depuis qu'il avait payé, Sary ne le harcelait plus et se montrait presque aimable. Comme le plus dur semblait passé, l'Hébreu se mura dans le silence et moula les briques avec la même ardeur que ses collègues.

Ce matin-là, Ramsès visita le chantier. Dès que la venue du monarque fut annoncée, les Hébreux se lavèrent à grande eau, taillèrent barbe et moustache, maintinrent leur perruque de fête avec un bandeau blanc neuf et rangèrent les briques côte à côte dans un ordre impeccable.

Du premier char qui s'arrêta devant la fabrique descendit un géant cuirassé et armé dont l'allure effraya. L'un des ouvriers était-il passible de sanctions disciplinaires ? Le déploiement d'une vingtaine d'archers alourdit encore l'atmosphère.

Muet, Serramanna passa dans les rangs des Hébreux, figés et inquiets.

Lorsqu'il fut satisfait de son inspection, le Sarde fit signe à l'un de ses soldats d'ouvrir le chemin au char royal.

Les briquetiers s'inclinèrent devant Pharaon, lequel les félicita un à un, en les appelant par leur nom. L'annonce de la distribution de perruques neuves et de la livraison de jarres de vin blanc du Delta provoqua une explosion de joie ; mais le présent qui toucha le plus les ouvriers fut l'attention que le roi porta aux briques fraîchement moulées. Il en prit plusieurs en main et les soupesa.

– Parfait, déclara-t-il. Rations doublées pendant une semaine et un jour de repos supplémentaire. Où se trouve votre chef d'équipe ?

Sary sortit du rang.

L'ex-nourricier de Ramsès était le seul à ne pas se

réjouir de la visite du monarque. Lui, naguère brillant professeur et courtisan ambitieux, craignait de revoir le roi contre lequel il avait comploté.

– Es-tu satisfait de tes nouvelles fonctions, Sary ?

– Je remercie Votre Majesté de me les avoir confiées.

– Sans la clémence de ma mère et de Néfertari, ton châtiment eût été plus rude.

– J'en suis conscient, Majesté, et je tente, par mon attitude, d'effacer mes fautes.

– Elles sont ineffaçables, Sary.

– Le remords qui ronge mon cœur est pire qu'un acide.

– Il doit être bien doux pour te permettre de survivre aussi longtemps à ton crime.

– Ne puis-je espérer le pardon de Votre Majesté ?

– J'ignore cette notion, Sary ; on vit dans la Règle ou hors de la Règle. Tu as souillé Maât, et ton âme est vile à jamais. Que Moïse n'ait pas à se plaindre de toi, sinon tu n'auras plus l'occasion de nuire à quiconque.

– Je jure à Votre Majesté que...

– Plus un mot, Sary. Et sois heureux d'avoir la chance de travailler à l'édification de Pi-Ramsès.

Quand le roi remonta sur son char, des acclamations jaillirent des poitrines. À contrecœur, Sary se mêla au concert.

41

Comme prévu, les temples croissaient plus lentement que les édifices profanes. Néanmoins, la livraison des blocs était effectuée sans retard, et les spécialistes du halage, parmi lesquels de nombreux Hébreux, les acheminaient avec régularité sur les chantiers.

Grâce à l'intense activité des briquetiers, le palais royal, dont les parties en pierre étaient confiées à des spécialistes, formait déjà une masse importante au cœur de la capitale. Les premiers bateaux de transport accostaient, les entrepôts étaient ouverts, des ateliers de menuiserie sortaient des meubles de grand luxe, la fabrique de tuiles vernissées commençait sa production. Les murs des villas semblaient surgir de terre, les quartiers de la cité prenaient forme, les casernes abriteraient bientôt les premières troupes.

– Le lac du palais sera splendide, annonça Moïse ; je prévois la fin de son creusement pour le milieu du mois prochain. Ta capitale sera belle, Ramsès, car elle est bâtie avec amour.

– Tu es le principal artisan de cette réussite.

– Seulement en apparence. Le plan, c'est toi qui l'as tracé ; moi, je l'exécute.

Le roi perçut une nuance de reproche dans le ton de son ami. Alors qu'il comptait lui demander une explication, un messager du palais de Memphis vint vers lui au grand galop.

Serramanna l'obligea à stopper à une dizaine de mètres du monarque.

Haletant, le messager sauta à terre.

– Il faut rentrer d'urgence à Memphis, Majesté... La reine... la reine est souffrante.

Ramsès se heurta au docteur Pariamakhou, le chef des médecins du palais, quinquagénaire docte et autoritaire, aux mains longues et fines. Chirurgien expérimenté, il passait pour un praticien remarquable, mais sévère envers ses patients.

– Je veux voir la reine, exigea Ramsès.

– La reine dort, Majesté. Les infirmières lui ont massé le corps avec de l'huile mélangée à un somnifère.

– Que se passe-t-il?

– Je redoute un accouchement prématuré.

– N'est-ce pas... dangereux?

– Le risque est majeur, en effet.

– Je vous ordonne de sauver Néfertari.

– Le pronostic de naissance reste favorable.

– Comment le savez-vous?

– Mes services ont procédé à l'examen habituel, Majesté. Ils ont placé de l'orge et du blé dans deux sacs de toile qui furent arrosés plusieurs jours de suite avec l'urine de la reine. L'orge et le blé ayant germé tous les deux, elle enfantera; et puisque le blé a germé le premier, elle donnera naissance à une fille.

– J'ai entendu dire le contraire.

Le docteur Pariamakhou devint glacial.

– Votre Majesté confond avec une autre expérience au cours de laquelle on utilise du froment et de l'orge que l'on recouvre de terre. Il reste à espérer que la semence, partie de votre cœur pour aller jusqu'au cœur de la reine, s'est bien fixée dans la colonne vertébrale et dans les os de l'enfant. Un sperme de bonne qualité produira une excellente moelle épinière et une parfaite moelle osseuse. Dois-je vous rappeler que le père forme les os et les tendons, et la mère, la chair et le sang ?

Pariamakhou n'était pas mécontent du cours de médecine qu'il venait d'assener à son prestigieux élève.

– Douteriez-vous de mes connaissances physiologiques d'ancien élève du *Kap*, docteur ?

– Certes pas, Majesté !

– Vous n'aviez pas prévu cet incident.

– Ma science, Majesté, a certaines limites et...

– Ma puissance n'en a pas, docteur, et j'exige une naissance heureuse.

– Majesté...

– Oui, docteur ?

– Votre propre santé mérite grande attention. Je n'ai pas encore eu l'honneur de vous examiner, comme me l'imposent les devoirs de ma charge.

– N'y pensez plus, j'ignore la maladie. Prévenez-moi dès que la reine se réveillera.

Le soleil déclinait lorsque Serramanna autorisa le docteur Pariamakhou à pénétrer dans le bureau du roi.

Le praticien était mal à l'aise.

– La reine est réveillée, Majesté.

Ramsès se leva.

– Mais...

– Parlez, docteur !

Pariamakhou, qui s'était vanté auprès de ses collègues de pouvoir mater son illustre client, regrettait Séthi qu'il jugeait pourtant rétif et désagréable. Ramsès était une tempête dont il valait mieux éviter la colère.

– La reine vient d'être conduite en salle d'accouchement.

– J'avais exigé de la voir !

– Les sages-femmes ont estimé qu'il ne fallait pas perdre une seconde.

Ramsès brisa le calame avec lequel il écrivait. Si Néfertari mourait, aurait-il la force de régner ?

Six sages-femmes de la Maison de Vie, portant une tunique longue et un large collier de turquoise, aidèrent Néfertari à marcher jusqu'à la salle d'accouchement, un pavillon aéré et orné de fleurs. Comme les autres femmes d'Égypte, la reine accoucherait nue, le buste droit, accroupie sur des pierres couvertes d'un lit de roseaux. Elles symbolisaient le destin de chaque nouveau-né dont la durée de vie était fixée par Thot.

La première sage-femme serrerait la reine à bras-le-corps, la deuxième interviendrait à chaque phase de l'accouchement, la troisième recevrait l'enfant sur ses mains ouvertes, la quatrième lui administrerait les premiers soins, la cinquième était la nourrice, et la sixième présenterait à la reine deux clés de vie, jusqu'au moment où l'enfant pousserait son premier cri. Conscientes du péril, les six femmes affichaient pourtant un calme parfait.

Après avoir longuement massé Néfertari, la sage-femme en chef avait appliqué des cataplasmes sur le bas-ventre et bandé l'abdomen. Jugeant nécessaire de hâter une délivrance qui s'annonçait douloureuse, elle avait introduit dans le vagin une pâte composée de résine de térébinthe, d'oignon, de lait, de fenouil et de sel. Pour apaiser la souffrance, elle utiliserait de la terre cuite broyée avec de l'huile tiède et enduirait les parties génitales.

Les six sages-femmes savaient que le combat de Néfertari serait long et son issue incertaine.

« Que la déesse Hathor accorde un enfant à la reine, psalmodia l'une d'elles, qu'aucune maladie ne le touche ;

disparais, démon qui viens dans les ténèbres, qui entres sournoisement, le visage tourné vers l'arrière ! Tu n'embrasseras pas cet enfant, tu ne l'endormiras pas, tu ne lui nuiras pas, tu ne l'emporteras pas ! Que l'esprit vienne en lui et l'anime, qu'aucun maléfice ne le touche, que les étoiles lui soient favorables ! »

Quand la nuit tomba, les contractions se rapprochèrent. Entre les dents de la reine fut introduite une pâte à base de fèves, afin de lui permettre de serrer les dents sans se blesser elle-même.

Sûres de leur technique, concentrées, récitant les antiques formules contre la douleur, les six sages-femmes aidèrent la reine d'Égypte à donner la vie.

Ramsès n'y tenait plus.

Lorsque le docteur Pariamakhou réapparut pour la dixième fois, il crut que le roi allait lui sauter à la gorge.

– Est-ce enfin terminé ?

– Oui, Majesté.

– Néfertari ?

– La reine est vivante, en bonne santé, et vous avez une fille.

– En bonne santé, elle aussi ?

– C'est... plus délicat.

Ramsès bouscula le médecin et se rua vers le pavillon d'accouchement. Une sage-femme le nettoyait.

– Où sont la reine et ma fille ?

– Dans une chambre du palais, Majesté.

– La vérité !

– L'enfant est très faible.

– Je veux les voir.

Détendue, radieuse mais épuisée, Néfertari dormait. La sage-femme en chef lui avait fait absorber une potion sédative.

Le bébé était d'une beauté remarquable. Fraîche, les yeux à la fois étonnés et curieux, la fille de Néfertari et de Ramsès savourait déjà la vie comme un miracle.

Le roi la prit dans ses bras.

– Elle est magnifique ! Que craignez-vous ?

– Le cordon de l'amulette que nous devions lui mettre autour du cou s'est brisé. C'est un mauvais présage, Majesté, un très mauvais présage.

– La prédiction a-t-elle été formulée ?

– Nous attendons la prophétesse.

Cette dernière se présenta quelques minutes plus tard et, avec les six sages-femmes, recréa la confrérie des sept Hathor, chargées de percevoir le destin du nouveau-né. Formant un cercle autour de lui, elles unirent leurs pensées afin de percer l'avenir.

Leur méditation dura plus longtemps qu'à l'ordinaire.

La mine sombre, la prophétesse se détacha du groupe et s'avança vers le roi.

– Le moment n'est pas propice, Majesté. Nous sommes incapables de...

– Ne mens pas.

– Nous pouvons nous tromper.

– Sois sincère, je t'en prie.

– Le destin de cet enfant se jouera dans les prochaines vingt-quatre heures. Si nous ne trouvons pas un moyen de repousser les démons qui rongent son cœur, votre fille ne survivra pas à la prochaine nuit.

42

La nourrice, en excellente santé, fut chargée d'allaiter la fille du couple royal. Le docteur Pariamakhou avait lui-même contrôlé son lait qui devait avoir l'odeur agréable de la farine de caroube. Pour assurer une vigoureuse montée de lait, la nourrice avait bu du suc de figuier et mangé de l'épine dorsale du poisson latès, cuite et broyée avec de l'huile.

Au désespoir de la nourrice et du médecin, le bébé refusa de s'alimenter. On essaya une autre nourrice, sans succès. L'ultime solution, un lait exceptionnel conservé dans un vase en forme d'hippopotame, ne donna pas de meilleurs résultats. Le nourrisson n'absorba pas le liquide onctueux qui s'écoulait par les mamelons de l'animal.

Le médecin humecta les lèvres de sa petite patiente et s'apprêtait à l'envelopper dans un linge humide lorsque Ramsès la prit dans ses bras.

– Il faut l'hydrater, Majesté !

– Votre science est inutile. Ma force la maintiendra en vie.

Serrant sa fille contre sa poitrine, le roi se rendit au chevet de Néfertari. Malgré son épuisement, la reine demeurait radieuse.

– Je suis heureuse... si heureuse ! N'est-elle pas bien protégée ?

– Comment te sens-tu ?

– N'aie aucune inquiétude. As-tu songé au nom de notre fille ?

– Ce rôle est dévolu à la mère.

– Elle s'appellera Méritamon, « L'Aimée d'Amon », et verra ton temple des millions d'années. Pendant que je lui donnais naissance, une étrange pensée m'a habitée... Il faut le construire sans tarder, Ramsès... Ce temple sera ton meilleur rempart contre le mal, nous y serons unis contre l'adversité.

– Ton vœu deviendra réalité.

– Pourquoi serres-tu notre enfant si fort ?

Le regard de Néfertari était si clair, si confiant, que Ramsès fut incapable de lui dissimuler la vérité.

– Méritamon est souffrante.

La reine se redressa et saisit le poignet du roi.

– De quoi souffre-t-elle ?

– Elle refuse de s'alimenter, mais je la guérirai.

Lasse, la reine cessa de lutter.

– J'ai déjà perdu un enfant, les forces des ténèbres veulent reprendre notre fille... La nuit me ronge.

Néfertari s'évanouit.

– Vos conclusions, docteur ? demanda Ramsès.

– La reine est très faible, répondit Pariamakhou.

– La sauverez-vous ?

– Je l'ignore, Majesté. Si elle survit, elle ne pourra plus avoir d'enfant ; une nouvelle grossesse lui serait fatale.

– Notre fille ?

– Je n'y comprends rien ; à présent, elle est si calme ! L'hypothèse des sages-femmes est peut-être la bonne, mais elle me semble absurde.

– Parlez !

– Elles croient à un envoûtement.

– Un envoûtement, ici, dans mon palais ?

– C'est bien pourquoi je juge cette idée invraisemblable. Néanmoins, nous devrions peut-être convoquer les magiciens de la cour...

– Et si le responsable était l'un d'eux ? Non, il ne me reste qu'une seule chance.

Méritamon s'était endormie dans les bras puissants de Ramsès.

La cour bruissait de rumeurs. Néfertari aurait mis au monde un second enfant mort-né et la reine serait sur le point de succomber. Ramsès, en proie au désespoir, aurait perdu la raison. Sans oser croire à ces excellentes nouvelles, Chénar espérait qu'elles n'étaient pas tout à fait dépourvues de fondement.

En se rendant au palais avec sa sœur Dolente, Chénar se composa un visage grave et éploré. Dolente semblait effondrée.

– Deviendrais-tu une excellente comédienne, ma sœur chérie ?

– Ces événements me bouleversent.

– Pourtant, tu n'aimes ni Ramsès ni Néfertari.

– Cet enfant... Cet enfant n'est pas responsable.

– Quelle importance ! Te voilà bien sensible, tout à coup. Si la rumeur est fondée, notre avenir s'éclaircit.

Dolente n'osait avouer à Chénar que l'envoûtement réussi par le mage Ofir était la véritable cause de son trouble. Pour avoir réussi à briser le destin du couple royal, le Libyen disposait d'une rare maîtrise sur les forces obscures.

Améni, plus pâle qu'à l'ordinaire, reçut Dolente et Chénar.

– Étant donné les circonstances, déclara ce dernier, nous avons pensé que le roi souhaiterait avoir auprès de lui son frère et sa sœur.

Désolé, il préfère rester seul.

– Comment va Néfertari ?

– La reine se repose.

– Et l'enfant ? demanda Dolente.

– Le docteur Pariamakhou est à son chevet.

– N'auriez-vous pas des nouvelles plus précises ?

– Il faut patienter.

Alors que Chénar et Dolente quittaient le palais, ils virent passer Serramanna et ses soldats encadrant un homme sans perruque, mal rasé et vêtu d'une tunique en peau d'antilope aux multiples poches. À pas pressés, ils se dirigeaient vers les appartements privés du couple royal.

– Sétaou ! Tu es mon dernier espoir.

Le charmeur de serpents s'approcha du roi et contempla le bébé qu'il tenait dans ses bras.

– Je n'aime pas les bambins, mais celui-là est une petite merveille. L'œuvre de Néfertari, bien entendu.

– Méritamon, notre fille. Elle va mourir, Sétaou.

– Qu'est-ce que tu racontes ?

– Envoûtement.

– Ici, au palais ?

– Je l'ignore.

– Comment se manifeste-t-il ?

– Elle refuse de s'alimenter.

– Néfertari ?

– Elle est au plus mal.

– Je suppose que ce cher docteur Pariamakhou baisse les bras.

– Il est désemparé.

– C'est son attitude normale. Pose doucement ta fille dans son berceau.

Ramsès s'exécuta. Dès qu'elle quitta les bras de son père, Méritamon respira avec difficulté.

– Seule ta puissance la maintient en vie... C'est bien ce que je craignais. Mais... À quoi pensez-vous donc, dans ce palais ! Cette enfant ne porte même pas une amulette protectrice !

De l'une de ses poches, Sétaou sortit une amulette en forme de scarabée, l'accrocha au bout d'une cordelette à sept nœuds et la plaça au cou de Méritamon. Sur le scarabée, un texte : « La mort ravisseuse ne s'emparera pas de moi, la lumière divine me sauvera. »

– Reprends ta fille, ordonna Sétaou, et ouvre-moi les portes du laboratoire.

– Crois-tu que tu parviendras...

– Nous bavarderons après. Le temps est compté.

Le laboratoire du palais comportait plusieurs sections. Sétaou s'enferma dans la pièce où étaient entreposées des canines inférieures d'hippopotame mâle, dépassant parfois soixante-dix centimètres de long et dix de large. Il en tailla une en forme de croissant lunaire aux extrémités allongées et, après avoir poli la surface sans abîmer l'ivoire, y grava plusieurs figures destinées à repousser les forces maléfiques, jaillies de la nuit pour tuer la mère et l'enfant. Sétaou avait choisi celles qui lui semblaient le mieux adaptées à la situation : un griffon ailé à corps de lion et à tête de faucon, un hippopotame femelle maniant un couteau, une grenouille, un soleil rayonnant, un nain barbu tenant des serpents dans chaque poing. En les décrivant à haute voix, il les rendit efficaces et leur ordonna de trancher la gorge des démons mâles et femelles, de les piétiner, de les lacérer et de les mettre en fuite. Puis il prépara une potion à base de venin de vipère pour ouvrir la bouche de l'estomac ; même à dose infinitésimale, elle serait peut-être trop violente pour l'organisme d'un nourrisson.

Lorsque Sétaou sortit, le docteur Pariamakhou se précipita vers lui, affolé.

– Il faut faire vite, l'enfant décline.

Face au soleil couchant, Ramsès tenait toujours sa fille dans ses bras, abandonnée et confiante. Malgré son magnétisme, la respiration du bébé devenait irrégulière. L'enfant de Néfertari, le seul enfant de leur union qui pourrait vivre... Si Méritamon mourait, Néfertari ne lui survivrait pas. La colère emplit le cœur du roi, une colère qui défierait les ténèbres rampantes et sauverait sa fille de leurs maléfices.

Sétaou entra dans la chambre. À la main, il tenait l'ivoire sculpté.

– Ceci devrait stopper l'envoûtement, expliqua-t-il. Mais ce ne sera pas suffisant; si l'on veut réparer les dégâts commis à l'intérieur du corps et lui permettre de se nourrir, il faudra lui faire boire ce remède.

À l'énoncé de sa composition, le docteur Pariamakhou sursauta.

– Je m'y oppose, Majesté!

– Es-tu certain du résultat, Sétaou?

– Le danger est réel. À toi de décider.

– Agissons.

43

Sétaou posa l'ivoire sur la poitrine de Méritamon. Allongé dans un berceau, ses grands yeux interrogateurs, l'enfant respira paisiblement.

Ramsès, Sétaou et le docteur Pariamakhou demeurèrent silencieux. Le talisman semblait efficace, mais sa protection serait-elle durable ?

Dix minutes plus tard, Méritamon s'agita et pleura.

– Que l'on apporte une statue de la déesse Opet, ordonna Sétaou ; je retourne au laboratoire. Docteur, humectez les lèvres du bébé et ne faites surtout rien d'autre !

Opet, l'hippopotame femelle, était la patronne des sages-femmes et des nourrices. Dans le ciel, elle prenait la forme d'une constellation qui empêchait la Grande Ourse, de nature séthienne, donc porteuse d'une formidable puissance, de troubler la paix d'Osiris ressuscité. Remplie de lait maternel et chargée d'énergie positive par les magiciens de la Maison de Vie, la statue d'Opet fut placée à la tête du berceau.

Sa présence calma l'enfant. Méritamon se rendormit.

Sétaou réapparut, tenant dans chaque main un ivoire magique grossièrement taillé.

– C'est sommaire, déclara-t-il, mais ça devrait suffire.

Il posa le premier sur le ventre du bébé et le second sur ses pieds. Méritamon n'eut aucune réaction.

– À présent, un champ de forces positives la protège. L'envoûtement est brisé, le maléfice inopérant.

– Est-elle sauvée ? demanda le roi.

– Seul l'allaitement l'arrachera à la mort. Si la bouche de son estomac demeure close, elle mourra.

– Donne-lui ta potion.

– Donne-lui toi-même.

Avec douceur, Ramsès écarta les lèvres de sa fille, profondément endormie, et versa le liquide ambré dans la petite bouche. Le docteur Pariamakhou avait tourné la tête.

Quelques secondes plus tard, Méritamon ouvrit les yeux et cria.

– Vite, dit Sétaou, le sein de la statue !

Ramsès souleva sa fille, Sétaou ôta la tige métallique qui bouchait le sein d'où s'écoulait le lait, le roi plaqua les lèvres du bébé contre l'orifice.

Méritamon but avec volupté le liquide nourricier, s'arrêtant à peine pour reprendre son souffle, et poussa des soupirs d'aise.

– Que désires-tu, Sétaou ?

– Rien, Ramsès.

– Je te nomme directeur des magiciens du palais.

– Qu'ils se débrouillent sans moi ! Comment va Néfertari ?

– Elle est surprenante. Demain, elle se promènera dans le jardin.

– La petite ?

– Sa soif de vivre est inextinguible.

– Qu'ont prédit les sept fées ?

– Le voile noir qui recouvrait le destin de Méritamon s'est déchiré ; elles ont vu une robe de prêtresse, une femme d'une grande noblesse et les pierres d'un temple.

– Une existence austère, dirait-on.

– Tu mérites d'être riche, Sétaou.

– Mes serpents, mes scorpions et Lotus me suffisent.

– Tes crédits de recherche seront illimités. Quant à ta production de venin, c'est le palais qui l'achète, au meilleur prix, pour la distribuer aux hôpitaux.

– Je refuse les privilèges.

– Ce n'en est pas un. Puisque tes produits sont excellents, ta rémunération doit être élevée et ton travail encouragé.

– Si j'osais...

– Ose.

– Aurais-tu encore du vin rouge du Fayoum, de l'an trois de Séthi ?

– Je t'en fais livrer plusieurs amphores dès demain.

– Ça me coûtera pas mal de fioles de venin !

– Permets-moi de te les offrir.

– Je n'aime pas les cadeaux, surtout venant du roi.

– C'est l'ami qui te prie d'accepter ce présent. Comment as-tu acquis la science qui a sauvé Méritamon ?

– Les serpents m'ont presque tout enseigné, Lotus a fait le reste. La technique des sorcières nubiennes est incomparable. L'amulette que ta fille porte au cou lui évitera de nombreux désagréments, à condition qu'elle soit rechargée chaque année.

– Une villa de fonction vous attend, Lotus et toi.

– En pleine ville ! Tu n'es pas sérieux... Comment étudierons-nous les serpents ? Il nous faut le désert, la nuit et le danger. À propos de danger... Cet envoûtement est inhabituel.

– Explique-toi.

– J'ai dû employer les grands moyens, car l'attaque était sérieuse. Il y a du maléfice étranger dans cette affaire, du Syrien, du Libyen ou de l'Hébreu ; si je n'avais pas utilisé trois ivoires magiques, je n'aurais pas réussi à briser le champ de forces négatives. Et je n'évoque pas la volonté de faire mourir de faim un nourrisson... Un esprit particulièrement pervers, à mon avis.

– Un magicien du palais ?

– Ça me surprendrait. Ton ennemi est un familier des forces du mal.

– Il recommencera...

– Tu peux en être certain.

– Comment l'identifier et le mettre hors d'état de nuire ?

– Je n'en ai pas la moindre idée. Un démon de cette envergure sait se dissimuler avec un art consommé. Peut-être l'as-tu déjà croisé ; il t'aura paru aimable et inoffensif. Peut-être se terre-t-il dans un antre inaccessible.

– Comment en protéger Néfertari et Méritamon ?

– En utilisant les moyens qui ont prouvé leur efficacité : amulettes et rituel d'invocation aux forces bénéfiques.

– Et si c'est insuffisant ?

– Il faudra déployer une énergie supérieure à celle du mage noir.

– Donc, créer un foyer qui la produira.

Le temple des millions d'années... Ramsès n'aurait pas d'allié plus efficace.

Pi-Ramsès croissait.

Ce n'était pas encore une ville, mais bâtiments et maisons prenaient forme, dominés par la masse imposante du palais dont les soubassements en pierre valaient ceux de Thèbes et de Memphis. L'ardeur à la tâche ne se démentait pas. Moïse semblait infatigable, l'intendance demeurait exemplaire. Voyant le résultat de leurs efforts, les bâtisseurs de la nouvelle capitale, des maîtres d'œuvre aux tâcherons, souhaitaient contempler l'accomplissement de l'œuvre, et d'aucuns avaient l'intention de s'établir dans la cité édifiée de leurs mains.

Deux chefs de clan, jaloux du succès de Moïse, avaient tenté de contester son autorité. Ne laissant même pas au jeune Hébreu le soin d'argumenter, la totalité des briquetiers avait exigé qu'il demeurât à leur tête. Depuis cet instant, Moïse, sans en prendre conscience, apparaissait de plus en plus comme le roi sans couronne d'un peuple sans pays. Bâtir cette capitale lui prenait tant d'énergie que ses angoisses s'étaient dissipées ; il ne s'interrogeait plus sur le dieu unique et ne se préoccupait que de la bonne organisation des chantiers.

L'annonce de l'arrivée de Ramsès le réjouit. Des oiseaux de mauvais augure n'avaient-ils pas évoqué le décès de Néfertari et de sa fille ? Pendant quelques jours, l'atmosphère avait été nerveuse. Démentant la rumeur, Moïse avait parié que le roi ne tarderait pas à visiter sa ville en construction.

Ramsès lui donnait raison.

Serramanna ne put empêcher les ouvriers de former une haie d'honneur sur le passage du char royal. Ils voulaient le toucher afin de s'approprier un peu de la magie de Pharaon. Le Sarde maudit ce jeune monarque qui ne tenait aucun compte des mesures de sécurité et s'exposait au poignard d'un agresseur.

Ramsès alla droit à la villa temporaire qu'occupait Moïse. Lorsque Pharaon mit pied à terre, l'Hébreu s'inclina ; une fois entrés à l'intérieur et à l'abri des regards, les deux amis se donnèrent l'accolade.

– Si nous continuons ainsi, ton pari insensé est en passe d'être gagné.

– Serais-tu en avance sur les délais ?

– C'est certain.

– Aujourd'hui, je veux tout voir !

– Tu n'auras que de bonnes surprises. Comment se porte Néfertari ?

– La reine va très bien, notre fille aussi. Méritamon sera aussi belle que sa mère.

– N'ont-elles pas échappé de peu à la mort ?

– C'est Sétaou qui les a sauvées.

– Avec ses venins ?

– Il est devenu expert en magie et a dissipé le maléfice qui frappait mon épouse et ma fille.

Moïse fut stupéfait.

– Qui a osé ?

– Nous l'ignorons encore.

– Faut-il être ignoble pour s'en prendre à une femme et à son enfant, et fou pour s'attaquer à l'épouse et à la fille de Pharaon !

– Je me suis demandé si cette horrible agression n'était pas liée à la construction de Pi-Ramsès. Je mécontente beaucoup de notables en créant cette nouvelle capitale.

– Non, c'est impossible... Entre le mécontentement et le crime, le fossé est trop grand.

– Si le coupable était un Hébreu, quelle serait ta réaction ?

– Un criminel est un criminel, quel que soit son peuple. Mais je crois que tu fais fausse route.

– Si tu apprends quoi que ce soit, ne me le dissimule pas.

– Manquerais-tu de confiance en moi ?

– Te parlerais-je ainsi ?

– Aucun Hébreu ne concevrait un tel forfait.

– Je dois m'absenter pendant plusieurs semaines, Moïse ; je te confie ma capitale.

– Lorsque tu reviendras, tu ne la reconnaîtras plus. Ne tarde pas trop ; nous n'aimerions pas différer l'inauguration.

44

En ces premiers jours d'un mois de juin étouffant, Ramsès fêtait le début de sa deuxième année de règne. Un an déjà, depuis le départ de Séthi pour le royaume des étoiles.

Le bateau du couple royal s'était immobilisé à la hauteur du Gebel Silsileh, à l'endroit où les deux rives se rapprochaient. Selon la tradition, le génie du Nil résidait là, et Pharaon devait l'éveiller afin qu'il devienne le père nourricier et fasse monter la crue.

Après avoir fait l'offrande du lait et du vin, et déclamé les prières rituelles, le couple royal pénétra à l'intérieur d'une chapelle creusée dans la roche. Il y régnait une température agréable.

– Le docteur Pariamakhou t'a-t-il parlé ? demanda Ramsès à Néfertari.

– Il m'a prescrit un nouveau traitement pour effacer les dernières traces de fatigue.

– Rien d'autre ?

– M'a-t-il caché la vérité à propos de Méritamon ?

– Non, rassure-toi.

– Qu'aurait-il dû me dire ?

– Le courage n'est pas la vertu majeure de ce bon docteur.

– De quelle lâcheté s'est-il rendu coupable ?

– Tu as survécu par miracle à ton accouchement.

Le visage de Néfertari s'assombrit.

– Je n'aurai pas d'autre enfant, n'est-ce pas ? Et je ne te donnerai pas de fils.

– Khâ et Méritamon sont les héritiers légitimes de la Couronne.

– Ramsès doit avoir d'autres enfants et d'autres fils. Si tu estimes que me retirer au temple est indispensable...

Le roi serra son épouse contre lui.

– Je t'aime, Néfertari. Tu es l'amour et la lumière, tu es la reine d'Égypte. Notre âme est unie à jamais, nul ne pourra nous séparer.

– Iset te donnera des fils.

– Néfertari...

– Il le faut, Ramsès, il le faut. Tu n'es pas un homme comme les autres, tu es Pharaon.

Dès son arrivée à Thèbes, le couple royal se rendit sur le site où serait édifié le temple des millions d'années de Ramsès. L'endroit leur apparut grandiose et chargé d'une énergie qui se nourrirait à la fois de la montagne d'Occident et de la plaine fertile.

– J'ai eu tort de négliger cette fondation au profit de la capitale, avoua Ramsès. La mise en garde de ma mère et l'attentat perpétré contre toi et notre fille m'ont ouvert l'esprit. Seul un temple des millions d'années nous protégera du mal caché dans les ténèbres.

Noble et resplendissante, Néfertari arpenta la vaste étendue de sable et de roches, qui semblait vouée à la stérilité. Comme Ramsès, elle jouissait d'une complicité avec le soleil ; il glissait sur sa peau sans la brûler et l'illuminait de ses rayons. En ces instants immobiles, elle était la déesse des fondations dont chaque pas sacralisait le terrain choisi.

La grande épouse royale jaillissait de l'éternité et la gravait dans cette terre brûlée de soleil, déjà marquée au sceau de Ramsès.

Les deux hommes se heurtèrent sur la passerelle du bateau royal et s'immobilisèrent, nez à nez. Sétaou était moins grand que Serramanna, mais aussi large d'épaules. Les regards s'affrontèrent.

– J'espérais ne pas te revoir à proximité du roi, Sétaou.

– Je ne suis pas navré de te décevoir.

– On parle d'un magicien noir qui a mis en péril la vie de la reine et de sa fille.

– Tu ne l'as pas encore identifié ? Ramsès est bien mal entouré.

– Quelqu'un t'a-t-il déjà cloué le bec ?

– Essaie, si ça t'amuse. Mais méfie-toi de mes serpents.

– Une menace ?

– Ce que tu penses m'indiffère. Quel que soit leur costume, les pirates restent des pirates.

– Si tu avouais ton crime, tu me ferais gagner du temps.

– Pour un chef de la sécurité, tu es bien mal informé. Ignores-tu que j'ai sauvé la fille du couple royal ?

– Mascarade. Tu es un vicieux, Sétaou.

– Toi, tu as l'esprit tordu.

– À la seconde même où tu tenteras de nuire au roi, je te fracasserai le crâne avec mon poing.

– La prétention t'étouffera, Serramanna.

– Essayons, veux-tu ?

– Agresser sans raison un ami du roi te conduirait au bagne.

– Tu y séjourneras bientôt.

– Tu m'y précéderas, le Sarde. En attendant, écarte-toi de mon chemin.

– Où vas-tu ?

– Rejoindre Ramsès et, sur son ordre, purifier le site de son futur temple des reptiles qui y auraient élu domicile.

– Je t'empêcherai de nuire, sorcier.

Sétaou écarta Serramanna.

– Au lieu de débiter des stupidités, tu ferais mieux de protéger le roi.

Ramsès se recueillit plusieurs heures dans la chapelle de culte de son père, à l'intérieur du temple de Gournah, sur la rive ouest de Thèbes. Le roi avait déposé sur l'autel des grappes de raisin, des figues, des baies de genévrier et des cônes de pin. En cette place de repos, l'âme de Séthi vivait en paix, nourrie de l'essence subtile des offrandes.

C'était ici que Séthi avait annoncé que Ramsès lui succéderait. Le jeune prince n'avait pas ressenti le poids des paroles de son père. Il vivait un rêve, dans l'ombre protectrice d'un géant dont la pensée se mouvait comme la barque divine à travers les espaces célestes.

Lorsque la couronne rouge et la couronne blanche avaient été posées sur sa tête, Ramsès avait abandonné à jamais la quiétude de l'héritier du trône pour affronter un monde dont il ne soupçonnait pas la rudesse. Sur les parois de ce temple, des dieux souriants et graves sacralisaient la vie ; un pharaon ressuscité leur rendait hommage et communiait avec l'invisible. À l'extérieur, les hommes. L'humanité avec son courage et sa lâcheté, sa droiture et son hypocrisie, sa générosité et son avidité. Et lui, Ramsès, au milieu de ces forces contraires, chargé de maintenir le lien entre les humains et les dieux, quels que fussent ses désirs et ses faiblesses.

Il ne régnait que depuis un an mais, depuis longtemps, il ne s'appartenait plus.

Lorsque Ramsès monta dans le char de Serramanna qui tenait les rênes, le soleil déclinait.

– Où allons-nous, Majesté ?

– À la Vallée des Rois.

– J'ai fait fouiller les bateaux qui composent la flottille.

– Rien de suspect ?

– Rien.

Le Sarde était nerveux.

– N'as-tu vraiment rien d'autre à me dire, Serramanna ?

– Vraiment rien, Majesté.

– En es-tu bien sûr ?

– Accuser sans preuves serait une faute grave.

– Aurais-tu identifié le mage noir ?

– Mon opinion n'a aucune valeur. Seuls comptent les faits.

– Au galop, Serramanna.

Les chevaux s'élancèrent vers la Vallée dont l'accès était gardé en permanence par des soldats. En cette fin d'un jour d'été, la chaleur s'était accumulée dans la roche qui la restituait, et l'on avait le sentiment de pénétrer dans une fournaise où l'on périrait asphyxié.

En sueur et ahanant, le gradé responsable du détachement s'inclina devant le pharaon et lui garantit qu'aucun voleur ne s'introduirait dans la tombe de Séthi.

Ce ne fut pas vers la demeure d'éternité de son père que Ramsès se dirigea, mais vers la sienne. La journée de travail terminée, les tailleurs de pierre nettoyaient leurs outils et les rangeaient dans des paniers. La visite impromptue du souverain interrompit les conversations ; les artisans se rassemblèrent derrière le maître d'œuvre qui achevait de rédiger son rapport quotidien.

– Nous avons creusé le long couloir, jusqu'à la salle de Maât. Puis-je vous le montrer, Majesté ?

– Laisse-moi seul.

Ramsès franchit le seuil de sa tombe et descendit un escalier assez court creusé dans la roche, correspondant à l'entrée du soleil dans les ténèbres. Sur les parois du couloir qui lui succédait étaient gravés des hiéroglyphes disposés en colonnes verticales, des prières qu'une figure de Pharaon éternellement jeune adressait à la puissance de la lumière dont il énumérait les noms secrets. Puis se dévoilaient les heures de la nuit et les épreuves de la chambre cachée que devait surmonter le vieux soleil pour espérer renaître au matin.

Après avoir traversé ce royaume des ombres, Ramsès se vit en vénération devant les divinités, présentes dans l'au-delà comme elles l'avaient été sur terre. Admirablement dessinées, peintes avec des couleurs vives, elles recréaient le roi en permanence.

Sur la droite, la salle du char royal à quatre piliers. Ici seraient conservés le timon, la caisse, les roues et les autres pièces du char rituel de Ramsès, afin qu'il soit reconstitué dans l'autre monde et permette au monarque de s'y déplacer, en terrassant les ennemis de la lumière.

Au-delà, le couloir devenait plus étroit. Le décoraient les scènes et les textes rituels de l'ouverture de la bouche et des yeux, pratiquée sur la statue du roi, transfiguré et ressuscité.

Puis régnait de nouveau la roche, à peine dégrossie par les ciseaux des tailleurs de pierre. Il leur faudrait plusieurs mois pour ouvrir et décorer la salle de Maât et la demeure de l'or où serait installé le sarcophage.

La mort de Ramsès se construisait devant lui, calme et mystérieuse. Aucun mot ne manquerait au langage de l'éternité, aucune scène à l'art de l'invisible. Le jeune roi évoluait dans l'au-delà de sa personne terrestre, participait d'un univers dont les lois dépasseraient à jamais l'entendement humain.

Quand Pharaon sortit de son tombeau, une nuit paisible régnait sur la Vallée de ses ancêtres.

45

Le deuxième prophète d'Amon, Doki, courut jusqu'au palais de Thèbes où le roi venait de convoquer les principaux dignitaires de la hiérarchie de Karnak. Petit, le crâne rasé, le front étroit, le nez et le menton pointus, une mâchoire évoquant celle d'un crocodile, Doki redoutait d'être en retard à cause de la stupidité de son secrétaire qui avait omis de le prévenir d'urgence, alors qu'il vérifiait les comptes du scribe des troupeaux. L'imbécile serait envoyé dans une ferme, loin du confort des bureaux du temple.

Serramanna fouilla Doki et le laissa entrer dans la salle d'audience de Pharaon. Face à lui, assis sur un siège pourvu d'accoudoirs, le vieux Nébou, grand prêtre et premier prophète d'Amon. Ridé, les épaules tombantes, il avait posé sa jambe gauche douloureuse sur un coussin et respirait un flacon d'essences de fleurs.

– Veuillez me pardonner, Majesté. Mon retard...

– N'en parlons plus. Où se trouve le troisième prophète ?

– Il est préposé aux rites de purification dans la Maison de Vie et souhaite y demeurer en reclus.

– Accordé. Bakhen, le quatrième prophète ?

– Sur le chantier de Louxor.

– Pourquoi n'est-il pas ici ?

– Il supervise la difficile mise en place des obélisques. Si vous souhaitez que je le fasse venir sur l'heure...

– Inutile. La santé du grand prêtre de Karnak est-elle satisfaisante ?

– Non, répondit Nébou d'une voix fatiguée. Je me déplace avec peine et passe le plus clair de mon temps dans la salle des archives. Mon prédécesseur avait négligé des rituels anciens que je désire remettre en valeur.

– Et toi, Doki, es-tu davantage préoccupé des affaires de ce monde ?

– Il le faut bien, Majesté ! Bakhen et moi assurons la gestion de ce domaine sous le contrôle de notre vénéré grand prêtre.

– Mes jeunes surbordonnés ont compris que mauvais pied n'empêchait pas bon œil, précisa Nébou. La mission que le roi m'a confiée sera remplie sans défaillance, et je ne tolérerai ni inexactitude ni paresse.

La fermeté du ton surprit Ramsès. Bien qu'il parût épuisé, le vieux Nébou tenait fermement la barre.

– Votre présence est un bonheur, Majesté ; elle signifie que la naissance de votre nouvelle capitale n'implique pas l'abandon de Thèbes.

– Ce n'était pas mon intention, Nébou. Quel pharaon digne de sa fonction pourrait négliger la cité d'Amon, le dieu des victoires ?

– Pourquoi s'en éloigner ?

La question semblait lourde de reproches.

– Il n'appartient pas au grand prêtre d'Amon de discuter la politique de l'Égypte.

– Je l'admets volontiers, Majesté, mais ne lui appartient-il pas de se préoccuper de l'avenir de son temple ?

– Que Nébou soit rassuré. La grande salle à colonnes de Karnak n'est-elle pas la plus belle et la plus vaste jamais construite ?

– Grâce vous soit rendue, Majesté ; mais permettez à un

vieillard sans ambition de vous demander la véritable raison de votre présence ici.

Ramsès sourit.

– Qui est le plus impatient, Nébou, toi ou moi ?

– En vous brûle le feu de la jeunesse, en moi s'impose la voix du royaume des ombres. Le peu de temps qui me reste à vivre m'interdit les discours inutiles.

La passe d'armes entre Ramsès et Nébou laissait Doki sans voix. Si le grand prêtre continuait à défier ainsi le monarque, sa colère ne manquerait pas d'éclater.

– La famille royale est en danger, révéla le pharaon. C'est à Thèbes que je suis venu chercher la protection magique dont elle a besoin.

– Comment comptez-vous agir ?

– En fondant mon temple des millions d'années.

Nébou serra sa canne.

– Je vous approuve, mais il vous faut d'abord accroître le *ka*, cette puissance dont vous êtes dépositaire.

– De quelle manière ?

– En achevant le temple de Louxor, le sanctuaire du *ka* par excellence.

– Ne prêche-tu pas pour ta chapelle, Nébou ?

– En d'autres circonstances, j'aurais sans doute tenté de vous influencer peu ou prou, mais la gravité de vos paroles m'en dissuade. C'est à Louxor que s'accumule la puissance dont Karnak a besoin pour faire rayonner le divin, c'est celle dont vous avez besoin pour régner.

– Je tiendrai compte de ton avis, grand prêtre, mais je t'ordonne de préparer le rituel de fondation de mon temple des millions d'années, qui sera érigé sur la rive d'Occident.

Pour calmer la fièvre qui s'était emparé de lui, Doki but plusieurs coupes de bière forte. Ses mains tremblaient, une sueur glacée coulait le long de son dos. Après avoir subi tant d'injustices, la chance lui souriait enfin !

Lui, le deuxième prophète d'Amon, condamné à vieillir dans ce poste subalterne, était dépositaire d'un secret d'État de la plus haute importance ! En se confiant, Ramsès avait commis une erreur que Doki exploiterait, avec l'espoir d'accéder à la fonction de grand prêtre.

Le temple des millions d'années... Une occasion inespérée, la solution qui lui paraissait inaccessible ! Mais il devait se calmer, ne pas agir avec précipitation, ne pas perdre une seconde, prononcer les bonnes paroles, savoir se taire.

Sa position de deuxième prophète lui permettrait de détourner les denrées qui lui serviraient de monnaie d'échange, en supprimant quelques lignes dans les inventaires. En tant que superviseur des scribes contrôleurs, il ne prendrait aucun risque.

Ne s'illusionnait-il pas, possédait-il vraiment la capacité de mener un pareil projet à bonne fin ? Ni le grand prêtre ni le roi n'étaient des enfants crédules. Au moindre faux pas, il serait démasqué. Mais une telle chance ne se représenterait pas. Un pharaon ne construisait qu'un seul temple des millions d'années.

Situé à une demi-heure de marche de Karnak, Louxor était relié à l'immense temple d'Amon par une allée bordée de sphinx protecteurs. En utilisant les archives de la Maison de Vie, qui contenaient les secrets du ciel et de la terre, et en lisant les livres de Thot, Bakhen avait tracé un plan permettant d'agrandir Louxor conformément à la volonté exprimée par Ramsès dès la première année de son règne. Grâce à l'appui de Nébou, les travaux avaient avancé vite. Ajoutée au sanctuaire d'Amenhotep III, une grande cour de cinquante-deux mètres de large sur quarante-huit de long abriterait des statues de Ramsès. Devant l'élégant pylône, large de soixante-cinq mètres, six colosses représentant le pharaon garderaient l'accès de ce temple du *ka*, tandis que deux obélisques, hauts de vingt-cinq mètres, se dresseraient vers le ciel pour dissiper les forces nocives.

La belle pierre de grès, d'une beauté inégalée, les murs recouverts d'électrum, le pavement en argent feraient de Louxor le chef-d'œuvre du règne de Ramsès. Les mâts à oriflamme, affirmant la présence du divin, toucheraient les étoiles.

Mais le spectacle auquel Bakhen assistait depuis moins d'une heure le plongeait dans le désespoir. En provenance des carrières d'Assouan, un chaland de soixante-dix mètres de long, transportant le premier des deux obélisques, tournait sur lui-même au milieu du Nil, pris dans un tourbillon que ne signalait aucune carte de navigation. À l'avant du lourd vaisseau en sycomore, le marin, qui sondait sans cesse le fleuve avec une longue perche afin d'éviter l'échouage sur un banc de sable, avait vu trop tard le danger. Paniqué, l'homme de barre avait fait une fausse manœuvre ; à l'instant même où il tombait à l'eau, l'un des deux gouvernails s'était brisé. L'autre, bloqué, était inutilisable.

Les mouvements désordonnés du chaland avaient déséquilibré le chargement. En se décalant, l'obélisque, monolithe de deux cents tonnes, avait brisé plusieurs cordages qui assuraient sa stabilité. D'autres menaçaient de céder. Bientôt, le gigantesque bloc de granit rose basculerait dans le fleuve.

Bakhen serra les poings et pleura.

Ce naufrage était un effroyable échec dont il ne se remettrait pas. À juste titre, il serait considéré comme responsable de la perte d'un obélisque et de la mort de plusieurs hommes. N'était-ce pas lui, trop pressé, qui avait ordonné le départ du chaland, sans attendre la crue ? Inconscient des dangers qu'il faisait courir à l'équipage, Bakhen s'était cru supérieur aux lois de la nature.

Le quatrième prophète d'Amon eût volontiers donné sa

vie pour empêcher ce désastre. Mais le bateau tanguait de plus en plus, et des craquements sinistres prouvaient que la coque ne tarderait pas à rompre. L'obélisque était une parfaite réussite ; il ne manquait plus que la dorure du pyramidion, qui aurait resplendi sous les rayons du soleil. Un obélisque condamné à disparaître au fond du Nil.

Sur la rive, un homme gesticulait. Un géant moustachu, casqué et armé, dont les protestations se perdaient dans le vent violent.

Bakhen s'aperçut qu'il s'adressait à un nageur, le suppliant de revenir. Mais ce dernier progressait vite en direction du bateau ivre. Au risque de se noyer ou de périr assommé par une rame, il parvint à atteindre la proue du chaland et à grimper le long de la coque en s'aidant d'un cordage.

L'homme empoigna le gouvernail bloqué que deux mains tentaient en vain de remettre en service. Avec une force incroyable, arc-bouté sur ses talons, les muscles de ses bras et de sa poitrine au bord de l'éclatement, il réussit à faire bouger la lourde pièce de bois.

Cessant de tourner sur lui-même, le bateau s'immobilisa quelques instants, parallèle à la rive. Profitant d'un vent favorable, l'homme de barre parvint à le sortir du tourbillon, bientôt aidé par des rameurs qui avaient repris confiance.

Lorsque le chaland accosta, des dizaines de tailleurs de pierre et de manœuvres s'occupèrent aussitôt de décharger l'obélisque.

Quand son sauveteur apparut au sommet de la passerelle, Bakhen le reconnut. Ramsès, le roi d'Égypte, avait risqué sa vie pour sauver l'aiguille de pierre qui percerait le ciel.

46

Chénar faisait six repas par jour et grossissait à vue d'œil. Il en allait ainsi lorsqu'il perdait espoir de conquérir le pouvoir et de prendre enfin sa revanche sur Ramsès. La boulimie le rassurait, lui permettant d'oublier la naissance d'une nouvelle capitale et l'insolente popularité du roi. Même Âcha ne parvenait plus à le réconforter. Certes, il employait des arguments convaincants : le pouvoir usait, l'enthousiasme des premiers mois de règne s'effilocherait, les difficultés de tous ordres s'accumuleraient sur le chemin de Ramsès... Mais rien de concret ne cautionnait ces belles paroles. Les Hittites semblaient tétanisés, sensibles à l'écho des miracles accomplis par le jeune monarque.

Bref, tout allait de mal en pis.

Chénar s'acharnait sur une cuisse d'oie rôtie lorsque son intendant lui annonça la visite de Méba, l'ex-ministre des Affaires étrangères dont il avait pris la place, en lui faisant croire que Ramsès était seul responsable de cette mutation.

– Je ne veux pas le voir.

– Il insiste.

– Renvoie-le.

– Méba prétend qu'il détient une information importante vous concernant.

L'ex-ministre n'était ni un vantard ni un affabulateur. Sa carrière avait été bâtie sur la prudence.

– Alors, laisse-le venir.

Méba n'avait pas changé : le visage large et rassurant, l'air pontifiant, une voix neutre et sans grande personnalité. Un haut fonctionnaire habitué à son confort et à ses habitudes, incapable de comprendre les vraies raisons de sa déchéance.

– Merci de me recevoir, Chénar.

– La visite d'un ami de longue date est un plaisir. Aurais-tu faim ou soif?

– Un peu d'eau fraîche me conviendra.

– Aurais-tu renoncé au vin et à la bière ?

– Depuis que j'ai perdu mon poste, je souffre d'horribles maux de tête.

– Je suis désolé d'être le bénéficiaire involontaire de cette injustice. Le temps passera, Méba, peut-être parviendrai-je à obtenir pour toi un poste honorifique.

– Ramsès n'est pas roi à revenir en arrière. En si peu de mois, son succès est éclatant.

Chénar planta les dents dans une aile d'oie.

– Je m'étais résigné, avoua l'ancien diplomate, jusqu'au moment où votre sœur, Dolente, m'a fait rencontrer un étrange personnage.

– Son nom ?

– Ofir, un Libyen.

– Jamais entendu parler.

– Il se cache.

– Pour quelle raison ?

– Parce qu'il protège une jeune femme, Lita.

– Quelle histoire sordide me racontes-tu là ?

– D'après Ofir, Lita est une descendante d'Akhénaton.

– Mais tous ses descendants sont morts !

– Et si c'était vrai ?

– Ramsès la ferait exiler sur l'heure.

– Votre sœur a pris fait et cause pour elle et pour les partisans d'Aton, le dieu unique, qui exclura les autres. À Thèbes même, un clan s'est formé.

– J'espère que tu n'en fais pas partie ! Cette folie se terminera mal. Oublies-tu que Ramsès appartient à une dynastie qui condamne l'expérience tentée par Akhénaton ?

– J'en suis tout à fait conscient et j'étais effrayé en rencontrant cet Ofir. À la réflexion, cet homme pourrait être un allié précieux contre Ramsès.

– Un Libyen obligé de se terrer ?

– Ofir possède une qualité appréciable : c'est un mage.

– Il y en a des centaines !

– Celui-là a quand même mis en péril la vie de Néfertari et de celle de sa fille.

– Qu'est-ce que tu dis ?

– Votre sœur Dolente est persuadée qu'Ofir est un sage et que Lita montera sur le trône d'Égypte. Comme elle compte sur moi pour réunir les partisans d'Aton, je bénéficie de ses confidences. Ofir est un mage redoutable, décidé à détruire les défenses magiques du couple royal.

– En es-tu certain ?

– Lorsque vous l'aurez vu, vous en serez convaincu. Mais ce n'est pas tout, Chénar ; avez-vous songé à Moïse ?

– Moïse... Pourquoi Moïse ?

– Les idées d'Akhénaton ne sont pas très éloignées de celles de certains Hébreux. Ne murmure-t-on pas que l'ami de Pharaon est tourmenté par l'avènement d'un dieu unique et que sa foi en notre civilisation est ébranlée ?

Chénar considéra Méba avec attention.

– Que proposes-tu ?

– Que vous encouragiez Ofir à poursuivre son action de mage noir et à rencontrer Moïse.

– Ta descendante d'Akhénaton m'ennuie...

– Moi aussi, mais quelle importance ? Persuadons Ofir que nous croyons en Aton et au règne de Lita. Lorsque le mage aura affaibli Ramsès et manipulé Moïse contre le roi, nous nous débarrasserons de ce personnage douteux et de sa protégée.

– Un plan intéressant, mon cher Méba.

– Je compte sur vous pour l'améliorer.

– Que souhaites-tu en échange ?

– Retrouver mon ancien poste. La diplomatie, c'est toute ma vie ; j'aime recevoir les ambassadeurs, présider des dîners mondains, discuter à mots couverts avec des dignitaires étrangers, promouvoir une relation, tendre des pièges, jouir du protocole... Personne ne peut comprendre, s'il n'est pas entré dans la carrière. Quand vous serez roi, nommez-moi ministre des Affaires étrangères.

– Tes propositions sont tout à fait dignes d'intérêt.

Méba était ravi.

– Sans vous importuner, je boirais bien un peu de vin. Ma migraine a disparu.

Bakhen, quatrième prophète d'Amon, s'était prosterné devant Ramsès.

– Je n'ai aucune excuse, Majesté. Je suis le seul responsable de ce désastre.

– Quel désastre ?

– L'obélisque aurait pu être perdu, l'équipage décimé...

– Tes cauchemars sont vides de sens, Bakhen. Seule la réalité compte.

– Elle n'efface pas mon imprudence.

– Pourquoi l'as-tu commise ?

– Je désirais faire de Louxor le joyau de votre règne.

– Supposais-tu qu'un seul chef-d'œuvre me suffirait ? Relève-toi, Bakhen.

L'ex-instructeur militaire de Ramsès n'avait rien perdu de sa robustesse. Il ressemblait davantage à un athlète qu'à un prêtre ascétique.

– Tu as eu de la chance, Bakhen, et j'apprécie les hommes que le destin favorise. La magie d'un être ne consiste-t-elle pas à dévier les coups du sort ?

– Sans votre intervention...

– Tu es donc capable de provoquer la venue de Pharaon ! Bel exploit, en vérité, qui mérite d'être gravé dans les annales.

Bakhen redoutait qu'une terrible sanction succédât à ces paroles ironiques. Mais le regard perçant de Ramsès se détourna et s'orienta vers le chaland. Les manœuvres du déchargement s'effectuaient sans difficutlé.

– Cet obélisque est splendide. Quand le second sera-t-il prêt ?

– Fin septembre, j'espère.

– Que les graveurs de hiéroglyphes se hâtent !

– Dans les carrières d'Assouan, la chaleur est déjà très forte.

– Qui es-tu, Bakhen, un bâtisseur ou un geignard ? Rends-toi là-bas et veille à l'achèvement du travail. Les colosses ?

– Les tailleurs de pierre ont choisi un grès magnifique dans les carrières du Gebel Silsileh.

– Qu'ils se mettent à l'œuvre, eux aussi, et sans délai. Envoie un émissaire dès aujourd'hui et pars ensuite vérifier que les sculpteurs ne perdent pas une heure. Pourquoi la grande cour est-elle encore inachevée ?

– Il était impossible d'aller plus vite, Majesté !

– Tu te trompes, Bakhen. Pour construire un sanctuaire du *ka*, un lieu de repos offert à la puissance qui crée l'univers en permanence, il ne faut pas se comporter comme un modeste contremaître, hésitant sur la démarche à suivre et timide avec les matériaux. C'est le feu de la foudre qui doit projeter ta pensée dans la pierre et faire naître le temple. Tu t'es montré lent et paresseux : voici ta véritable faute.

Abasourdi, Bakhen était incapable de protester.

– Quand Louxor sera achevé, il produira du *ka* ; cette énergie m'est nécessaire, au plus vite. Mobilise les meilleurs artisans.

– Certains s'occupent de votre demeure d'éternité, dans la Vallée des Rois.

– Fais-les venir ici, ma tombe attendra. Tu te préoccuperas aussi d'une autre urgence : la création de mon temple des millions d'années, sur la rive ouest. Sa présence préservera le royaume de bien des malheurs.

– Vous voulez...

– Un édifice colossal, un sanctuaire si puissant que sa magie repoussera l'adversité. Demain, nous lui donnerons le jour.

– S'il y a Louxor, Majesté...

– Il y a aussi Pi-Ramsès, une ville entière. Mande les sculpteurs de toutes les provinces et ne garde que ceux dont la main a du génie.

– Majesté, les journées ne sont pas extensibles !

– Si le temps te manque, Bakhen, crée-le.

47

Doki rencontra le sculpteur dans une taverne de Thèbes qu'ils n'avaient jamais fréquentée ni l'un ni l'autre. Ils s'assirent dans le recoin le plus obscur, près d'ouvriers libyens qui parlaient haut et fort.

– J'ai reçu votre message et je suis venu, dit le sculpteur. Pourquoi tant de mystère ?

Coiffé d'une perruque qui lui masquait les oreilles et descendait bas sur le front, Doki était méconnaissable.

– Avez-vous parlé de ma lettre à quiconque ?

– Non.

– Même pas à votre femme ?

– Je suis célibataire.

– À votre maîtresse ?

– Je ne la vois que demain soir.

– Donnez-moi cette lettre.

Le sculpteur remit le papyrus roulé à Doki, qui le déchira en mille morceaux.

– Si nous ne nous entendons pas, expliqua-t-il, il ne restera aucune trace de notre contact. Je ne vous aurai jamais écrit et nous ne nous serons jamais rencontrés.

Le sculpteur, un homme carré et râblé, percevait mal ces subtilités.

– J'ai déjà travaillé pour Karnak et n'ai pas eu à m'en

plaindre, mais on ne m'avait jamais convoqué dans une taverne pour me tenir des propos incohérents !

– Soyons clairs : voulez-vous être riche ?

– Qui ne le souhaiterait ?

– Votre fortune peut être acquise rapidement, mais il faudra prendre un risque.

– Lequel ?

– Avant de vous le révéler, nous devons nous mettre d'accord.

– D'accord sur quoi ?

– Si vous refusez, vous quittez Thèbes.

– Sinon ?

– Peut-être vaut-il mieux en rester là.

Doki se leva.

– C'est entendu. Restez.

– Votre parole, sur la vie de Pharaon et sous la vigilance de la déesse du silence qui foudroie le parjure.

– Vous l'avez.

Donner sa parole était un acte magique qui engageait l'être entier. La trahir faisait fuir le *ka* et privait l'âme de ses qualités.

– Je ne vous demanderai rien d'autre que de graver des hiéroglyphes sur une stèle, révéla Doki.

– Mais... c'est mon métier ! Pourquoi tant de mystère ?

– Vous le verrez au moment voulu.

– Et... cette fortune ?

– Trente vaches laitières, cent moutons, dix bœufs gras, un bateau léger, vingt paires de sandales, du mobilier et un cheval.

Le sculpteur fut ébranlé.

– Tout cela... pour une simple stèle ?

– En effet.

– Il faudrait être fou pour refuser. Topez là !

Les deux hommes se frappèrent la main.

– Le travail est pour quand ?
– Demain à l'aube, sur la rive ouest de Thèbes.

Méba avait invité Chénar dans la villa de l'un de ses anciens subordonnés, à une vingtaine de kilomètres au nord de Memphis, en pleine campagne. L'ex-ministre des Affaires étrangères et le frère aîné de Ramsès étaient arrivés par des routes différentes et à deux heures d'intervalle. Chénar avait jugé bon de ne pas avertir Âcha de cette démarche.

– Ton mage est en retard, reprocha Chénar à Méba.

– Il m'a promis de venir.

– Je n'ai pas l'habitude d'attendre. S'il n'est pas ici dans moins d'une heure, je m'en vais.

Ofir fit son entrée, accompagné de Lita.

La mauvaise humeur de Chénar s'effaça à l'instant même. Fasciné, il dévisagea l'inquiétant personnage. Maigre, les pommettes saillantes, le nez proéminent, les lèvres très minces, le Libyen avait une tête de vautour prêt à dévorer sa proie. La jeune femme, tête basse, avait l'air d'une vaincue, dépourvue de toute personnalité.

– C'est un grand honneur pour nous, déclara Ofir d'une voix profonde qui fit frissonner Chénar. Nous n'osions espérer une telle faveur.

– Mon ami Méba m'a parlé de vous.

– Le dieu Aton lui en saura gré.

– Voilà un nom qu'il vaudrait mieux ne pas prononcer.

– J'ai voué mon existence à faire reconnaître les droits de Lita au trône. Si le frère aîné de Ramsès me reçoit, n'est-ce pas parce qu'il approuve ma démarche ?

– Vous raisonnez juste, Ofir, mais ne négligez-vous pas l'obstacle majeur : Ramsès lui-même ?

– Au contraire. Le pharaon qui gouverne l'Égypte est un être d'une envergure et d'une force exceptionnelles, donc un très rude adversaire dont les défenses seront difficiles à briser. Néanmoins, je dispose de certaines armes que je crois efficaces.

– La peine de mort est le châtiment de ceux qui utilisent la magie noire.

– Ramsès et ses ancêtres ont tenté de détruire l'œuvre d'Akhénaton ; entre lui et moi, la lutte sera sans merci.

– Tout conseil de modération serait donc inutile.

– En effet.

– Je connais bien mon frère : c'est un homme entêté et violent, qui ne supportera aucune atteinte à son autorité. S'il trouve des partisans du dieu unique sur son chemin, il les écrasera.

– C'est pourquoi la seule solution consiste à le frapper dans le dos.

– Projet excellent, mais difficile à mettre en œuvre.

– Ma magie le rongera comme un acide.

– Que penseriez-vous d'un allié à l'intérieur de la forteresse ?

Les yeux du mage se rétrécirent, à la manière de ceux d'un chat ; ne subsista qu'une fente, qui rendit son regard insoutenable.

Chénar était content de lui, il avait frappé juste.

– Son nom ?

– Moïse. Un ami d'enfance de Ramsès, un Hébreu à qui il a confié la supervision des chantiers de Pi-Ramsès. Persuadez-le de vous aider, et nous deviendrons alliés.

Le général commandant le fort d'Éléphantine coulait des jours heureux. Depuis le raid mené par Séthi en personne, les provinces nubiennes, placées sous tutelle égyptienne, vivaient en paix et expédiaient régulièrement leurs produits.

La frontière méridionale du double pays était bien gardée ; depuis de nombreuses décennies, aucune tribu nubienne n'aurait songé à l'attaquer, ni même à la remettre en cause. La Nubie était à jamais territoire égyptien ; les fils des chefs de tribu étaient éduqués en Égypte avant de revenir chez eux et d'y propager la culture pharaonique, sous le contrôle du vice-roi de Nubie, un haut fonctionnaire nommé par le roi. Bien que les Égyptiens eussent horreur de séjourner longtemps à l'étranger, ce poste-là était convoité, car son titulaire bénéficiait de privilèges appréciables.

Mais le général ne l'enviait pas, car rien ne valait le climat et la quiétude d'Éléphantine d'où il était originaire. La garnison s'entraînait dès l'aube avant de se mettre à la disposition des carriers pour assurer le chargement des blocs de granit sur les chalands en partance pour le nord. Comme était lointain le temps des expéditions guerrières, et comme il était bon qu'il fût lointain !

Depuis sa nomination, le général s'était transformé en douanier. Ses hommes vérifiaient les produits en provenance du Grand Sud et y appliquaient les taxes, en fonction du barème imposé par la Double Maison blanche – le ministère de l'Économie et des Finances. Une accumulation de paperasses et de documents administratifs encombrait le quartier général, mais l'officier supérieur préférait se battre avec eux plutôt qu'avec les redoutables guerriers nubiens.

Dans quelques minutes, il monterait dans un bateau rapide afin d'examiner les fortifications depuis le Nil ; comme chaque jour, il goûterait la douceur de la brise et s'emplirait les yeux de la beauté des rives et des falaises. Et comment ne pas songer au savoureux dîner qu'il partagerait ensuite avec une jeune veuve sortant peu à peu de sa détresse ?

Un bruit de pas inhabituel le fit sursauter.

Son ordonnance se présenta devant lui, essoufflée.

– Message urgent, mon général.

– D'où provient-il ?

– D'une patrouille de surveillance, dans le désert de Nubie.

– Les mines d'or ?
– Oui, mon général.
– Qu'a dit le messager ?
– Que l'affaire était très sérieuse.

Autrement dit, le général ne pouvait pas ranger le papyrus roulé dans une armoire et l'y oublier pendant quelques jours. Il ôta le sceau, déroula le document et le parcourut avec stupéfaction.

– C'est... c'est un faux !

– Non, mon général. Le messager est à votre disposition.

– Un tel événement n'a pas pu se produire... Des Nubiens révoltés auraient attaqué le convoi militaire ramenant l'or en Égypte !

48

La nouvelle lune venait de naître.

Torse nu, Ramsès portait une perruque et un pagne archaïque, semblables à ceux des pharaons de l'Ancien Empire. La reine était vêtue d'une longue robe blanche moulante ; à la place de la couronne, l'étoile à sept branches de la déesse Séchat qu'elle incarnait, lors des rites de la fondation du Ramesseum, le temple des millions d'années. Ramsès se souvenait de son séjour parmi les tailleurs de pierre, dans les carrières du Gebel Silsileh où il avait manié le maillet et le ciseau. Il songeait alors à devenir membre de cette corporation avant que son père ne l'arrache à ce rêve.

Le couple royal était assisté par une trentaine de ritualistes venus du temple de Karnak ; à leur tête, le grand prêtre Nébou, le deuxième prophète, Doki, et le quatrième, Bakhen. Dès le lendemain, il mettrait au travail deux architectes et leurs équipes.

Cinq hectares ! Cinq hectares, c'était l'étendue du temple des millions d'années fixée par Ramsès. Outre le sanctuaire lui-même, il comprendrait un palais et de nombreuses dépendances, dont une bibliothèque, des entrepôts et un jardin. Cette cité sacrée, économiquement autonome, serait vouée au culte de la puissance surnaturelle présente dans l'être de Pharaon.

Abasourdi par l'ampleur du projet, Bakhen refusait de

songer aux difficultés et se concentrait sur les gestes accomplis par le couple royal. Après avoir fixé les angles symboliques du futur édifice, le roi et la reine, maniant un long maillet, avaient enfoncé les piquets de fondation et tendu le cordeau, en évoquant la mémoire d'Imhotep, créateur de la première pyramide et modèle des architectes.

Puis Pharaon avait creusé une tranchée de fondation à l'aide d'une houe et déposé dans la cavité des petits lingots d'or et d'argent, des outils miniatures et des amulettes, ensuite recouverts de sable et dissimulés aux regards.

D'une main ferme, Ramsès avait mis en place la première pierre d'angle avec un levier et moulé lui-même une brique ; de son acte créateur jailliraient les sols, les murs et les plafonds du temple. Vint le moment de la purification : Ramsès fit le tour de l'espace sacré en y jetant des grains d'encens, dont le nom hiéroglyphique, *sonter*, signifiait : « celui qui divinise ».

Bakhen dressa une porte en bois, maquette de la future porte monumentale de l'édifice. En la consacrant, le roi ouvrit la bouche de son temple des millions d'années et l'amena à la vie. Désormais, le Verbe était en lui. Douze fois, Ramsès frappa cette porte avec la massue blanche, « l'illuminatrice », appelant la présence des divinités. Tenant une lampe allumée, il illumina le sanctuaire où résiderait l'invisible.

Enfin, il prononça l'antique formule, affirmant qu'il n'avait pas construit ce monument pour lui-même et qu'il l'offrait à son véritable maître, la Règle, origine et fin de tous les temples d'Égypte.

Bakhen eut le sentiment de vivre un véritable miracle. Ce qui s'accomplissait ici, devant les yeux de quelques privilégiés, dépassait l'entendement humain. Sur ce sol encore nu, qui appartenait déjà aux dieux, la puissance du *ka* commençait à se déployer.

– La stèle de fondation est prête, déclara Doki.

– Qu'on l'implante, ordonna le roi.

Le sculpteur payé par Doki apporta une petite pierre couverte de hiéroglyphes. Le texte sacralisait à jamais le territoire du Ramesseum qui ne retournerait pas dans le monde profane; la magie des signes transformait la terre en ciel.

Sétaou s'avança, porteur d'un papyrus vierge et d'un godet rempli d'encre fraîche. Doki eut un haut-le-corps; l'intervention de ce personnage fruste n'avait pas été prévue.

Sétaou écrivit un texte sur le papyrus, en lignes horizontales et de droite à gauche, puis le lut à haute voix.

– « Que soit scellée chaque bouche vivante qui parlerait contre Pharaon en prononçant de mauvaises paroles ou qui aurait l'intention d'en prononcer contre lui, la nuit comme le jour. Que ce temple des millions d'années soit l'enceinte magique qui protège l'être royal et repousse le mal. »

Doki suait à grosses gouttes. Nul ne l'avait prévenu de cette intervention magique qui, par bonheur, ne pourrait rien changer au déroulement de son plan.

Sétaou présenta le papyrus roulé à Ramsès. Le roi apposa son sceau et le déposa au pied de la stèle où il serait enterré. En posant son regard sur les hiéroglyphes, le roi les amena à l'existence.

Soudain, il se retourna.

– Qui a gravé ces hiéroglyphes?

Dans la question du monarque, la colère était perceptible.

Le sculpteur s'avança.

– Moi, Majesté.

– Qui t'a donné le texte à inscrire dans la pierre?

– Le grand prêtre d'Amon en personne, Majesté.

Le sculpteur se prosterna, à la fois par respect et pour éviter le regard furieux de Ramsès. L'inscription traditionnelle relative à la fondation d'un temple des millions d'années avait été modifiée et dénaturée, anéantissant sa fonction protectrice.

Ainsi, le vieux Nébou, allié des forces des ténèbres et vendu aux ennemis de Pharaon, avait trahi Ramsès ! Le roi eut envie de lui fracasser la tête avec le maillet de fondation, mais une étrange énergie, montant du sol sacralisé, répandit une chaleur bienfaisante dans son arbre de vie, la colonne vertébrale. En son cœur s'ouvrit une porte qui modifia sa vision. Non, ce n'était pas la violence qu'il fallait employer. Et le geste très discret que Nébou venait d'accomplir le conforta dans cette opinion.

– Relève-toi, sculpteur.

L'homme obéit.

– Va vers le grand prêtre et amène-le-moi.

Doki triomphait. Son plan se déroulait à la perfection, les protestations du vieillard seraient embrouillées et inutiles. Le châtiment du roi serait terrible et le poste de grand prêtre vacant. Cette fois, le roi ferait appel à un homme expérimenté et familier de la hiérarchie, lui, Doki.

Le sculpteur avait bien retenu la leçon. Il s'arrêta face à un vieil homme qui tenait une canne dorée dans la main droite et portait un anneau d'or au majeur, les deux symboles attribués au grand prêtre d'Amon.

– Est-ce bien cet homme qui t'a donné le texte à graver sur la stèle ? interrogea Ramsès.

– C'est bien lui.

– Tu es donc un menteur.

– Non, Majesté ! Je vous jure que c'est le grand prêtre d'Amon en personne qui...

– Tu ne l'as jamais vu, sculpteur.

Nébou reprit la canne et l'anneau qu'il avait confiés à un ritualiste âgé, au moment où le sculpteur, qui lui tournait le dos, prononçait l'accusation contre lui.

Affolé, l'artisan vacilla.

– Doki... Où es-tu, Doki ? Il faut m'aider, je ne suis pas responsable ! C'est toi qui m'as ordonné de dire que le grand prêtre d'Amon voulait détruire la magie du temple !

Doki s'enfuyait.

Fou de rage, le sculpteur le rattrapa et s'acharna sur lui à coups de poing.

Doki avait succombé à ses blessures. Le sculpteur, accusé de crime de sang, de dégradation de hiéroglyphes, de corruption et de mensonge, comparaîtrait devant le tribunal du vizir et serait condamné soit à la peine de mort sous forme de suicide, soit aux travaux forcés dans un bagne des oasis.

Le lendemain du drame, au coucher du soleil, Ramsès implanta lui-même la stèle de fondation du Ramesseum, dûment rectifiée.

Le Ramesseum était né.

– Soupçonnais-tu Doki de vouloir te nuire ? demanda Ramsès à Nébou.

– La nature humaine est ainsi faite, répondit le grand prêtre. Rares sont les êtres qui se contentent de suivre leur propre voie sans jalouser autrui. Comme l'écrivent les sages avec justesse, l'envie est une maladie mortelle qu'aucun médecin ne saurait combattre.

– Il faut remplacer Doki.

– Songez-vous à Bakhen, Majesté ?

– Bien sûr.

– Je ne m'opposerai pas à votre décision, mais elle me semble prématurée. Vous avez chargé Bakhen de surveiller les travaux de Louxor et de votre temple des millions d'années, et vous avez eu raison. Cet homme mérite votre confiance. Mais ne l'écrasez pas sous un poids trop lourd et ne laissez pas son esprit s'éparpiller dans des tâches trop diverses. Le temps venu, il franchira d'autres degrés de la hiérarchie.

– Que proposes-tu ?

– À la place de Doki, nommez un vieillard, comme moi, préoccupé de méditation et de rites. Ainsi, le temple d'Amon de Karnak ne vous causera aucun souci.

– Tu le choisiras toi-même. As-tu consulté le plan du Ramesseum ?

– Mon existence fut une longue suite de jours heureux et paisibles, mais j'aurai un regret : ne pas vivre assez vieux pour voir terminé votre temple des millions d'années.

– Qui sait, Nébou ?

– Mes os sont douloureux, Majesté, ma vue baisse, mes oreilles deviennent sourdes et je dors de plus en plus. La fin approche, je le sens.

– Cent dix ans n'est-il pas l'âge qu'atteignent les sages ?

– Je ne suis qu'un vieil homme comblé. Pourquoi reprocherais-je à la mort de reprendre la chance dont j'ai bénéficié, pour l'offrir à autrui ?

– Ton coup d'œil me paraît encore excellent. Si tu n'avais pas donné ta canne et ton anneau au ritualiste, que se serait-il passé ?

– Ce qui est advenu est advenu, Majesté ; la règle de Maât nous a protégés.

Ramsès contempla la vaste étendue où se dresserait son temple des millions d'années.

– Je vois un édifice grandiose, Nébou, un sanctuaire de granit, de grès et de basalte. Ses pylônes monteront jusqu'au ciel, ses portes seront en bronze doré, des arbres ombrageront les bassins d'eau pure, les greniers seront remplis de blé, le trésor abritera de l'or, de l'argent, des pierres précieuses et des vases rares ; des statues vivantes habiteront les cours et les chapelles ; une enceinte protégera ces merveilles. À l'aube et au couchant, nous monterons ensemble sur la terrasse et nous vénérerons l'éternité inscrite dans la pierre. Trois êtres vivront pour toujours dans ce temple : mon père Séthi, ma mère Touya et mon épouse Néfertari.

– Vous oubliez le quatrième, qui est aussi le premier : vous-même, Ramsès.

La grande épouse royale s'approcha du roi, porteuse d'une pousse d'acacia.

Ramsès s'agenouilla et la planta en terre ; Néfertari l'arrosa délicatement.

– Veille sur cet arbre, Nébou ; il grandira avec mon temple. Fassent les dieux que je puisse me reposer un jour sous son ombrage bienfaisant, oublier le monde et les hommes, et voir la déesse d'Occident qui se révélera dans son feuillage et dans son tronc, avant de me prendre par la main.

49

Moïse s'allongea sur son lit en sycomore.

La journée avait été épuisante. Une cinquantaine d'incidents mineurs, deux blessés légers sur le chantier du palais, un retard de livraison des rations sur celui de la troisième caserne, un millier de briques imparfaites à détruire... Rien d'étonnant, mais une accumulation de soucis qui, peu à peu, entamaient sa résistance.

De sourdes interrogations envahissaient de nouveau son esprit. Bâtir cette capitale le rendait joyeux ; mais faire naître plusieurs temples en hommage à des divinités, dont Seth le maléfique, n'était-ce pas une offense au dieu unique ? En tant que superviseur des chantiers de Pi-Ramsès, Moïse contribuait à façonner la gloire d'un pharaon qui perpétuait les anciens cultes.

Dans un angle de la pièce, près de la fenêtre, quelqu'un avait bougé.

– Qui est là ?

– Un ami.

Un homme maigre, au visage d'oiseau de proie, sortit de la pénombre et s'avança dans la lumière vacillante que dispensait une lampe à huile.

– Ofir !

– J'aimerais te parler.

Moïse s'assit sur son lit.

– Je suis fatigué et j'ai envie de dormir. Nous nous verrons demain, sur le chantier, si j'en ai le loisir.

– Je suis en danger, mon ami.

– Pour quelle raison ?

– Tu le sais bien ! Parce que je crois au dieu unique, sauveur de l'humanité. Le dieu que ton peuple vénère en secret et qui régnera demain sur le monde après avoir détruit les idoles. Et sa conquête doit commencer par l'Égypte.

– Oublies-tu que Ramsès est le pharaon ?

– Ramsès est un tyran. Il se moque du divin et ne se préoccupe que de sa propre puissance.

– Respecte-la, ce sera préférable. Ramsès est mon ami, et je bâtis sa capitale.

– J'apprécie la noblesse de tes sentiments et ta fidélité à son égard. Mais tu es un homme déchiré, Moïse, et tu en as conscience. Dans ton cœur, tu refuses ce règne et tu espères celui du vrai dieu.

– Tu divagues, Ofir.

Le regard du Libyen se fit insistant.

– Sois sincère, Moïse, cesse de te mentir.

– Me connaîtrais-tu mieux que moi-même ?

– Pourquoi pas ? Nous refusons les mêmes erreurs et partageons le même idéal. En alliant nos forces, nous transformerons ce pays et l'avenir de ses habitants. Que tu le veuilles ou non, Moïse, tu es devenu le chef des Hébreux. Sous ta gouverne, leurs rivalités se sont tues. À ton insu, un peuple s'est formé.

– Les Hébreux sont soumis à l'autorité de Pharaon, non à la mienne.

– Cette dictature, je la nie ! Et tu la nies aussi.

– Tu te trompes : chacun sa fonction.

– La tienne consiste à guider ton peuple vers la vérité, la mienne à instaurer le culte du dieu unique, en plaçant sur le trône d'Égypte Lita, l'héritière légitime d'Akhénaton.

– Cesse de délirer, Ofir ; prôner la révolte contre Pharaon ne saurait aboutir qu'au désastre.

– Connais-tu un autre moyen d'établir le règne du dieu unique ? Lorsqu'on possède la vérité, il faut savoir lutter pour l'imposer.

– Lita et toi... Deux illuminés ! C'est dérisoire.

– Crois-tu vraiment que nous soyons seuls ?

L'Hébreu fut intrigué.

– C'est l'évidence...

– Depuis notre première rencontre, affirma Ofir, la situation a évolué. Les partisans du dieu unique sont plus nombreux et plus déterminés que tu ne l'imagines. La puissance de Ramsès n'est qu'une illusion, dans laquelle il se prendra lui-même au piège. Une bonne partie de l'élite de ce pays nous suivra lorsque toi, Moïse, auras ouvert la voie.

– Moi... Pourquoi moi ?

– Parce que tu as la capacité de nous guider et de prendre la tête des adeptes de la vraie foi. Lita doit demeurer dans l'ombre, jusqu'à son avènement, et je ne suis qu'un homme de prière, sans influence sur le grand nombre. Quand elle s'exprimera, ta voix sera entendue et écoutée.

– Qui es-tu réellement, Ofir ?

– Un simple croyant qui, comme Akhénaton, est persuadé que le dieu unique régnera sur toutes les nations, après avoir courbé l'échine de la vaniteuse Égypte.

Moïse aurait dû éconduire ce dément depuis longtemps, mais son discours le fascinait. Ofir formulait des idées enfouies dans la pensée de l'Hébreu, des idées si subversives qu'il avait refusé de leur donner consistance.

– Ton projet est insensé, Ofir ; tu n'as aucune chance de réussir.

– Le flot du temps coule dans notre sens, Moïse, et il emportera tout sur son passage. Prends la tête des Hébreux, donne-leur un pays, qu'ils puissent se prosterner devant le dieu unique et reconnaître sa toute-puissance. Lita gouvernera l'Égypte, nous serons alliés, et cette alliance sera le foyer d'où jaillira la vérité pour tous les peuples.

– Ce n'est qu'un rêve.

– Ni toi ni moi ne sommes des rêveurs.

– Ramsès est mon ami, je te le répète, et ne tolérera aucune agitation.

– Non, Moïse, il n'est pas ton ami, mais ton plus féroce adversaire. Celui qui veut étouffer la vérité.

– Sors de chez moi, Ofir.

– Médite mes paroles et prépare-toi à agir. Nous nous reverrons sans tarder.

– N'y compte pas.

– À bientôt, Moïse.

L'Hébreu passa une nuit blanche.

Chacune des paroles d'Ofir traversait sa mémoire comme une vague, emportant ses objections et ses craintes. Quoique Moïse ne consentît pas encore à l'avouer, cette rencontre était celle qu'il attendait.

Le lion et le chien, couchés côte à côte, achevaient de mastiquer des carcasses de volaille. Assis et enlacés à l'ombre d'un palmier, Ramsès et Néfertari admiraient la campagne thébaine. Non sans difficulté, le roi avait convaincu Serramanna de lui accorder une escapade. Massacreur et Veilleur n'étaient-ils pas les meilleurs gardes du corps ?

De Memphis provenaient d'excellentes nouvelles. La petite Méritamon appréciait fort le lait de sa nourrice et avait reçu la première visite de son frère Khâ, dont le ministre de l'Agriculture, Nedjem, s'occupait avec la vigilance éclairée d'un précepteur. Iset la belle s'était réjouie de la naissance de la fille du couple royal et avait adressé d'affectueuses pensées à Néfertari.

Le soleil de fin de soirée, doux et caressant, dorait la peau soyeuse de Néfertari. Un air de flûte s'éleva dans l'air léger, des bouviers chantonnaient en rentrant leurs troupeaux, des ânes lourdement chargés trottinaient vers les fermes. À l'occident, le soleil prit une teinte orange tandis que rosissait la montagne thébaine.

À l'âpreté d'un jour d'été succéda la tendresse du soir. Comme l'Égypte était belle, parée de ses ors et de ses verts, de l'argent du Nil et des feux du couchant ! Comme Néfertari était belle, à peine vêtue d'une fine robe de lin transparente ! De son corps souple et abandonné émanait un parfum enivrant ; sur son visage grave et paisible s'inscrivait la noblesse d'une âme lumineuse.

– Suis-je digne de toi ? demanda Ramsès.

– Quelle étrange question...

– Tu me parais parfois si loin de ce monde et de ses turpitudes, de la cour et de ses mesquineries, des devoirs temporels de notre charge.

– Aurais-je failli à ma tâche ?

– Au contraire, tu ne commets pas la moindre erreur, comme si tu étais reine d'Égypte depuis toujours. Je t'aime et je t'admire, Néfertari.

Leurs lèvres se joignirent, chaudes et vibrantes.

– J'avais décidé de ne pas me marier, confessa-t-elle, et de demeurer recluse au temple. Je n'éprouvais ni indifférence ni aversion envers les hommes, mais ils me semblaient plus ou moins esclaves d'une ambition qui finissait par les rendre petits et infirmes. Toi, tu étais au-delà de l'ambition, car le destin avait choisi ton chemin. Je t'admire et je t'aime, Ramsès.

L'un et l'autre savaient que leur pensée était une et que nulle épreuve ne les dissocierait. En créant ensemble le temple des millions d'années, ils avaient accompli leur premier acte magique de couple royal, source d'une aventure à laquelle seule la mort mettrait un terme apparent.

– N'oublie pas tes devoirs, rappela-t-elle.

– Lesquels ?

– Engendrer des fils.

– J'en ai déjà un.

– Il t'en faudra plusieurs. Si ton existence est longue, certains mourront peut-être avant toi.

– Pourquoi notre fille ne me succéderait-elle pas ?

– D'après les astrologues, elle sera d'une nature plutôt méditative, comme le petit Khâ.

– N'est-ce pas une bonne disposition pour régner ?

– Tout dépend des circonstances et du monde qui nous entoure. Ce soir, notre pays est la sérénité même, mais qu'en sera-t-il demain ?

Le galop d'un cheval brisa la paix du soir.

Poussiéreux, Serramanna sauta à terre.

– Pardon de vous importuner, Majesté, mais l'urgence commande.

Ramsès parcourut le papyrus que lui avait remis le Sarde.

– Un rapport du général d'Éléphantine, révéla-t-il à Néfertari. Des Nubiens révoltés ont attaqué un convoi qui transportait de l'or à destination de nos principaux temples.

– Des victimes ?

– Plus d'une vingtaine, et de nombreux blessés.

– S'agit-il de quelques voleurs ou d'un début de sédition ?

– Nous l'ignorons.

Bouleversé, Ramsès fit quelques pas. Le lion et le chien, percevant la contrariété de leur maître, vinrent lui lécher les mains.

Le monarque prononça les paroles que la grande épouse redoutait d'entendre.

– Je pars sur-le-champ, car il appartient au pharaon de rétablir l'ordre. En mon absence, Néfertari, tu gouverneras l'Égypte.

50

La flottille de guerre de Pharaon comprenait une vingtaine de bateaux en forme de croissant dont ni la proue ni la poupe ne touchaient l'eau. Une très grande voile était fixée par quantité de cordages à un mât unique, d'une solidité à toute épreuve. Au centre, une vaste cabine réservée à l'équipage et aux soldats ; à l'avant, une cabine plus petite où logeait le capitaine.

Sur le bateau amiral, Ramsès avait lui-même vérifié les deux gouvernails, l'un à bâbord, l'autre à tribord. Un enclos couvert avait été construit pour abriter le lion du roi et son chien, blotti entre les pattes avant du fauve et prompt à profiter de son abondante pitance quotidienne.

Comme lors de son précédent voyage, les collines désertiques, les îlots de verdure, le ciel d'un bleu absolu et la mince bande de verdure résistant à l'assaut du désert fascinèrent Ramsès. Ce pays de feu, à la fois violent et au-delà de tout conflit, ressemblait à son âme.

Hirondelles, grues couronnées et flamants roses survolèrent la flottille dont le passage fut salué par des babouins rieurs grimpés au sommet des palmiers. Oubliant le but de leur expédition, les soldats passèrent leur temps à jouer aux jeux de hasard, à boire du vin de palme et à dormir en se protégeant du soleil.

Le franchissement de la deuxième cataracte et l'entrée

dans le pays de Koush leur rappelèrent qu'ils n'avaient pas été invités à un voyage d'agrément. Les bateaux accostèrent un rivage désolé, les hommes débarquèrent en silence. On dressa les tentes, on disposa autour du camp des palissades de protection et l'on attendit les ordres de Pharaon.

Quelques heures plus tard, le vice-roi de Nubie et son escorte se présentèrent devant le monarque, assis sur un pliant en bois de cèdre doré.

– Tes explications, exigea Ramsès.

– Nous avons la situation bien en main, Majesté.

– J'ai demandé des explications.

Le vice-roi de Nubie avait beaucoup grossi. Avec un linge blanc, il s'essuya le front.

– Un incident déplorable, certes, mais dont il ne faut pas exagérer l'importance.

– Un convoi d'or volé, des soldats et des mineurs tués justifient-ils la présence de Pharaon et d'un corps expéditionnaire ?

– Le message qui vous fut envoyé était peut-être trop alarmiste, mais comment ne me réjouirais-je pas de la venue de Votre Majesté ?

– Mon père avait pacifié la Nubie et t'avait confié le soin de préserver cette paix. N'a-t-elle pas été brisée à cause de ta négligence et de ta lenteur à intervenir ?

– La fatalité, Majesté, ce ne fut que la fatalité !

– Tu es vice-roi de Nubie, porte-étendard à la droite du roi, superintendant du désert du Sud, chef de la charrerie et tu oses parler de fatalité... De qui te moques-tu ?

– Ma conduite fut irréprochable, je vous assure ! Mais mon travail est écrasant : contrôler les maires des villages, vérifier le remplissage des greniers, indiquer...

– Et l'or ?

– Je surveille sa production et sa livraison avec le plus grand zèle, Majesté !

– En oubliant de protéger un convoi ?

– Comment pouvais-je prévoir le raid d'un petit groupe d'insensés ?

– N'est-ce pas précisément l'un de tes devoirs ?

– La fatalité, Majesté...

– Conduis-moi à l'endroit où le drame est survenu.

– C'est sur la route des mines d'or, dans un endroit isolé et aride. Hélas, il ne vous apprendra rien !

– Qui sont les coupables ?

– Une tribu misérable dont les membres se sont enivrés pour accomplir ce triste exploit.

– Les as-tu fait rechercher ?

– La Nubie est grande, Majesté, mes effectifs sont réduits.

– Donc, aucune investigation sérieuse n'a été menée.

– Seule Votre Majesté pouvait décider d'une intervention militaire.

– Je n'ai plus besoin de toi.

– Dois-je accompagner Votre Majesté à la poursuite de ces criminels ?

– La vérité, vice-roi : la Nubie est-elle prête à se révolter pour les soutenir ?

– Eh bien... c'est peu probable, mais...

– L'insurrection a-t-elle déjà commencé ?

– Non, Majesté, mais les rangs de ces bandits semblent avoir grossi. C'est pourquoi votre présence et votre intervention étaient souhaitables.

– Bois, dit Sétaou à Ramsès.

– Est-ce indispensable ?

– Non, mais je préfère être prudent. Ce n'est pas Serramanna qui te protégera des serpents.

Le roi accepta de boire le breuvage dangereux à base de plantes urticacées et de sang de cobra dilué que Sétaou préparait pour Ramsès, à intervalles réguliers. Ainsi immunisé, le souverain pourrait s'aventurer sans risque sur la piste de l'or.

– Merci de m'offrir ce voyage ; Lotus est également enchantée de revoir son pays. Et que de beaux reptiles en perspective !

– Ce ne sera pas une promenade d'agrément, Sétaou. Nous nous heurterons sans doute à forte partie.

– Et si tu laissais ces pauvres bougres dormir sur leur or ?

– Ils ont volé et tué. Nul ne doit rester impuni, s'il a trahi la loi de Maât.

– Rien ne pourra te faire fléchir ?

– Rien.

– As-tu pensé à ta sécurité ?

– L'affaire est trop grave pour la confier à un subalterne.

– Recommande à tes hommes la plus grande prudence ; en cette saison, les reptiles sont particulièrement venimeux. Qu'ils s'enduisent d'*assa fœtida*, la gomme résine de la férule de Perse. Son odeur épouvantable fait fuir un certain nombre de reptiles. Si un soldat est mordu, préviens-moi. Je vais dormir dans un chariot, à côté de Lotus.

Le corps expéditionnaire progressa sur une piste caillouteuse. En tête, un éclaireur, Serramanna et le roi, montant de robustes chevaux ; puis des bœufs tirant des chariots, des ânes chargés d'armes et de gourdes d'eau, et les fantassins.

L'éclaireur nubien était persuadé que les agresseurs ne s'étaient guère éloignés de l'endroit où ils avaient attaqué le convoi. À quelques kilomètres, en effet, une oasis leur permettait de dissimuler provisoirement leur butin avant de le négocier.

D'après la carte en sa possession, le roi pouvait avancer sans crainte au cœur d'une région désertique, car des puits avaient été creusés le long du chemin. Depuis plusieurs années, aucun mineur n'avait souffert de la soif, d'après les rapports de l'administration de la Nubie.

La découverte d'un cadavre d'âne surprit l'éclaireur. D'ordinaire, les chercheurs d'or n'employaient que des bêtes en pleine santé, capables de supporter un long effort.

À proximité du premier grand puits, la sérénité revint. Boire jusqu'à plus soif, remplir les gourdes, dormir à l'ombre de toiles tendues entre quatre piquets... Des officiers aux simples soldats, le rêve était le même. Comme la nuit tomberait dans moins de trois heures, le roi ferait certainement halte.

L'éclaireur fut le premier à atteindre le puits. Malgré la chaleur, ce qu'il découvrit lui glaça le sang. Il courut vers Ramsès.

– Majesté... Il est à sec !

– Le niveau d'eau a peut-être baissé. Descends au fond.

S'aidant d'une corde que tenait Serramanna, l'éclaireur obéit. Lorsqu'il remonta, son visage avait vieilli de plusieurs années.

– À sec, Majesté.

Le corps expéditionnaire n'avait pas assez d'eau pour rebrousser chemin ; seuls les plus résistants survivraient peut-être. Il fallait donc aller de l'avant, avec l'espoir d'atteindre le prochain puits. Mais, puisque les rapports de l'administration nubienne étaient inexacts, celui-ci ne serait-il pas à sec, lui aussi ?

– Nous pourrions sortir de la piste principale, proposa l'éclaireur, et bifurquer sur la droite, en direction de l'oasis des rebelles. Entre ici et lui, il existe un puits dont ils ont besoin lors de leurs raids.

– Repos jusqu'à la tombée du jour, ordonna Ramsès. Ensuite, nous repartirons.

– Marcher la nuit est dangereux, Majesté ! Les serpents, une possible embuscade...

– Nous n'avons pas le choix.

Quelles étranges circonstances ! Ramsès songea à sa première expédition nubienne, aux côtés de son père, au cours de laquelle les soldats avaient subi une épreuve identique, à la suite de l'empoisonnement des puits par une tribu insurgée. En son for intérieur, le roi admit qu'il avait sous-estimé le danger. Une simple opération de rétablissement de l'ordre pouvait se transformer en désastre.

Ramsès s'adressa à ses hommes et leur dit la vérité. Le moral fut atteint, mais les plus expérimentés ne perdirent pas espoir et rassurèrent leurs camarades. N'étaient-ils pas sous les ordres d'un pharaon faiseur de miracles ?

Les fantassins, en dépit des risques, apprécièrent la marche nocturne. Une arrière-garde très vigilante parerait à une attaque-surprise. À l'avant, l'éclaireur avançait avec prudence ; grâce à la pleine lune, le regard portait loin.

Ramsès songea à Néfertari. S'il ne revenait pas, elle porterait sur ses épaules le poids de l'Égypte. Khâ et Méritamon étaient beaucoup trop jeunes pour régner, bien des ambitions resurgiraient avec d'autant plus de hargne qu'elles avaient été jugulées.

Soudain, le cheval de Serramanna se cabra. Surpris, le Sarde fut désarçonné et tomba sur le sol pierreux. À moitié assommé, incapable de réagir, il roula le long d'une pente sableuse et s'immobilisa au fond d'un trou, invisible depuis la piste.

Un curieux bruit, semblable à une respiration forcée, l'alerta.

À deux pas de lui, une vipère émettait un souffle rauque, provoqué par une brutale expulsion de l'air contenu dans ses poumons. Dérangée, elle devenait combative et attaquait.

Serramanna avait perdu son épée en tombant. Sans arme, il ne lui restait plus qu'à battre en retraite, en évitant tout mouvement brusque. Mais la vipère souffleuse, se déplaçant latéralement, l'en empêcha.

La cheville droite douloureuse, le Sarde ne parvint pas à se mettre debout. Incapable de courir, il devenait une proie facile.

– Maudite bestiole ! Tu me prives d'une belle mort au combat !

La vipère souffleuse se rapprocha. Serramanna lui jeta du sable à la tête, augmentant sa fureur. À l'instant où elle s'élançait, d'un mouvement rapide, pour franchir la courte distance qui la séparait de son ennemi, un bâton fourchu la cloua au sol.

– Joli coup ! se félicita Sétaou. Je n'avais qu'une chance sur dix de le réussir.

Il prit le serpent par le cou ; la queue s'agitait furieusement.

– Comme elle est ravissante, cette souffleuse, avec ses trois couleurs, bleu pâle, bleu sombre et vert. Une demoiselle très élégante, ne trouves-tu pas ? Par bonheur pour toi, son souffle s'entend de loin et il est facile à identifier.

– Je suppose que je devrais te remercier.

– Sa morsure ne provoque qu'un œdème local qui s'étend au membre blessé et déclenche une hémorragie, car son venin n'est pas abondant, mais très toxique. Avec un cœur solide, on peut survivre. Honnêtement, la souffleuse n'est pas aussi redoutable qu'elle en a l'air.

51

Sétaou avait soigné l'entorse de Serramanna avec des herbes et bandé sa cheville avec du lin couvert d'un baume décongestif. Dans quelques heures, il n'y paraîtrait plus. Soupçonneux, le Sarde se demandait si le charmeur de serpents n'avait pas organisé lui-même cet attentat à la vipère pour apparaître comme un sauveur et le persuader qu'il était un véritable ami de Ramsès, dépourvu de toute intention de lui nuire. Néanmoins, le comportement distant de Sétaou, qui ne tirait pas avantage de son intervention, plaidait en sa faveur.

À l'aube, on se reposa jusqu'au milieu de l'après-midi. Puis la progression reprit. Il y avait encore assez d'eau pour les hommes et les bêtes, mais il faudrait bientôt la rationner. Malgré la fatigue et l'angoisse, Ramsès fit presser l'allure et insista sur l'indispensable vigilance de l'arrière-garde. Les insurgés n'attaqueraient pas de front et tenteraient d'affaiblir leurs adversaires en les prenant par surprise.

Dans les rangs, on ne plaisantait plus, on n'évoquait plus le retour dans la vallée, on ne parlait plus.

– Le voilà, annonça l'éclaireur en tendant le bras.

Quelques herbes folles, un cercle de pierres sèches, un bâti de bois pour supporter le poids d'une grosse outre attachée à une corde usée.

Le puits.

Le seul espoir de survivre.

L'éclaireur et Serramanna se précipitèrent vers l'eau salvatrice. Ils demeurèrent accroupis un long moment, puis se redressèrent lentement.

Le Sarde hocha négativement la tête.

– Ce pays est privé d'eau depuis l'aube des temps et nous y mourrons de soif. Personne n'a jamais réussi à y creuser un puits durable. C'est dans l'au-delà qu'il nous faudrait chercher une source !

Ramsès rassembla ses hommes et leur avoua la gravité de la situation. Demain, les réserves seraient épuisées. Ils ne pouvaient ni avancer ni reculer.

Plusieurs soldats jetèrent leurs armes à leurs pieds.

– Ramassez-les, ordonna Ramsès.

– À quoi bon, demanda un officier, puisque nous allons nous dessécher au soleil.

– Nous sommes venus dans cette contrée désertique pour rétablir l'ordre et nous le rétablirons.

– Comment nos cadavres combattraient-ils les Nubiens ?

– Mon père s'est jadis trouvé dans une situation semblable, rappela Ramsès, et il a sauvé ses hommes.

– Alors, sauvez-nous aussi !

– Abritez-vous du soleil et faites boire les bêtes.

Le roi tourna le dos à son armée et fit face au désert. Sétaou se porta à sa hauteur.

– Que comptes-tu faire ?

– Marcher. Marcher jusqu'à ce que je trouve de l'eau.

– C'est insensé.

– Comme me l'a appris mon père, ainsi j'agirai.

– Reste avec nous.

– Un pharaon n'attend pas la mort comme un vaincu.

Serramanna s'approcha.

– Majesté...

– Évite la panique et maintiens les tours de garde. Que les hommes n'oublient pas qu'ils pourraient être attaqués.

– Je n'ai pas le droit de vous laisser partir seul dans cette immensité. Votre sécurité n'y serait pas assurée.

Ramsès posa la main sur l'épaule du Sarde.

– Je te charge de celle de mon armée.

– Revenez sans tarder. Des soldats sans chef risquent de perdre la tête.

Sous les yeux pétrifiés des fantassins, le roi quitta l'ancien point d'eau et s'aventura dans le désert rouge, en direction d'une butte pierreuse qu'il escalada à pas tranquilles. Du sommet, il découvrit une région désolée.

À l'instar de son père, il devait percevoir le secret du sous-sol, des veines de la terre, de l'eau qui provenait de l'océan d'énergie et se faufilait à travers les pierres et emplissait le cœur des montagnes. Le plexus du roi était douloureux, sa vision se modifia, son corps devint brûlant, comme envahi par une forte fièvre.

Ramsès prit la baguette de sourcier en acacia accrochée à la ceinture de son pagne, cette baguette dont s'était servi son père pour prolonger sa vision. La magie dont elle était imprégnée demeurait intacte ; mais où chercher, dans cette immensité ?

Une voix parlait dans le corps du roi, une voix venue de l'au-delà, une voix qui avait l'ampleur de celle de Séthi. La douleur au plexus devint si insupportable qu'elle contraignit Ramsès à sortir de son immobilité et à descendre du promontoire. Il ne ressentait plus la chaleur impitoyable qui eût écrasé n'importe quel voyageur. Tel celui d'un oryx, son rythme cardiaque s'était ralenti.

Le sable et les roches changèrent de forme et de couleur. Le regard de Ramsès pénétra peu à peu dans les profondeurs du désert, ses doigts se fermèrent sur les deux branches d'acacia très souples, reliées à leur extrémité par du fil de lin.

La baguette se souleva, hésita, retomba. Le roi continua à marcher, la voix se fit lointaine. Il revint sur ses pas, se dirigea vers la gauche, du côté de la mort. De nouveau, la voix fut proche, la baguette s'anima. Ramsès se heurta à un énorme bloc de granit rose, perdu dans cette mer de rocaille.

La force de la terre lui arracha la baguette des mains.

Il venait de trouver de l'eau.

La langue sèche, la peau brûlée par le soleil, les muscles douloureux, les soldats déplacèrent le bloc et creusèrent à l'endroit indiqué par le roi. Ils atteignirent une énorme nappe d'eau à cinq mètres de profondeur et poussèrent des cris de joie qui montèrent jusqu'au ciel.

Ramsès fit pratiquer plusieurs forages ; une série de puits furent reliés entre eux par une galerie souterraine. En appliquant cette technique chère aux mineurs, le roi ne se contentait pas de sauver son armée d'une mort atroce, mais prévoyait d'irriguer une assez vaste étendue.

– Imagines-tu des jardins verdoyants ? interrogea Sétaou.

– Fécondité et prospérité ne sont-elles pas les meilleures traces que nous puissions laisser ?

Serramanna s'insurgea.

– Oublieriez-vous les Nubiens révoltés ?

– Pas une seconde.

– Mais les soldats transformés en terrassiers !

– Ce travail fait souvent partie de leur mission, selon nos coutumes.

– Dans la piraterie, on ne mélangeait pas les genres. Si nous sommes attaqués par les sauvages, saurons-nous encore nous défendre ?

– Ne t'ai-je pas chargé d'assurer notre sécurité ?

Pendant que les soldats consolidaient les puits et la galerie, Sétaou et Lotus capturaient de magnifiques reptiles d'une taille supérieure à la moyenne et accumulaient de précieuses réserves de venin.

Inquiet, Serramanna multipliait les rondes dans les environs et contraignait les soldats, par roulement, à s'entraîner comme à la caserne. Beaucoup finissaient par oublier l'assassinat des convoyeurs d'or et ne songeaient qu'au retour de l'expédition dans la vallée du Nil, sous la conduite d'un pharaon faiseur de miracles.

« Des amateurs », pensa l'ex-pirate.

Ces soldats égyptiens n'étaient que des temporaires, vite transformés en manœuvres ou en paysans. Ils n'avaient pas l'habitude des combats, des corps à corps sanglants et des luttes à mort. Rien ne valait la formation d'un pirate, toujours sur le qui-vive et prêt à trancher la gorge de n'importe quel ennemi avec n'importe quelle arme. Dépité, Serramanna ne tenta même pas de leur apprendre des attaques vicieuses et des parades inattendues. Ces fantassins-là ne sauraient jamais se battre.

Pourtant, le Sarde avait la sensation que les Nubiens révoltés n'étaient pas loin et que, depuis deux jours au moins, ils s'approchaient du campement égyptien et l'épiaient. Le lion et le chien de Ramsès avaient, eux aussi, perçu une présence hostile. Ils devenaient nerveux, dormaient moins, marchaient de manière saccadée et le museau au vent.

Si ces Nubiens étaient de vrais pirates, le corps expéditionnaire égyptien serait anéanti.

La nouvelle capitale de l'Égypte croissait à une vitesse surprenante, mais Moïse ne la regardait plus. Pi-Ramsès n'était, pour lui, qu'une cité étrangère, peuplée de faux dieux et d'hommes égarés dans des croyances insensées.

Fidèle à sa mission, il continuait à animer les divers chantiers et à maintenir le rythme des travaux. Mais chacun avait remarqué chez lui une rudesse grandissante, notamment à l'encontre des contremaîtres égyptiens dont il critiquait, la plupart du temps sans raison, le sens aigu de la discipline. Moïse passait de plus en plus de temps auprès des

Hébreux et, chaque soir, discutait avec de petits groupes de l'avenir de leur peuple. Beaucoup étaient satisfaits de leur condition et n'éprouvaient aucune envie d'en changer pour créer une patrie indépendante. L'aventure semblait trop risquée.

Moïse insista. Il évoqua leur foi en un dieu unique, l'originalité de leur culture, la nécessité de se libérer du joug égyptien et de s'écarter des idoles. Quelques esprits commencèrent à vaciller, d'autres demeurèrent irréductibles. Mais tous reconnurent que Moïse avait la stature d'un chef, que son action avait été bénéfique pour les Hébreux et qu'aucun d'eux ne pouvait négliger son discours.

L'ami d'enfance de Ramsès dormait de moins en moins. Il rêvait les yeux ouverts d'une terre fertile où régnerait le dieu de son cœur, d'un pays que les Hébreux gouverneraient eux-mêmes et dont ils défendraient les frontières comme leur bien le plus précieux.

Enfin, il connaissait la nature du feu qui dévorait son âme depuis tant d'années ! Il nommait ce désir inextinguible, il prenait la tête d'un peuple qu'il conduirait vers sa vérité. Et l'angoisse lui serrait la gorge. Ramsès accepterait-il une telle sédition et une telle négation de sa propre puissance ? Moïse devrait le convaincre, lui faire accepter son idéal.

Les souvenirs affluaient. Ramsès n'était pas un simple camarade de jeux, mais un authentique ami, un être qu'animait un feu identique et pourtant si différent. Moïse ne le trahirait pas en fomentant un complot contre lui ; il l'affronterait, face à face, et le ferait plier. Même si la victoire paraissait impossible, il l'obtiendrait.

Car Dieu était avec lui.

52

La partie antérieure du crâne rasée, des anneaux dans les oreilles, le nez épaté, les joues scarifiées, portant des colliers de perles multicolores et des pagnes taillés dans des peaux de panthère, les Nubiens révoltés avaient encerclé le campement égyptien au début de l'après-midi, alors que la plupart des soldats de Ramsès faisaient la sieste. Brandissant de grands arcs en acacia, ils transperceraient de leurs flèches un grand nombre d'Égyptiens avant que le corps expéditionnaire ne fût en mesure de réagir.

Si leur chef hésitait à donner l'ordre d'attaquer, c'était à cause d'un petit groupe d'hommes, également armés d'arcs puissants, abrités derrière une palissade formée de boucliers et de palmes. À leur tête, Serramanna, qui s'attendait à cet assaut. L'élite des fantassins, qu'il avait rassemblée, ferait des coupes claires dans les rangs nubiens. Le chef des insurgés en avait pris conscience, même si la victoire semblait acquise.

Le temps s'immobilisa. Plus personne ne bougea.

Le principal conseiller du chef nubien lui recommanda de tirer et d'abattre un maximum d'ennemis, pendant que quelques guerriers, rapides à la course, se rueraient sur la palissade. Mais le chef avait l'habitude des combats, et le visage de Serramanna ne présageait rien de bon. Ce géant moustachu ne leur tendait-il pas un ou plusieurs pièges qu'ils avaient été incapables de déceler ? Cet homme-là ne ressemblait pas aux Égyptiens qu'il avait tués. Et son instinct de chasseur lui affirma qu'il fallait s'en méfier.

Quand Ramsès sortit de sa tente, tous les regards convergèrent vers lui. Coiffé d'une couronne bleue épousant la forme du crâne et s'évasant à l'arrière, vêtu d'une chemise de lin plissée à manches courtes et d'un pagne doré à la ceinture duquel était accrochée une queue de taureau sauvage, le pharaon tenait dans sa main droite le sceptre « magie », en forme de crosse de berger, dont l'extrémité était plaquée contre sa poitrine.

Derrière le roi marchait Sétaou, portant les sandales blanches du monarque. Malgré la gravité de la situation, il songea à Améni, le porte-sandales de Pharaon, qui eût été stupéfait de voir son ami rasé, portant perruque et pagne, et ressemblant à un dignitaire de la cour, à un détail près : un curieux sac accroché à la ceinture et pendant dans son dos.

Sous les regards inquiets des soldats égyptiens, Pharaon et Sétaou allèrent jusqu'à la limite du campement et s'arrêtèrent à une trentaine de mètres des Nubiens.

– Je suis Ramsès, pharaon d'Égypte. Qui est votre chef ?

– Moi, répondit le Nubien en avançant d'un pas.

Deux plumes fichées à l'arrière de la tête et retenues par un bandeau rouge, les muscles saillants, le chef des insurgés brandit une sagaie décorée de plumes d'autruche.

– Si tu n'es pas un lâche, viens vers moi.

Le principal conseiller manifesta son désaccord. Mais ni Ramsès ni son porte-sandales n'étaient armés, alors que lui disposait d'une sagaie, et le conseiller d'un poignard à double tranchant. Le chef jeta un regard du côté de Serramanna.

– Tiens-toi sur ma gauche, ordonna-t-il à son conseiller.

Si le géant moustachu donnait l'ordre de tirer, le chef serait protégé par un bouclier humain.

– As-tu peur ? demanda Ramsès.

Les deux Nubiens se détachèrent du groupe de guerriers et marchèrent en direction du roi et de son porte-sandales. Ils se figèrent à moins de trois mètres de leurs adversaires.

– Ainsi, c'est toi, le pharaon qui opprime mon peuple.

– Nubiens et Égyptiens vivaient en paix. Tu as rompu cette harmonie en tuant des convoyeurs d'or et en volant le métal destiné aux temples d'Égypte.

– Cet or est le nôtre, pas le vôtre. C'est toi qui es un voleur.

– La Nubie est province égyptienne, donc soumise à la loi de Maât. Crime et vol doivent être sévèrement châtiés.

– Je me moque de ta loi, Pharaon ! Ici, je fais la mienne. D'autres tribus sont prêtes à se joindre à moi. Quand je t'aurai tué, je serai un héros ! Tous les guerriers se placeront sous mes ordres, nous expulserons à jamais les Égyptiens de notre sol !

– Agenouille-toi, ordonna le roi.

Le chef et son conseiller se regardèrent, héberlués.

– Pose ton arme, agenouille-toi et soumets-toi à la Règle.

Un rictus déforma le visage du chef nubien.

– Si je m'incline, m'accorderas-tu ton pardon ?

– Tu t'es mis toi-même en dehors de la Règle. Te pardonner serait la nier.

– La clémence t'est donc inconnue...

– Elle l'est.

– Pourquoi me soumettrais-je ?

– Parce que tu es un rebelle et que ton unique liberté est de t'incliner devant Pharaon.

Le conseiller principal passa devant son chef et brandit son poignard.

– Que Pharaon meure et nous serons délivrés !

Sétaou, qui n'avait pas quitté des yeux les deux Nubiens, ouvrit le sac et relâcha la vipère des sables qu'il y avait emprisonnée. Se faufilant sur le sable brûlant avec la rapidité de la mort ravisseuse, elle mordit le Nubien au pied avant qu'il eût achevé son geste.

Affolé, il s'accroupit et ouvrit la blessure avec son poignard pour faire jaillir le sang.

– Il est déjà plus froid que l'eau et plus brûlant qu'une flamme, indiqua Sétaou en regardant le chef droit dans les yeux. Son corps est en sueur, il ne voit plus le ciel, la salive tombe de sa bouche. Ses yeux et ses sourcils se crispent, son visage enfle ; sa soif devient intense, il va mourir. Il ne peut plus se lever, sa peau prend une teinte pourpre avant de noircir, un tremblement l'emporte.

Sétaou brandit son sac rempli de vipères.

Les guerriers nubiens reculèrent.

– À genoux, ordonna de nouveau Pharaon. Sinon, une mort atroce vous frappera.

– C'est toi qui vas périr !

Le chef éleva la sagaie au-dessus de sa tête, mais un rugissement le statufia. Se tournant de côté, il eut à peine le temps de voir bondir sur lui le lion de Ramsès, gueule ouverte. Le fauve déchira la poitrine du Nubien de ses griffes et referma ses mâchoires sur la tête du malheureux.

Sur un signe de Serramanna, les archers égyptiens braquèrent leurs arcs sur les Nubiens désemparés ; les fantassins se précipitèrent sur leurs ennemis et les désarmèrent.

– Qu'on leur lie les mains derrière le dos ! exigea le Sarde.

Lorsque la victoire de Ramsès fut connue, des centaines de Nubiens sortirent de leurs cachettes et de leurs villages, afin de lui rendre hommage. Le roi choisit un chef de clan âgé, aux cheveux blancs, et lui attribua la nouvelle zone fertile créée autour du puits. Il lui confia aussi les prisonniers qui effectueraient les travaux agricoles sous la surveillance de policiers nubiens. La peine capitale frapperait fuyards et récidivistes.

Puis le corps expéditionnaire égyptien se dirigea vers l'oasis où les rebelles avaient établi leur quartier général. Il n'y rencontra qu'une faible résistance et retrouva l'or que les orfèvres utilisaient pour orner statues et portes de temples.

À la tombée de la nuit, Sétaou ramassa deux morceaux de nervures de palmier bien sèches, les coinça avec ses genoux, et frotta entre eux, de plus en plus vite, une baguette de bois mort. La poussière de bois s'enflamma. En prenant leur tour de garde, les soldats nourriraient le feu, dont la présence écarterait cobras, hyènes et autres bêtes indésirables.

– As-tu fait ta moisson de reptiles ? demanda Ramsès.

– Lotus est ravie. Ce soir, nous nous reposons.

– Ce pays n'est-il pas sublime ?

– Tu l'aimes autant que nous, semble-t-il.

– Il me met à l'épreuve et m'oblige à me surpasser. Sa puissance est mienne.

– Sans ma vipère, les rebelles t'auraient tué.

– Cela ne fut pas, Sétaou.

– Ton plan était quand même risqué.

– Il a évité de sanglants combats.

– Es-tu toujours conscient de tes imprudences ?

– À quoi bon ?

– Moi, je ne suis que Sétaou, et je peux m'amuser avec des serpents venimeux ; mais toi, tu es le maître des Deux Terres. Ta mort plongerait le pays dans le désarroi.

– Néfertari régnerait avec sagesse.

– Tu n'as que vingt-cinq ans, Ramsès, mais tu n'as plus le droit d'être jeune. Laisse à d'autres la fougue des guerriers.

– Pharaon peut-il être un lâche ?

– Cesseras-tu d'être excessif ? Je ne te demande qu'un peu de prudence.

– Ne suis-je pas protégé de tous côtés ? La magie de la reine, toi et tes reptiles, Serramanna et ses mercenaires, Veilleur et Massacreur... Nul être n'a autant de chance que moi.

– Ne la gaspille pas.

– Elle est inépuisable.

– Puisque tu es inaccessible à toute forme de raisonnement, je préfère dormir.

Sétaou tourna le dos au roi et s'allongea contre Lotus ; le soupir d'aise qu'elle exprima incita le roi à s'éloigner. Le repos du charmeur de serpents risquait d'être de courte durée.

Comment le convaincre qu'il était un homme d'État, possédant l'étoffe d'un grand ministre ? Sétaou incarnait le premier grand échec de Ramsès. Acharné à suivre son chemin, il refusait de faire carrière. Fallait-il le laisser libre de son choix ou le contraindre à devenir l'un des premiers personnages du royaume ?

Ramsès passa la nuit à contempler le ciel étoilé, séjour lumineux de l'âme de son père, et des pharaons qui l'avaient précédé. Il se sentait fier d'avoir trouvé, comme Séthi, de l'eau dans le désert et maté les rebelles, mais cette victoire ne le satisfaisait pas. Malgré l'intervention de Séthi, une tribu s'était soulevée. Après une période de calme, une situation identique se reproduirait. Il ne mettrait fin à ces convulsions qu'en arrachant la racine du mal, mais comment la découvrir ?

Au petit matin, Ramsès perçut une présence dans son dos. Il se retourna lentement et le vit.

Un énorme éléphant qui était entré dans l'oasis avec des semelles de vent, sans faire craquer les nervures de palmier jonchant le sol. Le lion et le chien avaient ouvert les yeux, mais étaient restés silencieux, comme s'ils savaient leur maître en sécurité.

C'était lui, le grand mâle aux vastes oreilles et aux longues défenses, que Ramsès avait sauvé en extirpant une flèche de sa trompe, plusieurs années auparavant.

Le roi d'Égypte caressa la trompe du seigneur de la savane, le colosse poussa un barrissement de joie qui réveilla le camp entier.

L'éléphant s'éloigna à pas tranquilles, parcourut une centaine de mètres et tourna la tête en direction du roi.

– Il faut le suivre, décida Ramsès.

53

Ramsès, Serramanna, Sétaou et une dizaine de fantassins aguerris suivirent l'éléphant, qui traversa une plaine étroite et désertique, puis emprunta un sentier bordé d'épineux montant vers un plateau sur lequel avait poussé un acacia plus que centenaire.

L'éléphant s'immobilisa, Ramsès le rejoignit.

Le regard dans la même direction que celui du colosse, il découvrit le plus sublime des paysages. Le grandiose éperon rocheux, point de repère pour la navigation, dominait une vaste courbe du Nil. Lui, l'époux de l'Égypte, contemplait le mystère du flot créateur, le fleuve divin dans toute sa majesté. Sur les rochers, des inscriptions hiéroglyphiques rappelaient que l'endroit était placé sous la protection de la déesse Hathor, souveraine des étoiles et des navigateurs qui faisaient volontiers halte en ce lieu.

De sa patte avant droite, l'éléphant fit rouler un bloc de grès qui dévala le long de la falaise et tomba dans une coulée de sable ocre, entre deux promontoires. Au nord, le pan montagneux était vertical et descendait presque jusqu'à l'eau ; au sud, il s'en écartait et laissait dégagée une vaste esplanade s'ouvrant vers l'est.

Un jeune garçon avait accosté et dormait dans sa barque, faite d'un tronc de palmier évidé.

– Allez le chercher, ordonna le roi à deux soldats.

Quand il les vit arriver, le Nubien prit ses jambes à son cou. Il crut leur échapper, mais son pied heurta un rocher émergeant à peine du sable, et il s'étala en bordure du Nil. Les Égyptiens lui tordirent les bras et le conduisirent au roi.

Le fuyard roulait des yeux affolés, redoutant d'avoir le nez coupé.

– Je ne suis pas un voleur ! Cette barque m'appartient, je le jure, et...

– Réponds à ma question, dit Ramsès, et tu seras libre : quel est le nom de ce lieu ?

– Abou Simbel.

– Tu peux partir.

Le garçon courut jusqu'à l'embarcation et pagaya avec ses mains, aussi vite qu'il le pouvait.

– Ne restons pas ici, recommanda Serramanna ; l'endroit ne me paraît pas sûr.

– Je n'ai pas aperçu la moindre trace de serpent, objecta Sétaou. Bizarre... La divine Hathor les effraierait-elle ?

– Ne me suivez pas, exigea le roi.

Serramanna s'avança.

– Majesté !

– Est-il nécessaire de me répéter ?

– Votre sécurité...

Ramsès entama la descente vers le fleuve. Sétaou retint le Sarde.

– Obéis, ça vaudra mieux.

Serramanna s'inclina en grommelant. Le roi, seul, sur ce site perdu, dans un pays hostile ! En cas de danger, malgré les ordres, le Sarde se promit d'intervenir.

Parvenu au bord du fleuve, Ramsès se tourna vers la falaise de grès.

C'était ici, le cœur de la Nubie, mais elle l'ignorait encore. À lui, Ramsès, de faire d'Abou Simbel une merveille qui défierait le temps et scellerait la paix entre l'Égypte et la Nubie.

Le pharaon médita plusieurs heures à Abou Simbel, s'imprégnant de la pureté du ciel, du scintillement du Nil et de la puissance de la roche. Ici serait construit le sanctuaire majeur de la province ; il rassemblerait les énergies divines et diffuserait un faisceau de protection si intense que le fracas des armes disparaîtrait.

Ramsès observa le soleil. Ses rayons ne se contentaient pas de frapper la falaise, ils pénétraient au cœur de la roche, l'illuminant de l'intérieur. Quand les architectes travailleraient sur le site, ils devraient préserver ce miracle.

Lorsque le roi remonta au sommet de la falaise, Serramanna, à bout de nerfs, faillit lui remettre sa démission. Mais la placidité de l'éléphant l'en dissuada ; il ne se montrerait pas moins patient qu'une bête, si grosse fût-elle.

– Nous rentrons en Égypte, décréta le roi.

Après s'être purifié la bouche avec du natron, Chénar livra son visage à un barbier d'une grande douceur qui savait aussi l'épiler sans lui arracher un seul cri de douleur. Le frère aîné de Ramsès appréciait beaucoup la friction aux huiles parfumées, notamment sur le crâne, avant la pose de la perruque. Ces petites joies rendaient l'existence légère et le rassuraient sur sa prestance ; quoiqu'il fût moins beau et moins athlétique que Ramsès, il rivaliserait d'élégance.

D'après sa clepsydre à eau, une pièce coûteuse, il constata que l'heure de son rendez-vous approchait.

Sa chaise à porteurs, confortable et spacieuse, était la plus belle de Memphis ; ne la surpassait que celle de Pharaon qu'il occuperait un jour. Il se fit déposer au bord du grand canal qui permettait aux lourds chalands d'atteindre le port principal de Memphis et de décharger leur cargaison.

Assis sous un saule, le mage Ofir prenait le frais. Chénar

s'adossa au tronc de l'arbre et regarda passer un bateau de pêche.

– Avez-vous progressé, Ofir ?

– Moïse est un homme exceptionnel, doté d'un caractère difficile à dompter.

– Autrement dit, vous avez échoué.

– Je ne crois pas.

– Les impressions ne me suffisent pas, Ofir ; il me faut des faits.

– La route qui conduit au succès est souvent longue et sinueuse.

– Épargnez-moi votre philosophie. Avez-vous réussi, oui ou non ?

– Moïse n'a pas rejeté mes propositions. N'est-ce pas un résultat appréciable ?

– Intéressant, je l'admets. A-t-il admis la validité de vos projets ?

– La pensée d'Akhénaton lui est familière. Il sait qu'elle a contribué à façonner la foi des Hébreux et que notre collaboration pourrait être fructueuse.

– Sa popularité auprès de ses compatriotes ?

– De plus en plus grande. Moïse a la nature d'un vrai chef, il s'imposera sans peine aux divers clans. Quand la construction de Pi-Ramsès sera achevée, il prendra son véritable essor.

– Combien de temps encore ?

– Quelques mois. Moïse a donné une telle impulsion aux briquetiers qu'ils ont maintenu une cadence de travail extraordinaire.

– Maudite capitale ! Grâce à elle, le renom de Ramsès dépassera la frontière du Nord.

– Où se trouve Pharaon ?

– En Nubie.

– Une contrée dangereuse.

– Ne rêvez pas, Ofir ; les messagers royaux ont fait

parvenir d'excellentes nouvelles. Ramsès a même réalisé un nouveau miracle en découvrant une nappe d'eau dans le désert, et son armée a créé une zone agricole. Pharaon rapportera l'or volé et l'offrira aux temples. Une expédition réussie, une victoire exemplaire.

– Moïse n'ignore pas qu'il devra affronter Ramsès.

– Son meilleur ami...

– La croyance au dieu unique sera la plus forte, le conflit est inévitable. Quand il se déclenchera, nous devrons soutenir Moïse.

– Ce sera votre rôle, Ofir. Vous comprendrez qu'il m'est impossible d'agir en première ligne.

– Il faudra m'aider.

– Quels sont vos besoins ?

– Une demeure à Memphis, des serviteurs, des facilités de circulation pour mes partisans.

– Accordé, à condition que vous me remettiez des rapports réguliers sur vos activités.

– C'est le moindre de mes devoirs.

– Quand retournez-vous à Pi-Ramsès ?

– Dès demain. Je m'entretiendrai avec Moïse et lui affirmerai que nos effectifs progressent sans cesse.

– Ne vous souciez plus de vos conditions d'existence, et préoccupez-vous uniquement de convaincre Moïse de lutter pour l'affirmation de sa foi, contre la tyrannie de Ramsès.

Le briquetier Abner chantonnait. Dans moins d'un mois, la première caserne de Pi-Ramsès serait achevée, et les premiers fantassins transférés de Memphis y habiteraient. Les locaux étaient spacieux et bien aérés, les finitions remarquables.

Grâce à Moïse, qui avait reconnu ses mérites, Abner dirigeait une petite équipe de dix briquetiers expérimentés et laborieux. Le chantage exercé par Sary n'était plus qu'un mauvais souvenir ; Abner s'installerait dans la nouvelle capitale avec sa famille et serait préposé à l'entretien des bâtiments publics. Une existence heureuse s'ouvrait devant lui.

Ce soir, l'Hébreu allait déguster une perche du Nil avec ses camarades et jouer au jeu du serpent, en espérant que ses pions avanceraient régulièrement sur les cases, sans tomber dans les multiples pièges inscrits sur le corps du reptile. Le gagnant était celui qui parvenait le premier au terme du parcours, et Abner sentait que la chance lui sourirait.

Pi-Ramsès commençait à s'animer; peu à peu, l'immense chantier se transformait en une ville dont le cœur ne tarderait pas à battre. Et l'on songeait déjà au moment grandiose de l'inauguration, lorsque Pharaon donnerait vie à sa capitale. Dans le jeu du destin, Abner avait reçu le privilège de servir l'idéal d'un grand roi et de connaître Moïse.

– Comment vas-tu, Abner ?

Sary portait une tunique libyenne, à larges bandes verticales jaunes et noires, serrée à la taille par une ceinture de cuir vert. Son visage était de plus en plus émacié.

– Que me veux-tu ?

– Prendre des nouvelles de ta santé.

– Passe ton chemin.

– Deviendrais-tu insolent ?

– Ignores-tu que j'ai obtenu une promotion ? Je ne suis plus sous tes ordres.

– Le petit Abner se pavane comme un coq ! Allons, allons... Ne t'énerve pas.

– Je suis pressé.

– Qu'y a-t-il de plus urgent que de satisfaire ton vieil ami Sary ?

Abner cachait mal sa peur. Sary s'en amusait.

– Le petit Abner est un homme raisonnable, non ? Il souhaite une bonne petite existence à Pi-Ramsès, mais il sait que les bonnes petites choses ont un prix. Et ce prix, c'est moi qui le fixe.

– Déguerpis !

– Tu n'es qu'un insecte, Hébreu, et les insectes ne protestent pas quand on les écrase. J'exige la moitié de tes gains et de tes primes. Quand la cité sera terminée, tu te porteras volontaire pour devenir mon serviteur. Avoir un domestique hébreu me ravira. Chez moi, tu ne t'ennuieras pas. Tu as beaucoup de chance, petit Abner ; si je ne t'avais pas remarqué, tu n'aurais été que de la vermine.

– Je refuse, je...

– Ne dis pas de bêtises et obéis.

Sary s'éloigna. Abner s'accroupit, les fesses sur les talons, effondré.

Cette fois, c'en était trop. Il parlerait à Moïse.

54

Néfertari à la beauté sans égale, semblable à l'étoile du matin apparaissant au début d'une année heureuse, dont les doigts caressaient comme des lotus. Néfertari lumineuse, dont les cheveux parfumés et dénoués étaient un piège où il faisait bon s'abandonner.

L'aimer, c'était renaître.

Ramsès lui massa doucement les pieds, puis embrassa ses jambes et laissa ses mains errer sur son corps souple, doré par le soleil. Elle était le jardin où poussaient les fleurs les plus rares, le bassin d'eau fraîche, le pays lointain des arbres à encens. Lorsqu'ils s'unissaient, leur désir avait la puissance du flot bondissant de la crue et la tendresse d'un air de hautbois dans la paix du couchant.

Sous les frondaisons verdoyantes d'un sycomore, Néfertari et Ramsès s'étaient offerts l'un à l'autre dès le retour du roi, qui avait écarté proches et conseillers pour retrouver son épouse. L'ombre rafraîchissante du grand arbre, ses feuilles turquoise et ses figues entaillées, aussi rouges que du jaspe, composaient l'un des trésors du palais de Thèbes où le couple avait réussi à s'isoler.

– Comme ce voyage fut interminable...

– Notre fille ?

– Khâ et Méritamon se portent à merveille. Ton fils trouve sa petite sœur très jolie et peu bruyante, mais voudrait déjà lui apprendre à lire. Son nourricier a dû calmer ses ardeurs.

Ramsès serra son épouse dans ses bras.

– Il a tort... Pourquoi éteindre le feu d'un être ?

Néfertari n'eut pas le temps de protester, car les lèvres du roi se posèrent sur les siennes. Sous l'effet du vent du Nord, les branches du sycomore s'inclinèrent, respectueuses et complices.

Le dixième jour du quatrième mois de la saison de l'inondation, en l'an trois du règne de Ramsès, Bakhen, maniant un long bâton, précéda le couple royal pour lui faire découvrir le temple de Louxor dont les travaux étaient achevés. Partie de Karnak, une immense procession l'avait suivi et emprunté l'allée des sphinx reliant les deux temples.

La nouvelle façade de Louxor imposa silence. Les deux obélisques, les colosses royaux et la masse à la fois puissante et élégante du pylône formaient un ensemble parfait, digne des plus grands bâtisseurs du passé.

Les obélisques dispersaient les énergies négatives et attiraient les puissances célestes vers le temple où elles élisaient domicile, afin de nourrir le *ka* qu'il produisait. À leur base, des cynocéphales, les grands singes où s'incarnait l'intelligence du dieu Thot, célébraient la naissance de la lumière qu'ils favorisaient, lors de chaque aube, en émettant les sons du premier matin. Chaque élément, du hiéroglyphe au colosse, concourrait à la résurrection quotidienne du soleil qui trônait entre les deux tours du pylône, au-dessus de la porte centrale.

Ramsès et Néfertari la franchirent et pénétrèrent dans une grande cour à ciel ouvert dont les murs étaient bordés de colonnes massives, expression de la puissance du *ka*. Entre elles, des colosses debout à l'effigie du roi exprimaient sa force inépuisable. Tendrement serrée contre la jambe du géant, la reine Néfertari, à la fois frêle et inébranlable.

Nébou, le grand prêtre de Karnak, s'avança vers le couple royal, martelant sa démarche lente de sa canne dorée.

Le vieillard s'inclina.

– Majesté, voici le temple du *ka*. Ici se créera à chaque instant l'énergie de votre règne.

La fête de l'inauguration de Louxor associa toute la population de Thèbes et de sa région, du plus humble au plus riche. Pendant dix jours, on chanterait et on danserait dans les rues, tavernes et estaminets en plein air ne désempliraient pas. Par la grâce de Pharaon, la bière douce serait gratuite et réjouirait les panses.

Le roi et la reine présidèrent un banquet qui fit date dans les annales; Ramsès proclama que le temple du *ka* était achevé et qu'aucun élément architectural ne lui serait ajouté dans l'avenir. Restaient à choisir les thèmes et figurations symboliques, en rapport avec le règne, qui orneraient la façade du pylône et les murs de la grande cour. Chacun estima sage la volonté du monarque de différer sa décision et de la prendre en accord avec les ritualistes de la Maison de Vie.

Ramsès apprécia l'attitude de Bakhen, le quatrième prophète d'Amon; oubliant de parler de ses propres mérites, il vanta ceux des architectes qui avaient construit Louxor en conformité avec la loi d'harmonie. À l'issue des réjouissances, le roi remit au grand prêtre d'Amon l'or de Nubie, dont l'extraction et l'acheminement seraient désormais placés sous haute surveillance.

Avant de partir vers le Nord, le couple royal se rendit sur le site du Ramesseum. Là aussi, Bakhen avait tenu ses engagements. Niveleurs, terrassiers et carriers étaient à l'œuvre, le temple des millions d'années commençait à surgir du désert.

– Hâte-toi, Bakhen. Que les fondations soient terminées au plus vite.

– L'équipe de Louxor sera ici dès demain, je disposerai ainsi d'un effectif nombreux et qualifié.

Ramsès constata que son plan avait été suivi à la lettre. Il imaginait déjà les chapelles, la grande salle à piliers, les tables d'offrande, le laboratoire, la bibliothèque... Des millions d'années couleraient dans les veines de pierre de l'édifice.

Le roi parcourut l'aire sacrée avec Néfertari et lui décrivit son rêve, comme s'il touchait déjà les parois sculptées et les colonnes de hiéroglyphes.

– Le Ramesseum sera ton grand œuvre.

– Peut-être.

– Pourquoi en doutes-tu ?

– Parce que je veux couvrir l'Égypte de sanctuaires, donner aux divinités mille et un lieux de culte afin que le pays entier soit irrigué par leur énergie et que cette terre ressemble au ciel.

– Quel temple surpasserait celui des millions d'années ?

– En Nubie, j'ai découvert un site extraordinaire vers lequel m'a conduit un éléphant.

– A-t-il un nom ?

– Abou Simbel. Il est placé sous la protection de la déesse Hathor et sert de halte aux marins. Le Nil y atteint l'apogée de sa beauté, le fleuve se marie avec la roche, les falaises de grès semblent attendre de faire naître le temple dont elles sont porteuses.

– Ouvrir un chantier, en une contrée si lointaine, ne présente-t-il pas d'insurmontables difficultés ?

– Insurmontables en apparence.

– Aucun de tes prédécesseurs n'a tenté l'aventure.

– C'est vrai, mais je réussirai. Depuis que j'ai contemplé Abou Simbel, je ne cesse d'y penser. Cet éléphant était un messager de l'invisible ; son nom hiéroglyphique, *Abou*, n'est-il pas le même que celui du site, et ne signifie-t-il pas « commencement, début » ? Le nouveau commencement de l'Égypte, le début de son territoire, doit se situer là-bas, au cœur de la Nubie, à Abou Simbel. Il n'existe aucun autre moyen de pacifier cette province et de la rendre heureuse.

– N'est-ce pas une entreprise insensée ?

– Bien sûr que si ! Mais n'est-elle pas l'expression du *ka* ? Le feu qui m'anime devient pierre d'éternité. Louxor, Pi-Ramsès, Abou Simbel sont mon désir et ma pensée. Si je me contentais de gérer les affaires courantes, je trahirais ma fonction.

– Ma tête se pose sur ton épaule et je connais le repos d'une femme aimée... Mais tu peux aussi te reposer sur moi comme un colosse sur son socle.

– Approuves-tu le projet d'Abou Simbel ?

– Tu dois le mûrir, le laisser croître en toi jusqu'à ce que sa vision soit fulgurante et impérieuse. Ensuite, agis.

À l'intérieur de l'enceinte du temple des millions d'années, Ramsès et Néfertari se sentirent animés d'une force étrange qui les rendait invulnérables.

Ateliers, entrepôts et casernes étaient prêts à l'usage. Les voies principales de la capitale desservaient les différents quartiers d'habitation et aboutissaient aux temples majeurs, en cours de construction, mais dont les naos pouvaient déjà abriter les rites essentiels.

Aux briquetiers, dont la tâche s'achevait, succédaient déjà les jardiniers et les peintres, sans parler des décorateurs spécialisés qui donneraient à Pi-Ramsès un séduisant visage. Une inquiétude subsistait : plairait-il à Ramsès ?

Moïse monta sur le toit du palais et contempla la ville. Lui aussi, comme Pharaon, avait réussi un miracle. Le labeur des hommes et la rigoureuse organisation du travail n'avaient pas suffi ; il avait fallu l'enthousiasme, cette qualité qui n'était pas de nature humaine, mais provenait de l'amour de Dieu pour sa création. Comme Moïse eût aimé lui offrir cette cité, au lieu de l'abandonner à Amon, à Seth et à leurs congénères ! Tant de talents gâchés pour satisfaire des idoles muettes...

Sa prochaine cité, il la bâtirait à la gloire du vrai Dieu, dans son pays, sur une terre sainte. Ramsès, s'il était un ami authentique, comprendrait son idéal.

Moïse frappa du poing le rebord du balcon.

Jamais le roi d'Égypte ne tolérerait la révolte d'une minorité, jamais il ne remettrait son trône à une descendante d'Akhénaton ! Un rêve insensé lui avait troublé l'esprit.

En bas, près de l'une des entrées secondaires du palais, Ofir.

– Puis-je te parler ? demanda le mage.

– Viens.

Ofir avait appris à se déplacer avec discrétion. On le prenait pour un architecte dont les conseils étaient utiles au superviseur des chantiers de Pi-Ramsès.

– J'abandonne, déclara Moïse. Inutile de discuter plus longtemps.

Le mage demeura glacial.

– Un événement imprévu s'est-il produit ?

– J'ai réfléchi, nos projets sont déments.

– Je venais t'annoncer que les rangs des partisans d'Aton se sont considérablement renforcés. Des personnalités de grande envergure estiment que Lita doit monter sur le trône d'Égypte avec la bénédiction du dieu unique. En ce cas, les Hébreux seront libres.

– Renverser Ramsès... Tu plaisantes !

– Nos convictions sont fermes.

– Croyez-vous que vos discours impressionneront le roi ?

– Qui t'a dit que nous nous contenterions de discours ?

Moïse observa Ofir comme s'il découvrait un inconnu.

– Je n'ose comprendre...

– Au contraire, Moïse. Tu as abouti à la même conclusion que moi, et c'est elle qui t'effraie. Si Akhénaton fut vaincu et persécuté, c'est parce qu'il n'a pas osé utiliser la violence contre ses ennemis. Sans elle, on ne peut gagner aucun combat. Qui serait assez naïf pour croire que Ramsès abandonnera une seule parcelle de son pouvoir à quiconque ? Nous le vaincrons de l'intérieur et, vous, les Hébreux, vous vous révolterez.

– Des centaines de morts, peut-être des milliers... C'est un carnage que vous désirez ?

– Si tu prépares ton peuple au combat, il sera vainqueur. Dieu n'est-il pas avec vous ?

– Je refuse d'en entendre davantage. Disparais, Ofir.

– Nous nous reverrons ici ou à Memphis, à ta guise.

– N'y compte pas.

– Il n'existe pas d'autre chemin, tu le sais. Ne résiste pas à ton désir, Moïse, ne tente pas d'étouffer sa voix. Nous lutterons côte à côte, et Dieu triomphera.

55

Raia, le marchand syrien, tâta sa petite barbe en pointe. Il pouvait être satisfait des résultats de son négoce dont les bénéfices augmentaient année après année. La qualité de ses conserves de viande et de ses vases importés d'Asie séduisait de plus en plus de clients aisés, à Memphis comme à Thèbes. Avec la création de la nouvelle capitale, Pi-Ramsès, c'était un nouveau marché qui s'annonçait ! Raia avait déjà obtenu l'autorisation d'ouvrir une vaste boutique au cœur du quartier commerçant et formait des vendeurs capables de satisfaire des amateurs exigeants.

En prévision de ces jours heureux, il avait commandé une centaine de vases précieux, aux formes insolites, en provenance des ateliers syriens. Chaque pièce était unique et serait vendue fort cher. Du point de vue de Raia, les artisans égyptiens travaillaient mieux que ses compatriotes, mais le goût de l'exotisme et surtout le snobisme lui assuraient une fortune croissante.

Bien que les Hittites eussent ordonné à leur espion de soutenir Chénar contre Ramsès, Raia avait renoncé, après une tentative manquée, à organiser un attentat contre le roi. Ce dernier était trop bien protégé, et un second échec risquait d'offrir aux enquêteurs une piste remontant jusqu'à lui.

Depuis trois ans, Ramsès régnait avec la même autorité que Séthi, à laquelle s'ajoutait la flamme de la jeunesse. Le roi apparaissait comme un torrent susceptible d'emporter n'importe quel obstacle. Nul n'avait la capacité de s'opposer à ses décisions, même si son programme de constructions défiait la raison. Subjugués, la cour et le peuple semblaient frappés de stupeur par le dynamisme d'un monarque qui avait balayé tous ses opposants.

Parmi les vases importés, deux en albâtre.

Raia ferma la porte de l'entrepôt et y colla l'oreille un long moment. Certain d'être seul, il plongea la main à l'intérieur du vase, dont le col était marqué d'un discret point rouge, et en retira une étiquette en bois de pin sur laquelle des chiffres précisaient les dimensions de l'objet et son lieu de provenance.

Raia connaissait le code par cœur et déchiffra sans peine le message hittite que lui transmettait son importateur de Syrie du Sud, membre de son réseau.

Stupéfait, le marchand détruisit l'étiquette et se rua hors de l'atelier.

– Superbe, constata Chénar en admirant le vase bleu au col en forme de cygne que lui présentait Raia. Son prix ?

– Je crains qu'il ne soit élevé, seigneur. Mais c'est une pièce unique.

– Discutons-en, veux-tu ?

Tenant le vase serré contre sa poitrine, Raia suivit le frère aîné de Ramsès. Ce dernier l'emmena sur l'une des terrasses couvertes de sa villa où ils dialogueraient sans risquer d'être entendus.

– Si je ne m'abuse, Raia, tu utilises la procédure d'urgence.

– Exact.

– Pour quelle raison ?

– Les Hittites ont décidé de passer à l'action.

Chénar espérait cette nouvelle tout en la redoutant. S'il

avait été Pharaon à la place de Ramsès, il aurait mis les troupes égyptiennes en état d'alerte et renforcé les défenses aux frontières. Mais l'ennemi le plus dangereux de l'Égypte lui offrait une chance de régner. Aussi devait-il exploiter à son seul avantage le secret d'État dont il devenait dépositaire.

– Peux-tu être plus précis, Raia ?

– Vous paraissez troublé.

– On le serait à moins, non ?

– C'est vrai, seigneur. Moi-même, je suis encore sous le choc. Cette décision risque de bouleverser les situations acquises.

– Bien plus, Raia, bien plus... C'est le sort du monde qui est en jeu. Toi et moi serons des acteurs majeurs du drame qui va se jouer.

– Moi, je ne suis qu'un modeste agent de renseignements.

– Tu seras mon contact avec mes alliés de l'extérieur. Une bonne partie de ma stratégie repose sur la qualité de tes informations.

– Vous m'accordez une importance...

– Souhaites-tu rester en Égypte, après notre victoire ?

– J'ai pris mes habitudes, ici.

– Tu seras riche, Raia, très riche. Je ne serai pas un ingrat envers ceux qui m'auront aidé à prendre le pouvoir.

Le marchand s'inclina.

– Je suis votre serviteur.

– As-tu des indications plus précises ?

– Non, pas encore.

Chénar fit quelques pas, s'accouda sur la balustrade de sa terrasse, et regarda vers le Nord.

– Ce jour est un grand jour, Raia. Plus tard, nous nous souviendrons qu'il a marqué le début du déclin de Ramsès.

La maîtresse égyptienne d'Âcha était une petite merveille. Malicieuse, inventive, jamais rassasiée, elle avait extrait de son corps des nuances de plaisir inédites. Elle succédait à deux Libyennes et à trois Syriennes, jolies mais ennuyeuses. Dans les jeux de l'amour, le jeune diplomate exigeait de la fantaisie, seule capable de libérer les sens et de faire du corps une harpe aux mélodies inattendues. Il s'apprêtait à sucer les mignons orteils de la donzelle lorsque son intendant, pourtant dûment averti de ne le déranger sous aucun prétexte, tambourina à la porte de sa chambre.

Horripilé, Âcha ouvrit sans songer à se vêtir.

– Pardonnez-moi... Un message urgent du ministère.

Âcha consulta la tablette de bois. Trois mots seulement : « Présence immédiate indispensable. »

À deux heures du matin, les rues de Memphis étaient désertes. Le cheval d'Âcha parcourut à vive allure la distance qui séparait la demeure de son maître du ministère des Affaires étrangères. Le diplomate ne prit pas le temps de faire une offrande à Thot et grimpa quatre à quatre les marches de l'escalier menant à son bureau où l'attendait son secrétaire.

– J'ai cru bon de vous importuner.

– À cause de quoi ?

– À cause d'une dépêche alarmante d'un de nos agents de Syrie du Nord.

– S'il s'agit encore d'une pseudo-révélation dépourvue d'intérêt, je prendrai des sanctions.

Le bas du papyrus semblait vierge. En le chauffant à la flamme d'une lampe à huile, des caractères hiératiques apparurent. Cette manière rapide d'écrire les hiéroglyphes les déformait jusqu'à les rendre méconnaissables. La graphie de l'espion égyptien installé en Syrie du Nord, contrôlée par les Hittites, ne ressemblait à aucune autre.

Âcha lut et relut.

– Urgence justifiée ? interrogea le secrétaire.

– Laissez-moi seul.

Âcha déploya une carte et vérifia les renseignements donnés par son indicateur. S'il ne se trompait pas, le pire était prévisible.

– Le soleil n'est pas levé, marmonna Chénar en bâillant.

– Lisez ceci, recommanda Âcha en présentant à son ministre le message de l'espion.

Le texte réveilla le frère aîné de Ramsès.

– Les Hittites auraient pris le contrôle de plusieurs villages de Syrie centrale et seraient sortis de leur zone d'influence acceptée par l'Égypte...

– Le texte est formel.

– Ni morts ni blessés, dirait-on. Il peut s'agir d'une provocation.

– Ce ne serait pas la première fois, en effet ; mais jamais les Hittites ne sont allés si bas vers le sud.

– Qu'en concluez-vous ?

– À la préparation d'une attaque en règle contre la Syrie du Sud.

– Certitude ou hypothèse ?

– Hypothèse.

– Pourriez-vous la transformer en certitude ?

– En raison de la situation, les messages devraient se succéder à brefs intervalles.

– Quoi qu'il en soit, gardons le silence aussi longtemps que possible.

– Nous prenons un grand risque.

– J'en suis conscient, Âcha ; pourtant, telle doit être notre stratégie. Nous avions l'intention de leurrer Ramsès, de lui faire commettre des erreurs qui lui coûteraient une lourde défaite, mais les Hittites semblent impatients d'agir. Il nous faut donc retarder au maximum la préparation de l'armée égyptienne.

– Je n'en suis pas certain, objecta Âcha.

– Vos raisons ?

– D'une part, nous ne gagnerons que quelques jours, tout à fait insuffisants pour empêcher une contre-offensive ; d'autre part, mon secrétaire sait que j'ai reçu un message important. Différer sa transmission au roi éveillerait ses soupçons.

– Il ne nous sert donc à rien d'être informés les premiers !

– Au contraire, Chénar. Ramsès m'a nommé chef des services secrets, il me fait confiance. Autrement dit, il croira ce que je lui dirai.

Chénar sourit.

– Un jeu très dangereux ; ne dit-on pas que Ramsès lit dans les pensées ?

– La pensée d'un diplomate est indéchiffrable. De votre côté, empressez-vous de lui confier vos préoccupations, à la suite de mes mises en garde. Ainsi, vous apparaîtrez sincère et crédible.

Chénar se cala dans un fauteuil.

– Votre intelligence est redoutable, Âcha.

– Je connais bien Ramsès. Le croire dépourvu de subtilité serait une erreur impardonnable.

– Entendu, nous nous conformerons à votre plan.

– Reste un problème essentiel : connaître les intentions réelles des Hittites.

Chénar, lui, les connaissait. Mais il jugea préférable de ne pas révéler ses sources à Âcha car, selon l'évolution de la situation, il serait peut-être contraint de le sacrifier à ses amis hittites.

56

Moïse courait ici et là, pénétrait dans les bâtiments publics, examinait les murs et les fenêtres, traversait un quartier sur son char, pressait les peintres de terminer leur travail. Il ne lui restait plus que quelques jours avant l'arrivée du couple royal et l'inauguration officielle de Pi-Ramsès.

Mille défauts lui sautaient aux yeux, mais comment y remédier en si peu de temps ? Les briquetiers avaient accepté de prêter main-forte à d'autres corps de métier, surchargés de travail. Dans l'ardeur de ces ultimes moments, la popularité de Moïse demeurait intacte. Sa volonté restait communicative et entraînante, d'autant plus que le rêve se transformait en réalité.

Malgré son épuisement, Moïse passait de longues soirées avec ses frères hébreux, écoutait leurs doléances et leurs espoirs, et n'hésitait plus à s'affirmer comme le guide d'un peuple en quête de son identité. Ses idées effrayaient la plupart de ses interlocuteurs, mais sa personnalité les fascinait. Lorsque la grandiose aventure de Pi-Ramsès serait achevée, Moïse ouvrirait-il un nouveau chemin aux Hébreux ?

Épuisé, ce dernier ne trouvait qu'un sommeil agité où revenait sans cesse le visage d'Ofir. L'adorateur d'Aton ne se trompait pas. À la croisée des chemins, les discours ne suffisaient plus ; il fallait agir, et l'action se nourrissait souvent de violence.

Moïse avait rempli la mission confiée par Ramsès, se dégageant ainsi de toute obligation envers le roi d'Égypte. Mais il n'avait pas le droit de trahir l'ami et s'était juré de l'avertir du danger qui le guettait. La conscience purifiée, il serait tout à fait libre.

D'après le messager royal, le pharaon et son épouse entreraient dans Pi-Ramsès le lendemain, vers midi. La population des villes et des villages environnants s'était rassemblée aux abords de la nouvelle capitale, afin de ne pas manquer l'événement. Débordées, les forces de sécurité ne parvenaient pas à empêcher les curieux de s'installer.

Moïse espérait passer ses dernières heures de superviseur des chantiers hors de la ville en se promenant dans la campagne. Mais, à l'instant où il quittait Pi-Ramsès, un architecte courut vers lui.

– Le colosse... le colosse est devenu fou !

– Celui du temple d'Amon ?

– Nous ne parvenons plus à l'arrêter.

– Je vous avais ordonné de ne pas y toucher !

– Nous pensions...

Le char de Moïse traversa la cité à la vitesse d'une bourrasque.

Devant le temple d'Amon, c'était le désastre. Un colosse de deux cents tonnes, représentant le roi assis sur son trône, glissait doucement vers la façade de l'édifice. Il risquait soit de la percuter et de causer d'énormes dégâts, soit de s'effondrer et de se briser. Quel spectacle à offrir à Ramsès le jour de l'inauguration !

Une cinquantaine d'hommes affolés tiraient en vain sur les cordes qui fixaient la sculpture géante à un traîneau en bois. Plusieurs cuirs de protection, placés aux endroits où la corde touchait la pierre, avaient éclaté.

– Que s'est-il passé ? demanda Moïse.

– Le contremaître, grimpé sur le colosse pour diriger la manœuvre, est tombé en avant. Afin d'éviter qu'il ne soit écrasé, les ouvriers ont actionné les freins de bois. Le colosse a dévié du sentier de limon humide qui servait de glissière vers son emplacement, mais continue à avancer. La rosée, le traîneau mouillé...

– Il vous fallait au moins cent cinquante hommes !

– Les techniciens sont occupés ailleurs...

– Apportez-moi des jarres de lait.

– Combien ?

– Des milliers ! Et faites venir immédiatement des renforts.

Rassérénés par la présence de Moïse, les artisans reprirent leur sang-froid. Quand ils virent le jeune Hébreu grimper le long du flanc droit du colosse, se mettre debout sur le tablier de granit et verser du lait devant le traîneau pour frayer un nouveau chemin, ils reprirent espoir. Une chaîne s'organisa afin que Moïse ne manquât point du liquide gras sur lequel glisserait l'énorme poids. Obéissant aux directives de l'Hébreu, les premiers renforts, accourus en hâte, fixèrent de longues cordes sur les côtés et à l'arrière du traîneau. La centaine d'ouvriers préposée au halage les utiliserait pour ralentir la course du colosse.

Peu à peu, ce dernier changea de trajectoire et prit la bonne direction.

– La poutre de freinage ! hurla Moïse.

Trente hommes, jusqu'alors frappés d'hébétude, placèrent la poutre crantée, destinée à bloquer le traîneau, à l'endroit qu'occuperait la statue de Ramsès, devant le temple d'Amon.

Docile, le colosse suivit la glissière de lait, fut ralenti au bon moment et s'immobilisa à sa juste place.

Trempé de sueur, Moïse sauta à terre. Étant donné sa fureur, chacun prévoyait de lourdes sanctions.

– Qu'on m'amène le responsable de cette fausse manœuvre, l'homme tombé de la statue.

– Le voici.

Deux ouvriers poussèrent Abner, qui s'agenouilla devant Moïse.

– Pardonnez-moi, geignit-il, j'ai eu un malaise, j'ai...

– N'es-tu pas briquetier ?

– Si... Mon nom est Abner.

– Que faisais-tu sur ce chantier ?

– Je... je me cachais.

– As-tu perdu l'esprit ?

– Il faut me croire !

Abner était hébreu. Moïse ne pouvait le châtier avant d'avoir entendu ses explications. Il comprit que le briquetier, désemparé, ne lui parlerait que seul à seul.

– Suis-moi, Abner.

Un architecte égyptien s'insurgea.

– Cet homme a commis une faute grave. L'absoudre serait injurier ses camarades.

– Je vais l'interroger. Ensuite, je prendrai une décision.

L'architecte s'inclina devant son supérieur hiérarchique. Si Abner avait été égyptien, Moïse ne se serait pas montré aussi délicat. Depuis quelques semaines, le superviseur des chantiers royaux faisait preuve d'un esprit partisan qui finirait par se retourner contre lui.

Moïse fit monter Abner sur son char et l'attacha avec une courroie de cuir.

– Assez de chutes pour aujourd'hui, ne crois-tu pas ?

– Pardonnez-moi, je vous en prie !

– Tu vas cesser de geindre et tout m'expliquer.

Une courette abritée des vents précédait la demeure de fonction de Moïse. Le char s'arrêta sur le seuil, les deux hommes en descendirent. Moïse ôta son pagne et sa perruque, et désigna une lourde jarre.

– Monte sur le muret, ordonna-t-il à Abner, et verse doucement cette eau sur mes épaules.

Pendant que Moïse se frictionnait l'épiderme avec des herbes, son compatriote, tenant la lourde jarre à bout de bras, répandit le liquide bienfaisant.

– As-tu perdu ta langue, Abner ?

– J'ai peur.

– Pourquoi ?

– On m'a menacé.

– Qui ?

– Je... je ne peux pas le dire.

– Si tu persistes à te taire, je te remets entre les mains de la justice pour faute professionnelle grave.

– Non, je perdrais mon emploi !

– Ce serait justifié.

– Je vous jure que non !

– Alors, parle.

– On me vole, on exerce sur moi un chantage...

– Le coupable ?

– Un Égyptien, répondit Abner en baissant la voix.

– Son nom ?

– Je ne peux pas. Il a des relations influentes.

– Je ne répéterai pas ma question.

– Il se vengera !

– As-tu confiance en moi ?

– J'ai souvent songé à vous parler, mais j'ai si peur de cet homme !

– Cesse de trembler et donne-moi son nom. Il ne t'importunera plus.

Paniqué, Abner lâcha la jarre qui se fracassa sur le sol.

– Sary... c'est Sary.

La flottille royale s'engagea dans le grand canal qui menait à Pi-Ramsès. La cour, au grand complet, accompagnait Ramsès et Néfertari. Tous étaient impatients de découvrir la nouvelle capitale où il faudrait désormais résider si l'on voulait plaire au roi. Quantité de critiques feutrées étaient émises, tournant autour du même reproche : comment une cité construite trop vite pourrait-elle rivaliser avec Memphis ? Ramsès courait sans doute vers un échec retentissant qui le contraindrait, tôt ou tard, à oublier Pi-Ramsès.

À la proue, le pharaon regardait le Nil créer son Delta, tandis que le bateau quittait le cours principal pour s'engager dans le canal menant au port de la capitale.

Chénar s'accouda à côté de son frère.

– Ce n'est guère le moment, j'en suis conscient, mais je dois pourtant aborder un sujet grave.

– Est-ce si urgent ?

– Je le crains. Si j'avais pu t'en entretenir auparavant, j'aurais évité de t'importuner en ces moments heureux, mais tu étais inaccessible.

– Je t'écoute, Chénar.

– Le poste que tu m'as confié me tient à cœur et j'aimerais ne t'apporter que d'excellentes nouvelles.

– Ne serait-ce pas le cas ?

– Si j'en crois les rapports qui me sont adressés, nous pouvons craindre une dégradation de la situation.

– Va au fait.

– Les Hittites semblent être sortis de la zone d'influence que notre père tolérait et avoir envahi la Syrie centrale.

– Est-ce une certitude ?

– Il est trop tôt pour se prononcer, mais je voulais être le premier à t'alerter. Les provocations hittites furent fréquentes, dans un proche passé, et nous pouvons espérer que celle-là ne sera qu'une forfanterie de plus. Néanmoins, il serait bon de prendre quelques précautions.

– J'y songerai.

– Serais-tu sceptique ?

– Tu l'as toi-même précisé, cette invasion n'est pas encore une certitude. Dès que tu recevras des informations, communique-les-moi.

– Ta Majesté peut compter sur son ministre.

Le courant était fort, le vent bien orienté, le bateau progressait vite. L'intervention de Chénar laissa Ramsès songeur. Son frère aîné prenait-il réellement son rôle au sérieux ? Chénar était capable d'avoir inventé cette tentative d'invasion hittite pour se mettre en valeur et démontrer ses aptitudes de ministre des Affaires étrangères.

La Syrie centrale... Une zone neutre que ni Égyptiens ni Hittites ne contrôlaient, s'interdisant de l'occuper militairement et se contentant d'y entretenir des informateurs plus ou moins fiables. Depuis que Séthi avait renoncé à s'emparer de Kadesh, une guérilla larvée semblait satisfaire les deux camps.

Peut-être la création de Pi-Ramsès, qui occupait une position stratégique, avait-elle réveillé les ardeurs belliqueuses des Hittites, inquiets de l'attention voyante que le jeune pharaon accordait à l'Asie et à leur empire. Un seul homme offrirait la vérité à Ramsès : son ami Âcha, chef des services secrets. Les rapports officiels remis à Chénar ne représentaient que la surface et l'extérieur de la situation ; Âcha, grâce à son réseau, connaîtrait les véritables intentions de l'adversaire.

Un mousse, grimpé au sommet du grand mât, ne put retenir sa joie.

– Là-bas, le port, la ville... C'est Pi-Ramsès !

57

Seul sur un char doré, le Fils de la lumière s'engagea dans l'artère principale de Pi-Ramsès, en direction du temple d'Amon. En plein midi, il apparut comme le soleil dont le rayonnement donnait naissance à sa cité. À côté des deux chevaux empanachés marchait le lion, tête droite, crinière au vent.

Frappée de stupeur par la puissance qui se dégageait de la personne du monarque et la magie qui lui permettait d'avoir un fauve colossal comme garde du corps, la foule garda le silence pendant quelques longues minutes. Puis un cri jaillit : « Longue vie à Ramsès ! », suivi de dix autres, de cent, de mille... La liesse fut bientôt indescriptible, tout au long du parcours du roi, qui ne varia pas son allure lente et majestueuse.

Nobles, artisans et paysans portaient des habits de fête ; les cheveux brillaient grâce à l'huile douce de moringa, les plus belles perruques ornaient la tête des femmes, les mains des enfants et des serviteurs se chargeaient de fleurs et de feuillages qu'ils jetaient sur le chemin du char.

Un banquet en plein air se préparait ; l'intendant du nouveau palais avait commandé mille pains de farine fine, deux mille miches bien cuites, dix mille gâteaux, de la viande séchée à profusion, du lait, des bols de caroubes, du raisin, des figues et des grenades. Oies rôties, gibier, poissons, concombres et poireaux seraient aussi au menu, sans compter des centaines de jarres de vin sorties des caves royales, et d'autres de bière brassée de la veille.

En ce jour de la naissance d'une capitale, Pharaon invitait son peuple à sa table.

Pas une fillette qui n'eût revêtu une robe neuve et colorée, pas un cheval qui ne fût décoré avec des bandes de tissu et des rosettes de cuivre, pas un âne dont le cou ne fût orné d'une guirlande de fleurs. Chiens, chats et singes domestiques auraient droit à double ration, tandis que les anciens, quelles que fussent leur condition et leur origine, seraient les premiers servis, après avoir été installés sur des sièges confortables, à l'ombre des sycomores et des perséas.

Et l'on avait préparé des requêtes, qui pour un logement, qui pour un emploi, qui pour un terrain, qui pour une vache, qu'Améni recueillerait et examinerait avec bienveillance, en cette période heureuse où la générosité était de rigueur.

Les Hébreux n'étaient pas les derniers à manifester leur joie. Un long repos correctement rémunéré succéderait à un effort intense, et ils pourraient se vanter d'avoir bâti de leurs mains la nouvelle capitale du royaume d'Égypte. Dans plusieurs générations, on parlerait encore de leur exploit.

L'assistance retint son souffle lorsque le char s'arrêta devant le colosse à l'effigie de Ramsès, ce même colosse qui, la veille, avait failli provoquer un désastre.

Face à son image, Ramsès leva la tête et planta son regard dans celui du géant de pierre, orienté vers le ciel. Au front de la statue, l'uræus, un cobra cracheur dont le venin brûlant aveuglait les ennemis du roi ; sur sa tête, « les deux puissances » réunies, la couronne blanche de Haute-Égypte et la couronne rouge de Basse-Égypte. Assis sur son trône, les mains posées à plat sur son pagne, le pharaon de granit contemplait sa ville.

Ramsès descendit du char. Portant, lui aussi, la double

couronne, il était vêtu d'une ample robe de lin aux larges manches, sous laquelle scintillait un pagne doré retenu par une ceinture argentée. Sur la poitrine du monarque, un collier d'or.

– Toi en qui s'incarnent le *ka* de mon règne et celui de ma ville, je t'ouvre la bouche, les yeux et les oreilles. Désormais, tu es un être vivant, et qui oserait s'attaquer à ta chair serait puni de mort.

Le soleil était au zénith, à la verticale de Pharaon. Il se tourna vers son peuple.

– Pi-Ramsès est née, Pi-Ramsès est notre capitale !

Des milliers de voix enthousiastes reprirent cette déclaration.

La journée durant, Ramsès et Néfertari avaient parcouru de larges allées, rues et ruelles, et visité chaque quartier de Pi-Ramsès. Éblouie, la grande épouse royale lui avait trouvé un surnom, « la cité de turquoise », aussitôt sur toutes les lèvres. Telle était l'ultime surprise que Moïse réservait au roi : les façades des maisons, villas et habitations modestes, étaient recouvertes de tuiles vernissées bleues d'une luminosité exceptionnelle. En faisant installer sur place l'atelier qui les fabriquait, Ramsès n'imaginait pas que les artisans fussent capables d'en produire un tel nombre en si peu de temps. Grâce à eux, la capitale avait trouvé son unité.

Moïse, élégant et racé, remplissait l'office de maître des cérémonies. Nul doute, à présent, que Ramsès nommerait son ami d'enfance vizir et ferait de lui le Premier ministre du pays. La complicité des deux hommes était évidente, la réussite de Moïse éclatante. Le roi n'émit aucune critique, indiquant que ses espérances avaient été comblées, voire dépassées.

Chénar enrageait. Le mage Ofir lui avait menti ou s'était trompé en affirmant qu'il manipulait l'Hébreu. Après un tel triomphe, Moïse deviendrait un homme riche et un courtisan zélé. Affronter Ramsès pour une stupide querelle religieuse serait suicidaire ; quant à son peuple, il se fondait si bien dans la population qu'il n'avait aucun intérêt à en sortir. Les seuls véritables alliés de Chénar restaient les Hittites. Dangereux comme des vipères, mais des alliés.

La réception donnée dans le palais royal, dont la grande salle à colonnes était ornée de peintures représentant une nature ordonnée et paisible, enchanta les membres de la cour, séduits par la beauté et la noblesse de Néfertari. La première dame du pays, protectrice magique de la résidence royale, eut un mot aimable et juste pour chacun.

Les regards ne se détachaient pas des admirables dallages, composés de tuiles vernissées ; elles formaient de délicieux tableaux qui évoquaient des bassins d'eau fraîche, des jardins fleuris, des canards voletant dans une forêt de papyrus, des lotus épanouis ou des poissons évoluant dans un étang. Vert pâle, bleu clair, blanc cassé, jaune or et violine se mêlaient dans une symphonie de couleurs tendres chantant la perfection de la création.

Railleurs et persifleurs furent réduits au silence. Les temples de Pi-Ramsès étaient loin d'être terminés, mais le palais ne cédait rien, en luxe et en raffinement, à ceux de Memphis et de Thèbes. Ici, nul courtisan ne se sentirait dépaysé. Posséder une villa à Pi-Ramsès était déjà l'obsession des nobles et des hauts personnages de l'État.

Avec une incroyable constance, Ramsès continuait à faire des miracles.

– Voici l'homme à qui cette ville doit d'exister, déclara Pharaon en posant la main sur l'épaule de Moïse.

Les conversations s'interrompirent.

– Le protocole voudrait que je m'asseye sur mon trône, que Moïse se prosterne devant moi et que je lui offre des colliers d'or en échange de ses bons et loyaux services. Mais il est mon ami, mon ami d'enfance, et nous avons mené ensemble ce combat. J'ai conçu cette capitale, il l'a réalisée selon mes plans.

Ramsès donna une accolade solennelle à Moïse. Il n'existait pas plus insigne honneur de la part d'un pharaon.

– Moïse demeurera superviseur des chantiers royaux pendant quelques mois, le temps de former son successeur. Ensuite, il travaillera à mes côtés, pour la plus grande gloire de l'Égypte.

Chénar avait eu raison de craindre le pire. L'efficacité conjuguée des deux amis les rendrait plus redoutables qu'une armée entière.

Améni et Sétaou félicitèrent Moïse dont la nervosité les étonna. Ils la mirent sur le compte de l'émotion.

– Ramsès se trompe, déclara l'Hébreu. Il m'attribue des qualités que je ne possède pas.

– Tu feras un excellent vizir, estima Améni.

– Mais tu seras quand même sous les ordres de ce petit scribe teigneux, affirma Sétaou. En réalité, c'est lui qui gouverne.

– Prends garde, Sétaou !

– La nourriture est succulente. Si Lotus et moi dénichons quelques beaux serpents, nous nous installerons peut-être ici. Pourquoi Âcha est-il absent ?

– Je l'ignore, répondit Améni.

– Un mauvais point pour sa carrière. Voilà qui n'est guère diplomatique.

Les trois amis virent Ramsès s'approcher de sa mère, Touya, et l'embrasser sur le front. Malgré la tristesse qui voilerait à jamais son visage grave et fin, la veuve de Séthi ne cachait pas sa fierté. Lorsqu'elle avait annoncé qu'elle habiterait sur-le-champ le palais de Pi-Ramsès, le triomphe de son fils avait été total.

Bien qu'achevée, la volière était encore vide des oiseaux exotiques qui réjouiraient la vue et l'ouïe des courtisans. Adossé à un pilier, les bras croisés, les traits tirés, Moïse n'osait pas regarder son ami Ramsès. Il fallait qu'il oublie l'homme et s'adresse à un adversaire, le pharaon d'Égypte.

– Tout le monde dort, sauf toi et moi.

– Tu parais épuisé, Moïse. Ne pourrions-nous remettre cette entrevue à demain ?

– Je ne jouerai pas la comédie plus longtemps.

– Quelle comédie ?

– Je suis un Hébreu et je crois au dieu unique. Tu es un Égyptien et tu adores des idoles.

– Encore ce discours enfantin !

– Il te gêne, parce que c'est la vérité.

– Tu as été instruit dans toute la sagesse des Égyptiens, Moïse, et ton dieu unique, sans forme et inconnaissable, est la puissance cachée au cœur de chaque parcelle de vie.

– Il ne s'incarne pas dans un mouton !

– Amon est le secret de la vie, qui se révèle dans le vent invisible gonflant la voile de la barque, dans les cornes du bélier dont la spirale trace le développement harmonieux d'une création, dans la pierre formant la chair de nos temples. Il est tout cela et il n'est rien de tout cela. Cette sagesse, tu la connais comme moi.

– Elle n'est qu'illusion ! Dieu est unique.

– Cela lui interdit-il de se multiplier dans ses créatures en restant Un ?

– Il n'a pas besoin de tes temples et de tes statues !

– Je te le répète, tu es épuisé.

– Ma conviction est faite. Même toi, tu n'y changeras rien.

– Si ton dieu te rend intolérant, méfie-t'en. Il te conduira au fanatisme.

– C'est plutôt à toi de te méfier, Ramsès ! Une force se

développe, dans ce pays. Une force encore hésitante, mais qui lutte pour la vérité.

– Explique-toi.

– Te souviens-tu d'Akhénaton et de sa foi en un dieu unique ? Il avait montré le chemin, Ramsès. Écoute sa voix, écoute la mienne. Sinon, ton empire s'effondrera.

58

Pour Moïse, la situation était claire. Il n'avait pas trahi Ramsès et l'avait même mis en garde contre le péril qui le guettait. La conscience paisible, il pouvait aller vers son destin et donner libre cours au feu qui lui dévorait l'âme.

Le dieu unique, Yahvé, résidait dans une montagne. C'est elle qu'il devrait découvrir, quelles que fussent les difficultés du voyage. Quelques Hébreux avaient décidé de partir avec lui, au risque de tout perdre. Moïse finissait de plier bagage lorsqu'il songea à une promesse non tenue. Avant de quitter l'Égypte pour toujours, il s'acquitterait de cette dette morale.

Il n'eut qu'un court trajet à effectuer pour atteindre la demeure de Sary, à l'ouest de la ville. Elle était bordée d'une ancienne palmeraie aux arbres vigoureux. Il trouva le propriétaire en train de boire de la bière fraîche au bord d'un étang poissonneux.

– Moïse ! Quel plaisir d'accueillir le véritable maître d'œuvre de Pi-Ramsès ! Que me vaut cet honneur ?

– Ce plaisir n'est pas partagé et il ne s'agit pas d'un honneur.

Sary se leva, irrité.

– Ton bel avenir n'autorise pas l'impolitesse. Oublies-tu à qui tu parles ?

– À une canaille.

Sary leva la main pour gifler l'Hébreu, mais ce dernier lui bloqua le poignet. Il obligea l'Égyptien à se courber, puis à s'agenouiller.

– Tu persécutes un nommé Abner.

– Son nom m'est inconnu.

– Tu mens, Sary. Tu l'as volé et tu le fais chanter.

– Ce n'est qu'un briquetier hébreu.

Moïse resserra sa prise. Sary gémit.

– Moi aussi, je ne suis qu'un Hébreu. Mais je pourrais te casser le bras et te rendre impotent.

– Tu n'oseras pas !

– Ma patience est à bout, sache-le. N'importune plus Abner ou je te traînerai par le cou devant un tribunal. Jure-le !

– Je... je jure de ne plus l'importuner.

– Sur le nom de Pharaon ?

– Sur le nom de Pharaon.

– Si tu trahis ton serment, tu seras maudit.

Moïse lâcha Sary.

– Tu t'en tires à bon compte.

Si l'Hébreu n'avait pas été sur le point de partir, il aurait porté plainte contre Sary ; mais il espérait que l'avertissement avait été suffisant.

Pourtant, un trouble l'envahit. Dans les yeux de l'Égyptien, il avait lu de la haine, non de la soumission.

Moïse se cacha derrière un palmier. Il n'eut pas longtemps à attendre.

Sary sortit de chez lui avec un gourdin et marcha en direction du sud, vers les demeures des briquetiers.

L'Hébreu le suivit à bonne distance. Il le vit pénétrer dans la maison d'Abner, dont la porte était entrouverte. Presque aussitôt, des gémissements.

Moïse courut, entra à son tour et, dans la pénombre, aperçut Sary frapper Abner à coups de bâton ; sa victime, allongée sur le sol de terre battue, tentait de protéger son visage avec ses mains.

Moïse arracha le bâton des mains de Sary et le frappa d'un violent coup sur le crâne. La nuque ensanglantée, l'Égyptien s'effondra.

– Relève-toi, Sary, et décampe.

Comme l'Égyptien ne bougeait pas, Abner rampa jusqu'à lui.

– Moïse... On dirait... qu'il est mort.

– Impossible, je n'ai pas frappé si fort !

– Il ne respire plus.

Moïse s'agenouilla, ses mains touchèrent un cadavre. Il venait de tuer un homme.

La ruelle était silencieuse.

– Il faut t'enfuir, dit Abner. Si la police t'arrête...

– Tu me défendras, Abner, et tu expliqueras que je t'ai sauvé la vie !

– Qui me croira ? On nous accusera de complicité. Va-t'en, va-t'en vite !

– As-tu un grand sac ?

– Oui, pour mettre des outils.

– Donne-le-moi.

Moïse y introduisit le cadavre de Sary et plaça le fardeau sur ses épaules. Il enterrerait le corps dans un terrain sableux et se cacherait dans une villa inoccupée, le temps de reprendre ses esprits.

Le lévrier de la patrouille de police émit un couinement inhabituel. Lui, d'ordinaire si tranquille, tirait sur sa laisse à la briser. Son maître le détacha, le lévrier fila à pleine vitesse vers un terrain sablonneux, à la lisière de la ville.

Le chien gratta avec acharnement. Quand le policier et ses collègues approchèrent, ils découvrirent un bras d'abord, puis une épaule, puis le visage d'un mort que le chien déterrait.

– Je le connais, dit l'un des policiers. C'est Sary.

– Le mari de la sœur du roi ?

– Oui, c'est bien lui... Regarde, il a du sang séché sur la nuque !

On dégagea complètement le cadavre. Le doute n'était pas permis : on avait assommé Sary. Le coup avait été mortel.

Toute la nuit, Moïse avait tourné sur lui-même comme un ours syrien dans sa cage. Il avait eu tort d'agir ainsi, de tenter de dissimuler le cadavre d'une fripouille, de fuir une justice qui l'aurait innocenté. Mais il y avait Abner, sa peur, son hésitation... Et ils étaient hébreux, l'un et l'autre. Les ennemis de Moïse ne manqueraient pas d'utiliser ce drame pour provoquer sa chute. Même Ramsès serait prévenu contre lui et se montrerait d'une rigueur inflexible.

Quelqu'un venait d'entrer dans la villa dont seule la partie centrale était achevée. La police, déjà... Il se battrait. Il ne tomberait pas entre leurs mains.

– Moïse... Moïse, c'est moi, Abner ! Si tu es ici, montre-toi.

L'Hébreu apparut.

– Témoigneras-tu en ma faveur ?

– La police a découvert le cadavre de Sary. Tu es accusé de meurtre.

– Qui a osé ?

– Mes voisins. Ils t'ont vu.

– Mais ce sont des Hébreux, comme nous !

Abner baissa la tête.

– Comme moi, ils ne veulent pas d'ennuis avec les autorités. Fuis, Moïse. Il n'y a plus d'avenir pour toi, en Égypte.

Moïse se révolta. Lui, le superviseur des travaux du roi, le futur Premier ministre des Deux Terres réduit à l'état de criminel et de fuyard ! En quelques heures, tomber du pinacle dans l'abîme... N'était-ce pas Dieu qui l'accablait de ce malheur pour éprouver sa foi ? Au lieu d'une existence vide et confortable dans un pays impie. Il lui offrait la liberté.

– Je partirai à la nuit. Adieu, Abner.

Moïse passa par le quartier des briquetiers. Il espérait convaincre ses partisans de partir avec lui et de former un clan qui, peu à peu, attirerait d'autres Hébreux, même si leur première patrie n'était qu'une région isolée et désertique. L'exemple... Il fallait donner l'exemple, à n'importe quel prix !

Quelques lampes brillaient. Les enfants dormaient, les ménagères échangeaient des confidences. Assis sous des auvents, leurs maris buvaient une tisane avant d'aller se coucher.

Dans la ruelle où habitaient ses amis, deux hommes se battaient. En s'approchant, il les identifia. Ses deux partisans les plus ardents ! Ils s'apostrophaient à propos d'un escabeau que l'un aurait volé à l'autre.

Moïse les sépara.

– Toi...

– Cessez de vous affronter pour une peccadille et suivez-moi. Sortons d'Égypte et partons à la recherche de notre véritable patrie.

L'Hébreu le plus âgé considéra Moïse avec dédain.

– Qui t'a établi comme notre prince et notre guide ? Si nous ne t'obéissons pas, nous tueras-tu, comme tu as tué l'Égyptien ?

Frappé au cœur, Moïse demeura muet. En lui, un rêve grandiose venait de se briser. Il n'était plus qu'un criminel en fuite, abandonné de tous.

59

Ramsès avait tenu à voir le cadavre de Sary, le premier mort de Pi-Ramsès depuis la fondation officielle de la capitale.

– C'est un meurtre, Majesté, affirma Serramanna. Un violent coup de bâton assené sur la nuque.

– A-t-on prévenu ma sœur ?

– Améni s'en est occupé.

– Le coupable a-t-il été arrêté ?

– Majesté...

– Que signifie cette hésitation ? Quel qu'il soit, il sera jugé et condamné.

– Le coupable est Moïse.

– Absurde.

– Les témoignages sont formels.

– Je veux entendre les témoins !

– Tous des Hébreux. Le principal accusateur est un briquetier, Abner. Il a assisté au crime.

– Que s'est-il passé ?

– Une rixe qui a mal tourné. Moïse et Sary se détestaient depuis longtemps. D'après mon enquête, ils s'étaient déjà querellés à Thèbes.

– Et si tous ces témoins se trompaient ? Moïse ne peut pas être un assassin.

– Les scribes de la police ont pris leurs dépositions par écrit, et ils les ont confirmées.

– Moïse se défendra.

– Non, Majesté ; il s'est enfui.

Ramsès donna l'ordre de fouiller chaque maison de Pi-Ramsès, mais ces investigations ne donnèrent aucun résultat. Des policiers à cheval se déployèrent dans le Delta, questionnèrent quantité de villageois, mais ne trouvèrent aucune trace de Moïse. Les gardes-frontières du Nord-Est reçurent des consignes très strictes, mais n'était-il pas trop tard ?

Le roi ne cessait de demander des rapports, mais n'obtenait aucun renseignement précis sur la route empruntée par Moïse. Se cachait-il dans un village de pêcheurs, près de la Méditerranée, s'était-il dissimulé dans un bateau en partance pour le Sud, se terrait-il parmi les reclus d'un sanctuaire de province ?

– Tu devrais manger un peu, recommanda Néfertari. Depuis la disparition de Moïse, tu n'as pas pris un repas convenable.

Le souverain serra tendrement les mains de son épouse.

– Moïse était épuisé, Sary a dû le provoquer. S'il était ici, devant moi, il s'expliquerait. Sa fuite est l'erreur d'un homme surmené.

– Ne risque-t-il pas de s'enfermer dans le remords ?

– C'est ce que je crains.

– Ton chien est triste, il croit que tu le dédaignes.

Ramsès laissa Veilleur sauter sur ses genoux. Fou de joie, il lécha les joues de son maître et cala sa tête contre son épaule.

Ces trois années de règne avaient été merveilleuses... Louxor agrandi, somptueux, le temple des millions d'années en construction, la nouvelle capitale inaugurée, la Nubie pacifiée et, soudain, cette affreuse lézarde dans l'édifice ! Sans

Moïse, le monde que Ramsès avait commencé à bâtir s'écroulait.

– Tu me délaisses, moi aussi, dit Néfertari à mi-voix. Ne puis-je t'aider à surmonter cette souffrance ?

– Si, toi seule le peux.

Chénar et Ofir se rencontrèrent sur le port de Pi-Ramsès, de plus en plus animé. On déchargeait des denrées alimentaires, du mobilier, des ustensiles ménagers et quantité d'autres richesses dont la nouvelle capitale avait besoin. Des bateaux amenaient ânes, chevaux et bœufs. Les silos à blé se remplissaient, de grands vins étaient entreposés dans les caves. Des discussions aussi ardentes qu'à Memphis ou à Thèbes commençaient à animer les cercles de négociants en gros, rivalisant pour occuper les premières places dans l'approvisionnement de la capitale.

– Moïse n'est plus qu'un assassin en fuite, Ofir.

– Cette nouvelle ne semble guère vous attrister.

– Vous vous étiez trompé sur son compte, il n'aurait jamais changé de camp. La folie qu'il a commise prive Ramsès d'un précieux allié.

– Moïse est un homme sincère. Sa foi dans le dieu unique n'est pas une passade.

– Seuls comptent les faits : ou bien il ne réapparaîtra plus, ou bien il sera arrêté et condamné. Désormais, manipuler les Hébreux est impossible.

– Depuis de nombreuses années, les partisans d'Aton ont eu l'habitude de se battre contre l'adversité. Ils continueront. Nous aiderez-vous ?

– Ne revenons pas là-dessus. Quelles sont vos propositions concrètes ?

– Chaque nuit, je sape les fondations sur lesquelles repose le couple royal.

– Il est au sommet de sa puissance ! Ignorez-vous l'existence du temple des millions d'années ?

– Rien de ce qu'a entrepris Ramsès n'est achevé. À nous de savoir exploiter le moindre moment de faiblesse et de nous engouffrer dans la première brèche qui s'ouvrira.

La fermeté tranquille du mage impressionna Chénar. Si les Hittites mettaient leur projet à exécution, ils ne manqueraient pas d'affaiblir le *ka* de Ramsès. Et si ce dernier était également attaqué de l'intérieur, le roi, si robuste fût-il, finirait par s'effondrer sous les coups visibles et invisibles.

– Intensifiez votre action, Ofir ; vous n'aurez pas affaire à un ingrat.

Sétaou et Lotus avaient décidé de fonder un nouveau laboratoire à Pi-Ramsès. Améni, installé dans des bureaux flambant neufs, travaillait jour et nuit. Touya réglait les mille et un problèmes que posaient les courtisans, Néfertari s'acquittait de ses tâches religieuses et protocolaires, Iset la belle et Nedjem s'occupaient de l'éducation du petit Khâ, Méritamon s'épanouissait comme une fleur, Romé l'intendant courait des cuisines aux celliers et des celliers à la salle à manger du palais, Serramanna perfectionnait sans cesse son système de sécurité... La vie à Pi-Ramsès semblait harmonieuse et paisible, mais Ramsès ne supportait pas l'absence de Moïse.

En dépit de leurs disputes, la force de l'Hébreu avait été une offrande à la construction de son royaume. Dans cette ville qu'il avait fuie, Moïse avait laissé beaucoup de son âme. Leur dernier entretien prouvait que son ami était victime d'influences pernicieuses, emprisonné dans des liens dont il n'avait pas conscience.

On avait envoûté Moïse.

Améni, les bras chargés de papyrus, se dirigea à pas pressés vers le roi qui marchait de long en large dans sa salle d'audience.

– Âcha vient d'arriver, il souhaite te voir.

– Qu'il vienne.

Très à l'aise dans une élégante robe vert pâle qu'agrémentait un liseré rouge, le jeune diplomate avait le don de lancer des modes. Arbitre des élégances masculines, il semblait pourtant moins fringant qu'à l'ordinaire.

– Ton absence, lors de l'inauguration de Pi-Ramsès, m'a beaucoup peiné.

– Mon ministre me représentait, Majesté.

– Où étais-tu, Âcha ?

– À Memphis. J'ai recueilli les messages de mes informateurs.

– Chénar m'a parlé d'une tentative d'intimidation hittite en Syrie centrale.

– Ce n'est pas une tentative d'intimidation, et la Syrie centrale n'est pas seule concernée.

La voix d'Âcha n'avait plus rien d'onctueux.

– Je pensais que mon frère bien-aimé se prenait au sérieux et s'abandonnait à des exagérations.

– C'eût été préférable. En recoupant les renseignements fiables, je suis persuadé que les Hittites ont entamé une manœuvre d'envergure contre Canaan et la Syrie, toute la Syrie. Les ports libanais eux-mêmes sont sans doute menacés.

– Des attaques directes contre nos soldats sur place ?

– Pas encore, mais la prise en main de villages et de champs considérés comme neutres. Jusqu'à présent, il ne s'agit que de mesures administratives, en apparence non-violentes. En réalité, les Hittites ont pris le contrôle de territoires que nous gérions et qui nous livraient tributs.

Ramsès se pencha sur la carte du Proche-Orient déployée sur une table basse.

– Les Hittites descendent le couloir d'invasion, situé au nord-est de notre pays, et visent donc directement l'Égypte.

– Conclusion hâtive, Majesté.

– Sinon, quel serait le but de cette offensive rampante ?

– Occuper le terrain, nous isoler, affoler les populations,

affaiblir le prestige de l'Égypte, démoraliser nos troupes... Les objectifs ne manquent pas.

– Ton sentiment ?

– Majesté, les Hittites préparent la guerre.

D'un trait rageur d'encre rouge, Ramsès raya de la carte le royaume des Anatoliens.

– Ce peuple n'aime que la furie, le sang et la violence. Tant qu'il ne sera pas détruit, il mettra en péril toute forme de civilisation.

– La diplomatie...

– Un outil hors d'usage !

– Ton père avait négocié...

– Une zone frontière à Kadesh, je sais ! Mais les Hittites ne respectent rien. J'exige un rapport quotidien sur leurs agissements.

Âcha s'inclina. Ce n'était plus l'ami qui s'exprimait, mais Pharaon qui ordonnait.

– Sais-tu que Moïse est accusé de crime et qu'il a disparu ?

– Moïse ? Mais c'est insensé !

– Je crois qu'il est victime d'un complot. Diffuse son signalement dans nos protectorats, Âcha, et retrouve-le.

Néfertari jouait du luth dans le jardin du palais. À sa droite, le berceau où dormait sa fille, aux joues pleines et colorées ; à sa gauche, le petit Khâ, assis en scribe, et lisant un conte vantant les exploits d'un magicien triomphant d'horribles démons ; devant elle, Veilleur s'affairait à déterrer la pousse de tamaris que Ramsès avait plantée la veille. La truffe enfoncée dans le terreau humide, il creusait un trou avec ses pattes avant et mettait tant de cœur à l'ouvrage que la reine n'osa pas le réprimander.

Soudain, il s'interrompit et courut vers l'entrée du jardin. Ses jappements de joie et ses bonds désordonnés saluèrent l'entrée de son maître.

Au pas de Ramsès, Néfertari perçut une profonde contrariété. Elle se leva et vint au-devant du roi.

– Moïse serait-il...

– Non, je suis sûr qu'il est vivant.

– Ce n'est pas... ta mère?

– Touya se porte bien.

– Quelle est la cause de ta souffrance?

– L'Égypte, Néfertari. Le rêve se brise... Le rêve d'un pays heureux, se nourrissant de la paix, savourant le bonheur de chaque jour.

La reine ferma les yeux.

– La guerre...

– Elle me semble inévitable.

– Ainsi, tu vas partir.

– Qui d'autre que moi commanderait l'armée? Laisser progresser davantage les Hittites, ce serait condamner l'Égypte à mort.

Le petit Khâ avait jeté un coup d'œil au couple enlacé avant de se replonger dans sa lecture, Méritamon dormait d'un sommeil tranquille, Veilleur approfondissait son trou.

En ce jardin paisible, Néfertari se blottit contre Ramsès. Au loin, un grand ibis blanc surgit des cultures.

– La guerre nous sépare, Ramsès; où trouver le courage pour surmonter cette épreuve?

– Dans l'amour qui nous unit, et qui nous unira toujours, quoi qu'il advienne. En mon absence, c'est toi, la grande épouse royale, qui régneras sur ma cité de turquoise.

Néfertari fixa l'horizon.

– Ta pensée est juste, dit-elle; il ne faut pas négocier avec le mal.

Le grand ibis blanc, au vol majestueux, survola le couple royal que le soleil couchant baignait de sa lumière.

Cet ouvrage a été réalisé par la
SOCIÉTÉ NOUVELLE FIRMIN-DIDOT
Mesnil-sur-l'Estrée
pour le compte des Éditions Robert Laffont
en décembre 1995

Imprimé en France
Dépôt légal : janvier 1996
N° d'édition : 36678 – N° d'impression : 32906